中国公共治理实践案例：

实现公共价值

郑晓华　编著

上海交通大学出版社
SHANGHAI JIAO TONG UNIVERSITY PRESS

内容简介

实现公共价值是我国公共管理实践的核心议题。本教材通过8个案例阐述了这一议题的多面性,并对公共价值实现的目标设定、主体角色、路径设计和我国近年来实现公共价值的特色创新进行了解读。其中,万体馆改造成体育公园的历程阐述了新时期公共管理实践回归公共价值的鲜明特征;C历史风貌保护街坊改造体现出实现公共价值面临的复杂利益关系、责任分摊问题和内在冲突;浙江省高考英语"加权赋分"透析了公共价值实现中的领导决策责任;S村土地污染事件展现了公益组织在实现公共价值中发挥的作用,揭示了实现公共价值过程中多主体参与的可行性;"海上游天涯"由乱到治的案例探索了多方合作实现公共价值的具体路径;古北市民中心成功探索出政府赋权社会群体、社会组织实现社区公共价值的经验;"邻里汇"作为新创设的社区公共服务平台,有效推进了社区公共价值的深度实现;子城遗址公园改造工程项目建设的艰辛历程集中体现了我国公共管理实践中的人民路线,也在实现公共价值方面走出了一条具有中国特色的人民路径。

本教材适合各高校公共管理专业学生和从事公共管理实践的人员阅读。

图书在版编目(CIP)数据

中国公共治理实践案例:实现公共价值/ 郑晓华编
著. 一上海:上海交通大学出版社,2022.8
ISBN 978 - 7 - 313 - 27213 - 3

Ⅰ.①中… Ⅱ.①郑… Ⅲ.①公共管理-案例-中国
Ⅳ.①D63

中国版本图书馆 CIP 数据核字(2022)第 137696 号

中国公共治理实践案例:实现公共价值
ZHONGGUO GONGGONG ZHILI SHIJIAN ANLI:SHIXIAN GONGGONG JIAZHI

编　　著:郑晓华			
出版发行:上海交通大学出版社		地　　址:上海市番禺路 951 号
邮政编码:200030		电　　话:021 - 64071208
印　　制:上海万卷印刷股份有限公司		经　　销:全国新华书店
开　　本:710mm×1000mm　1/16		印　　张:14.75
字　　数:246 千字		
版　　次:2022 年 8 月第 1 版		印　　次:2022 年 8 月第 1 次印刷
书　　号:ISBN 978 - 7 - 313 - 27213 - 3		
定　　价:88.00 元		

序 一

杨开峰

全国 MPA 教育指导委员会秘书长

公共管理硕士(MPA)教育旨在培养能够综合运用政治、经济、法律、管理、现代科技等多学科知识和科学研究方法解决公共管理实际问题的高层次、应用型、复合型公共管理专门人才。不同于其他硕士教育,MPA 教育具有鲜明的应用性与实践性导向,其教学过程注重培养学生学会在实践中发现问题、分析问题,科学决策和采取行动的实战能力。研究表明,案例教学是实现这一目标的最有效手段之一。

为提高 MPA 教育质量,提升 MPA 教育主动适应社会经济发展的能力,全国 MPA 教育指导委员会积极推动案例教学在各办学单位的普及和提高,多次举办全国优秀案例评选活动,每年开展数场 MPA 案例教学师资培训与研讨会,并组织案例教学现场观摩活动。2017 年,全国 MPA 教育指导委员会成功举办了首届"中国研究生公共管理案例大赛",并在新增专业学位授权点基本条件中纳入案例入库指标,在专业学位评估指标体系中纳入优秀案例编写指标,力争进一步提高广大师生编写案例的积极性和入库案例质量,进一步推动 MPA 培养模式的改革创新。

上海交通大学是全国首批 MPA 学位教育的办学单位之一,拥有优质的生源和很高的办学质量。上海的地方治理创新在国内处于领先地位,为 MPA 案例撰写提供了非常多、非常好的素材。上海交通大学 MPA 教育积极探索培养模式的改革与创新路径，把案例教学作为提升教学质量的重要手段，积极鼓励 MPA 师生编写教学案例，组织案例教学观摩课，将热点案例及时引入 MPA 课堂。目前上海交通大学 MPA 案例库的建设初见成效，已有一批案例入选中国专业学位案例教学中心的公共管理案例库以及上海市 MPA 教学案例库，为进一步推动 MPA 案例教学打下了良好的基础。

必须承认，中国 MPA 案例教学目前还处于初步发展阶段，需要有一个学习和逐步探索的过程，相信在全国 MPA 师生的共同努力下，MPA 案例教学体系将日渐成熟，由此推动 MPA 培养模式不断创新，更好地为深化改革和推进国家治理能力现代化的大局服务。

杨兰峰

2017 年 9 月 10 日

序　二

2003 年 6 月,上海交通大学国际与公共事务学院成立。在成立之初,学院确立了"为民族立生命,为万世开太平"的立院宗旨,全面实施人才强院、学术立院和国际化的发展战略,着力营造"博学、明德、奋进、和谐"的学院文化。在大家的共同努力下,学院的核心竞争力和社会影响力不断提升,全力培养心怀天下、放眼国际的复合型公共管理人才。

作为全国首批 24 所 MPA 试点单位之一,上海交通大学 MPA 教育中心一直注重案例教学。经过多年探索,该中心已拥有了一支案例编写和教学经验丰富的师资队伍,还特别成立了案例研究中心,积极组织师生参与各种案例研究活动,切实鼓励他们在课程中运用案例教学方法。在案例开发方面,上海交大 MPA 教育中心承接了教育部学位中心发布的主题案例开发工作,开发抗击新冠疫情、乡村振兴等方面的系列案例,并与媒体合作,积极探索如何开发和制作视频案例。

迄今为止,学院已连续 5 年举办了上海交通大学研究生公共管理案例大赛,积极参与教育部学位与研究生教育发展中心和全国 MPA 教指委主办的中国研究生公共管理案例大赛,并在第四届、第五届中国研究生公共管理案例大赛中获得最高奖(总冠军、特等奖)和其他多个奖项。

我们组织出版的中国公共治理实践案例系列教材,是在我院参选中国专业学位教学案例库入库案例的基础上,按照特定主题依次编撰而成的。作为交大国务学院案例研究和教学的重要代表,郑晓华副教授曾多次向全国同行介绍案例开发和编写的经验,已先后于 2018 年、2020 年出版了《中国公共治理案例实践：政府、市场和社会》《中国公共治理案例实践：城市秩序塑造》两册系列案例教材。

第三册即本册以实现公共价值为主题,深入剖析了 8 个生动的案例,形成了《中国公共治理案例实践：实现公共价值》这本书。这 8 个案例分别从回应公众诉求定位公共价值内涵、揭示基层治理实践中公共价值实现的困境以及公共价值实现的政府、市场和社会路径的角度概括了实现公共价值的中国特色社会主义的人民路径，还特别剖析了公共价值实现应坚守的依法原则，为公共价值研究做出了贡献。

　　未来我们还将在不断向 MPA 教育的同行求教、持续提升案例教学的质量的基础上，继续开发中国公共治理实践案例，为实现问题导向，通过案例研究讲好中国故事，构建中国公共管理话语体系贡献绵薄之力。

上海交通大学国际与公共事务学院 院长

吴建南

2022 年 7 月 15 日

目　　录

回归公共价值
——万体馆卸下"重包袱"

摘 要： 中国大型体育场馆因其建设资金、后期升级改造以及土地规划均来源于公共财政和国家资源，带着天然的"公共价值"，但是重大场馆先天存在着资金回收慢、运营维护成本高、赛后使用率低等问题，是运营主体不可承受的"重包袱"。本案例梳理了上海万体馆40余年中从"政府建—政府管"到"政府建—企业管"模式的变迁以及在这些模式中对于公共价值与商业取向的探索。随着新时代国民对于健康体魄的美好需求日益增长，万体馆重新找回公共价值初心，通过政府、市场、公众等多方主体的积极参与，探索"政府建—企业管、建管一体复合运营"的模式。平衡体育属性、经济效益和社会公共效益成为万体馆回归公共价值的必由之路。

关键词： 公共价值；体育场馆；运营模式；政府建—企业管

一、案例正文

（一）引言

中国体育产业从无到有，从最初体育事业既可以进入市场，又可以营利发展产生出"体育产业"，到1992年国家体委为响应国家大力发展第三产业政策要求首次正式提出体育产业概念，再到消费升级浪潮下，2014年国务院印发《关于加快发展体育产业促进体育消费的若干意见》（以下简称"46号文"），中国体育产业不断推陈出新，产业发展方兴未艾。上海提出建设全球体育城市，发布《关于加快本市体育产业创新发展的若干意见》（以下简称"体育产业30条"），将体育产业改革提上重要议事日程。

作为一个成长中的行业，体育产业处处是新鲜事，处处是矛盾与困惑并行。46号文提出：到2025年我国体育产业规模要达到5万亿；现实却是：2015年我国体育产业的规模还不到5 000亿。从体育场馆角度来看，体育场馆是体育产业链生态圈的核心资源之一，对于体育产业的发展起到了重要的作用，大型体育场馆是上海建设世界著名体育城市的重要组成部分，也是满足市民群众不断增长的体育活动需求的民生工程。但是，在实际运营中，体育场馆运营对标国际标准也是困难重重、举步维艰。

为举办大型体育赛事，用举国之力兴建大型场馆，这是我国长久以来的做法。然而，大型体育场馆建设周期长、投资额度大、资金回收慢、运营维护成本高，赛后使用率低等问题却成为运营主体的"不可承受之重"，甚至出现大型赛事结束后体育场馆陷入杂草丛生、垃圾环绕的乱象。大型体育场馆都是政府集中力量办大事的结果，建设土地、建设资金、维护资金等大都源自公共财政，其"出生"就带着实现公共价值的使命。为维持大型体育场馆的良好运营，政府在实践中不断探索切实可行的场馆运营模式。在这一过程中，"行政化"与"商业化"此消彼长，甚至出现运营失衡的乱象。围绕体育场馆如何找回公共价值，更好地提高运营效率，提高公共产品的供给能力，更好地发挥社会效益和经济效益，上海八万人体育场（以下简称"万体馆"）进行了开拓性探索。

本案例基于大型体育场馆的运营实践，在公共价值视角下，通过探究政府与经营者如何实现良好的互动从而增进公共价值的问题，从更广泛的我国大型体育场馆的实际出发，探索大型体育场馆如何寻回公共价值。大型体育场馆的投资主体主要为政府，其经营主体有两类：一是政府部门，二是企业。拉长服务链，把场馆设施打造成以体育为主题、功能丰富、配套齐全的服务实体，可以走出一条公共价值可持续发展之路。

（二）举国之力建万体馆

1. 一座"人民自己的体育馆"

闻名遐迩的万体馆，给予了上海人民无尽的荣耀和视觉盛宴。它揭开了上海体育文化的新篇章，记载了上海体育文化事业最辉煌的历史。纵观万体馆"一场两馆"的成长历程，无不印证了我国在"开展体育运动，增强人民体质"

的政策方针指引下所作出的不懈努力。

1958 年下半年,上海市体委向市计委建议建造一座能够容纳万名观众的体育馆,万人体育馆项目于 1960 年 3 月 1 日动工兴建。孰知在工程开始后不久,上海按中央要求大幅压缩基建投资,仅完成练习馆打桩作业的体育馆工程便暂时停建。斗转星移,时间到了 1972 年,随着中外体育交流活动日趋频繁,搁置多年的万人体育馆工程再度被提上议程,在周恩来总理的亲自批示下,工程得以复建。1975 年,上海终于迎来了一座属于人民自己的体育馆。整个工程造价 2 300 万人民币,这在当时职工人均月收入两位数的计划经济时代简直是惊人的数字。万体馆坐落于上海的西南部,气势宏伟,它的诞生标志着上海的体育文化事业开始走向繁荣、走向世界。

1983 年万体馆游泳馆落成,以其建筑的不等边六角形、玻璃幕外墙的创新设计,被英国出版的《世界建筑史》收录并被列为人类历史上的杰出建筑和全球建筑典范之作。这个被萨马兰奇赞誉为世界一流的游泳馆培育了我国诸多世界级冠军,如庄泳、杨文意、沈坚强、乐靖宜、蒋丞稷等。同时该馆一举成为国内、国际水上重大赛事基地,曾圆满完成国际最高级别的第四届世界杯跳水比赛。

1997 年,为成功举办第八届全运会,万体馆体育场落成,工程耗时 3 年,耗资 10 余亿。这座借鉴世界上诸多先进建筑理念、造型新颖的八万人体育场,成就了上海建筑界和上海体育人的梦想,荣获 1998 年“上海市最佳体育建筑”,1999 年获“新中国 50 周年上海十大经典建筑”金奖。它是 2010 年前我国规模最大、设施最为先进的大型室外体育场,从此开始担负起推动上海体育文化事业发展的光荣使命。

2. 改革初期,赛事连轴风光无限

历时近 40 年,上海人民见证着万体馆的“一场两馆”一步步从无到有,从有到繁的过程。万体馆就像一道彩虹,将上海的体育领域和文化领域紧密融合,极大程度地丰富了上海人民的生活,满足了上海人民的精神需求。这座现代化城市的发展日新月异,但对老上海人来说,他们心中却始终留有一份对过去的眷恋。他们亲身见证了上海的变迁,因此对城市的变化更为感慨和自豪。面对位于徐家汇商圈核心区域的万体馆文体建筑群,一位上海体育馆的老员工感慨万分,他回忆道:

"那时，尽管体育馆建在这里，但举目四望，场馆附近却还是大片农田。如今，宏伟的万体馆建筑群就矗立在这片土地上，它今天的繁荣是我们过去想也想不到的。作为土生土长的上海人，我感到自豪！骄傲！"

改革开放初期，万体馆承办了大量国内、国际各类重大体育赛事以及大型经典文化演艺活动。其中，体育赛事如世界女排大奖赛、第48届世乒赛、NBA上海赛、世界斯诺克上海大师赛等；文艺演出如：上海市庆祝建国50周年文艺晚会、"金舞银饰"大型服饰舞蹈晚会、大河之舞、中国上海国际艺术节闭幕演出等。八万人体育场除举办体育赛事——"八运会"、北京奥运会上海赛区足球比赛、特殊奥林匹克运动会、国际田联钻石联赛、国际足球邀请赛之外，还承办了各类文艺汇演。

（三）赛事结束：政府扛起运营"重包袱"

随着时代脚步悄悄变化，"一场两馆"也迎来了艰巨的挑战。在轰轰烈烈的"八运会"之后，日历翻到了21世纪，而万体馆却和国内外其他大型体育场馆一样，进入运营低谷状态。它安静而孤独地矗立在深秋的阳光下，馆内空气中似乎仍然回荡着比赛时观众热情的呐喊声与欢呼声，大型赛事的标幅仍挂在场馆上空。穹顶的灯光鲜艳醒目，映照得场馆熠熠生辉，场边的座椅却是空荡荡的。场馆外，不知名的植物顽强地从缝隙中伸展出来，与一众现代化设施融为一体。工人们正在忙碌，除草机发出巨大的声响，切割着没人脚踝的野草。

这座有着太多不胜枚举的"先进"和"之最"的场馆，在赛事之后，就真的这样沉寂下去了吗？万体馆面临固定资产投资摊销成本巨大、场馆设施运营成本高企、场馆不能满足市民需求等诸多困难，如何减轻财政负担，提高体育场馆的运营效率成为迫切需要解决的课题。万体馆的赛事后运营成了政府身上沉重的包袱。

1. 体育场馆的"重包袱"之重

像万体馆这样的情况在全国并不罕见，我国大小城市的城市建设都在突飞猛进，在城市更新、扩张过程中，许多城市积极申办体育赛事，并以此为由大兴土木，建造体育场馆。在地方政府的积极组织建设下，各种造型新颖、现代的体育场馆拔地而起。这些体育场馆在承办赛事之初，确实维持了短暂的繁荣,但是赛事过后,很多政府投入几亿乃至几十亿元新建的地标性体育中心却处于闲置状态。

体育场馆的运营还存在资金方面的沉重负担。从最近一次全国体育场地普查数据汇编中的建设资金来源来看,我国大型体育场馆建设投资总额达1 341.8亿元,其中八成以上的经费来源于财政拨款。由此可见,政府才是我国大型体育场馆建设的主体。除了前期的建设投入,场馆主要支出还包括负责运营的事业单位人力资源薪水支出、日常维护支出等部分。我国体育场馆收入合计646.1亿元,支出合计662.6亿元,利润率为−2.6%。其中,我国大型体育场馆收入共计30.6亿元,支出总计36.4亿元,利润率−19.0%,我国现有的6 000余座大型体育场馆中有90%以上处于亏损状态。大型体育场馆运营亏损程度高于体育场馆整体水平。

高额的运营投入成了政府的一个沉重的包袱,万体馆完成大赛之后,政府随之成立上百人的事业单位维护其日常运行,人、财、物的所有开支均来自政府。万体馆的老领导介绍说:"万体馆维护成本太高,一用就亏本,一年什么都不干,只要一开门,就要小一个亿,水电气热维护,加上固定资产折旧等费用,一年的支出就要上亿元。"大众健身所带来的场馆收益对于场馆维护来说只是"杯水车薪"。为此,中央财政还设立了体育场馆公共服务专项补助资金,许多地方财政也出台了一系列配套扶持政策,对场馆开放运营、大型设备维护、开展各类公益性服务给予财政资助,用以支持大型体育场馆向社会免费或低收费开放。

2. 体育场馆的"重包袱"之困

一直以来,我国体育场馆面向大众的开放程度普遍较低。中国上百万个体育场馆中,大多数场馆都是不对外开放或部分对外开放的,对外开放的场馆只有不到三成。国内超过一半的体育场馆平均每周入场人数少于500人次,每周入场人数超过5 000人次的场馆占比只有8.2%[①],场馆的整体利用率不高,除了偶尔组织一些大型赛事或者文艺活动之外,一周内大多数时候几乎处于闲置状态。与此同时,城市的广场和公园中却是另一番火热的景象,大量的市民每天早晚在广场和公园健身,时不时会引发广场舞扰民的舆论风波。当

---

① 体育产业发展研究院. 国内体育场馆整体运营现状分析,场馆运营是体育产业链的重要环节[EB/OL]. (2017 - 12 - 05)[2021 - 12 - 03]. http://www. sohu. com/a/208623584_505619.

被问及为何不去专业体育场馆锻炼时，许多人表示，此类场馆很少对外开放，由于民众缺少锻炼空间，只能在广场和公园开展健身活动。

我国体育场馆开放度不够的原因主要由于其运营模式。21世纪初，国内的体育场馆的经营模式以事业单位经营为主，这种经营模式是由行政部门领导分配人员对场馆进行自主经营。因为是由政府作为控制主体，场馆的使用申请要经过较长的时间才能得到批复，加上政府全额或者差额拨款，工作人员的积极性会有所降低，"等靠要"的心态或多或少存在，这些都使得场馆的经营效率变低；此外，事业单位经营的体育场馆虽然带有一定的公益性，但场馆对外开放很多时候都需要经过审批，且入场条件都有一定的限制，造成很多场馆大多情况下都处于有条件开放的状态，降低了场馆的对外开放程度。街头巷尾无处不在的体育健身活动，实际反映的是老百姓未被满足的对体育健身场地的需求。中国的人均体育场地面积只有西方发达国家的1/15，但是许多体育场馆却长期闲置，无法服务于广大人民，体育场馆的公共价值无以体现，这是社会公共资源的浪费。重大赛事之后，使场馆还体于民、用体于民，服务好体育培训、体育训练和群众健身等是场馆赛后运营的重要目标。

如何兼顾体育场馆的社会公共效益和经济效益，打开运营局面，逐年减少政府补贴，是摆在政府面前的巨大难题。相关学者通过借鉴西方发达国家的体育经营模式，提出"以商养体"的模式，其理论依据是公共体育场馆应视作一种"国有资产"，而不是一个"事业单位"。资产的经济性质是经营，企业化经营既是公共体育场馆经营管理的必然发展趋势，也是公共体育场馆自身发展的客观要求。至此，万体馆进入了一段委托企业运营的探索阶段。

（四）21世纪初：政府卸"包袱"，企业领"包袱"

万体馆自20世纪70年代重新启动建筑工作，到80年代游泳馆的落成以及90年代八万人体育场的完满收官，无不印证了它对上海体育文化事业的巨大推动作用。但万体馆在运作过程中也逐渐展露出运行成本高，政府不堪重负的弊病。让社会和企业发挥活力、帮助政府减负成为万体馆运营模式改革的一个方向。

1. 政府撬动市场，培育国企运营

早在万体馆建设之初，上海市便将其作为城市体育文化建设规划的一部分，实施"政府建—政府管"的方针政策。但随着体育场的兴建，政府逐渐意识

到在当时状况下尽一己之力的包袱之沉重,因此有意识地进行了一些对企业参与建设和管理模式的探索,旨在更好地完成政府职能。探索过程中运营者引入了一些产业化、商业化的模式以筹措建设发展资金,包括引入两个大股东、售卖包厢、开发体育爱好者之路、向社会各界宣传推荐等。

在"八运会"落幕后,上海市成立了上海体育场有限公司,原意是学习西方的体育经营模式。由于体育场和体育馆地域上的毗邻,市政府领导牵头建立了东亚体育文化中心,以文化中心的概念、体育场馆的空间概念和走产业化道路的概念来对外进行运营。政府建馆,企业来管理的理念,解决了政府对场馆固定资产折旧费的分摊困难,人力资源成本支出过高和每年维护场馆补贴费用严重不足这三大问题。而运营公司在承担以上费用的同时,还要承受来自体育赛事自负盈亏的巨大压力。

2. 探索导致失衡,商业利益膨胀

随着上海市中心版图的扩大,万体馆所在的徐家汇已摇身一变,成了寸土寸金、令人艳羡的城市核心地段。交通便利的万体馆在吸引人流、发展商圈方面拥有得天独厚的条件。经过多年的商业化经营,万体馆周边已形成一个繁华的商业区域,入驻了世纪联华超市、品牌体育商店、各类餐饮等数百家商户。场馆运营盈利多年,据《财经》记者报道,2014年,该区域仅租金及配套收入就接近8 000万元。在"市场化"的委托运营模式下,万体馆的商业化步伐飞速地向前迈进。

(1) 万体馆变"上海大舞台"。

20世纪末,万体馆率先脱离国家"供养",全面尝试自主经营,开启了大型体育场馆市场化道路。除了承办各种适合场馆特点的比赛外,还着力进行功能转化,利用其知名度高与场地大的优势,开发体育场馆的娱乐功能,举办各种大型非体育活动。十几年来,各种明星演唱会、文艺演出、庆典仪式等活动都在万体馆留下了影像。此举不仅丰富了群众的文化生活,同时也避免了体育场馆在非赛事期间的闲置,提高了万体馆的运转率。同时,万体馆还将利用率较低的体育辅助用房进行开发利用,出租给餐饮、酒吧等商家,形成以休闲娱乐服务为主的配套设施,带动周边的经济发展,满足消费者多样化的消费需求,也赚取一定的租金收益。政府减负了,企业接手了,企业的经营模式也无可厚非地入登大堂。企业借助社会力量全面进行自主经营,各种适应市场化的商业化运作应运而生。功能转化是万体馆市场化的外在表现,它除了承担

有限体量的体育赛事之外，还承办各种大小型文化娱乐以及庆典活动，并附带经营餐饮、酒吧。市场商业化的运作在当时不仅极大地满足了民众对于精神文明和物质文明的多样化需求，也给地区经济带来了繁荣景象。然而，随之而来的却是体育概念日趋淡化，为了承办专业文艺演出，甚至将体育馆改名为"上海大舞台"，彻底背离了政府建馆的初衷。

（2）万体馆变"吃喝馆"。

商业化的大潮浩浩荡荡涌来，万体馆作为上海数一数二的大型场馆自然也难以置身其外。

无论是商场还是路边商铺，餐厅往往最能聚集人流。万体馆运营者招租了一系列饭店餐厅，菜色范围涵盖各大菜系和各国美食，本帮江浙菜、日本料理、韩式料理、西餐、小吃快餐等一应俱全，丰俭由人。一到饭点，本是以体育运动为主的万体馆甚至能热闹得像个商场，人流量比其他时间多得多。一些热门的餐厅经常会出现等位情况，顾客在双休日或节假日等上一两个小时才能吃上一顿饭是常有的事。此时的万体馆宛如一个人头攒动的大型饭堂，谁还会想到这里本是一个旨在为市民提供公共体育锻炼服务的大型体育场馆呢？

大城市什么时候最热闹？答案必定是夜幕降临、华灯初上之时。作为国际化大都市的上海，最不缺的就是丰富多彩的夜生活了。推杯换盏、灯红酒绿下的激情消费更是许多商家不容错过的机会。地处市中心热门商圈中央辐射区的万体馆四号门不远处有一家 M 酒吧，其消费水平令人咋舌。M 酒吧的卡座最低消费在双休日节假日甚至能达到五位数，酒吧内酒水饮料更是价格惊人，在便利店四元一听的可乐到了酒吧内可能需要六七十块。因为酒吧能给商家轻易带来极高昂的利润，所以像 M 酒吧这样的夜店自然会层出不穷。国内不少大型体育场馆周边往往会衍生出"酒吧一条街"的情形，不少民众戏称之为"体育馆变酒吧"。

（3）万体馆变商圈。

随着酒吧、餐馆、超市、专卖店、免税店之类的商业设施不断积聚，万体馆俨然成为一个重要"商圈"。那么市民如何看待这种"体育馆商圈"现象呢？我们随机采访了几名市民。

"家住在附近有十几年了，平时喜欢晚上吃完饭来这散散步，孩子喜欢游泳，平时按次费用稍微有点贵，就给他在这里游泳馆办了张年卡。平时来泳池游泳的人也挺多,水质还算干净,但是整体装修设施都偏旧了些。听说万体馆里还有其他很多运动项目场,不过我们也没去过,估计是办赛事用得比较多。到了晚上那几个迪吧特别热闹,到后半夜都还是人声鼎沸热热闹闹的,年轻人喜欢来这玩。"

——市民 A

"上班就在离万体馆步行 10 分钟距离的写字楼里,对万体馆还是很熟悉的。我们同事经常来这边吃饭,偶尔还能来看个电影,不过体育场馆里面倒是从没进去过。常在微信群里聊起来说哪天去万体馆里打个球锻炼锻炼身体吧,场地也蛮难预订,试过几次预订太费时间就不想再定了。"

——市民 B

"万体馆对于我们足球爱好者来说一点都不陌生,因为它是上港队主场嘛,(我)一直来这里看上港的比赛。最近一个赛季,上港拿了中超冠军,球迷都很激动。新赛季万体馆还是上港主场,(我)还是会来跟球迷们一起为心爱的球队加油呐喊。不过听说上港新主场去年开始建造了,3 年后就会搬到那儿去,设施场地可能都比这里好,但我们球迷对万体馆还是很有感情的,毕竟它记录了我们太多回忆。"

——市民 C

3. 体育产业发展,运营路在何方

十多年过去了,我国体育产业发展迅速。而对于万体馆来说,其运营越来越市场化,带来了可观的经济效益,但却逐渐陷入过度商业化的困境,无法适应 21 世纪社会经济文化发展和民众生活需求。一旦将大型民生工程放到市场化的大流中去之后,面临的最大问题就是如何把握好商业化的度。万体馆正是面临着这样一个问题,为了改善万体馆经营不善的问题而引入市场化机制,但任其自由发展后势必导致万体馆管理失衡,沦为披着体育场馆外衣的大型商业体。大量的体育设施、体育用房被出租作为商业用房,看似养活了体育场馆,但是市民的体育需求没有得到满足、体育设施的公共功能没有得到有效释放。其建造初衷和满足民众对体育运动的需要的初心不见了,人们提起万体馆,更多的是会说万体馆的某餐厅某酒吧,却忘记了万体馆是为满足公众体育需求而建的、在上海数一数二的大型体育场馆。

然而并不能因此指责万体馆运营者"被金钱蒙住双眼""忘记了初心"，要维持规模如此巨大的体育场馆的正常运营，每年都要花费巨额资金，而仅仅通过一年若干次的重大赛事和场馆内提供的体育活动确实很难维持收支平衡。万体馆坚守初心，维持运营，自给自足本身就是一件非常困难的事情。如何令丢失体育功能的万体馆回归本心而又不陷入入不敷出的困境，是对运营者的重大考验。

应该说，政府着眼解决体育场馆的世界性难题，是一个顺应历史潮流的有益探索。尽管对于我们中国人来说，体育文化在我国还没有像西方国家那样深入人心，但在不久的将来，把体育和健康融合为新的生活追求，势必成为我们中国人生活方式中不可或缺的一部分。

（五）新时代：回归公共价值——万体馆变体育公园

随着时代的发展，对于体育与运动的政策观念也在渐渐改变。1995年，中国首部《体育法》获得通过。同年，国务院颁布实施《全民健身计划纲要》。该文件作为20世纪末和21世纪初我国发展全民健身事业的纲领性文件，初次提出实施"全民健身计划"的设想。此后，又有一系列体育法规和规章相继出台。近年来，随着国家经济水平的发展和国际交往日益频繁，人民群众对于体育锻炼的重视程度日渐增加，我国的体育产业快速发展。2014年由国务院印发的《关于加快发展体育产业促进体育消费的若干意见》提出，意在营造重视体育、支持体育、参与体育的社会氛围，将全民健身上升为国家战略。

在这一时代背景下，如何创新大型体育场馆运营机制，激发场馆活力，增强场馆复合经营能力，使其真正能为民众提供最佳的体育服务，成了新时代摆在政府和运营企业面前的最大难题。

1. 万体馆回归公共价值初心：体育场馆升级体育公园

2016年，上海提出了以万体馆为主体的整体改造构想——"徐家汇体育公园"，并确定了"把徐家汇体育公园建成面向未来的新地标和世界级体育综合体"的总体方向。时任上海市委书记韩正在实地调研时强调：

"体育是城市大文化的重要组成部分，对于提高城市国际竞争力、提高市民健康素质和生活品质至关重要。要立足于不断提高满足市民体育健身需求的能力、提高国际赛事和专业赛事的专业化水平,增加和完善本市体育设施。要立足更高起点,突出体育功能、公共空间功能,加快推进徐家汇体育公园建设,使这片区域重新焕发青春,成为卓越的体育赛事中心、活跃的大众体育乐园、经典的体育文化地标。"

在此背景下,2017 年 9 月 26 日,承载着全民健身计划的徐家汇体育公园升级改造方案正式对外公布,获得了极大的关注。徐家汇体育公园占地面积35.9 公顷,总建筑面积 25 万平方米,包括主体建筑万体馆(一场两馆)和近 30万平方米的室外广场,是上海中心城区面积最大、设施较全的体育文化集聚区。围绕上海建设"国际赛事之都"的总目标,徐家汇体育公园环境整治和综合改造工程成为上海体育改革发展"十三五"规划的重点项目,各级领导对此均尤为关注。

领导着重强调的"突出体育功能",为如何"拯救"陷入商业化、缺失公共价值的万体馆点出了解决思路,那就是运营体育场馆的主体不应仅仅是政府,也不应仅仅是企业,应当把政府、企业和百姓三者的目标相结合,在三者中找到平衡点。抓住"城市更新四大行动计划",推动徐家汇体育公园建设,是万体馆回归初心的最好机遇。

2. 功能定位:体育功能与商业功能平衡

徐家汇体育公园的重生亟待解决"破"和"立"两个问题,"破"的是周边环境的综合整治问题,"立"的是面向未来的规划。

周边环境综合整治是面向未来重生的前提和基础。按照市委市政府推进新一批重大文化体育设施建设的总体部署,上海市规土局、体育局,徐汇区区政府以及负责万体馆运营的久事集团联合行动,以区域环境整治为突破口,对整个区域进行规划调整。在对上海市体育局调研访谈中,相关领导谈道:

"首先要正确理解运营大型体育场馆存在一个试错过程,大型体育场馆'过度商业化'是有历史原因和背景的,不是说'商业化'不好,作为一个体育场馆其配套的商业设施是必要的,关键在于政府和运营者如何把握。2016 年以来城市更新的需求加上市民的体育需求的提高要求必须对场馆进行改造,疏散空间,新建综合体。这个综合体以后就用来满足市民体育锻炼的需求和承办顶级赛事。"

2016 年下半年，该地区启动了拆违。原本散落在场馆周围的小卖部、花店等各类违建在 2016 年年底全部拆除，面积达 7 000 平方米的万体馆展览馆也于 2016 年 11 月完成清退腾地。2017 年 2 月 26 日，在此经营了多年的世纪联华超市体育场店正式闭店。2017 年 6 月底，区域内 155 家经营企业的清退腾地工作完成。

面向未来进行高水平谋划是高质量运营的先决条件。按照市委市政府决定，久事集团成为徐家汇体育公园的运营主体。之所以选择将场馆运营权放在国企手里，政府管理者也是经过深切考虑的。相关领导在调研中说道：

> "原来因为重大赛事而建造场馆并成立运营场馆的事业单位，但是通过多年的经营发现事业单位运营积极性不够这一弊端，而对于体量庞大的万体馆而言，运营者的积极性至关重要。我们在改革尝试中发现，一方面来讲，企业化的运作能够更好释放积极性；另一方面，将运营权交给企业后，原先政府运作所背负的比如能源消耗、维修等包袱在企业运营的过程中自主优化的空间相对要更大。唯一要注意的是，大型场馆交给企业运作后其属性不能变，这一点在近期副总理去东北调研的过程中也特别提到过，体育场地和设施向市民免费或低价开放的公共属性不能变，运营企业与政府要协调好之间的关系，形成良性共振。"

此外，该被访谈人还强调现在政府管理者在往"公建民营"的方向推动体育场馆的运营模式转变，这一方面是由于上海的城市发展在世界范围内也属较高水平，经济实力有保障，在体育产业方面的探索和创新在国内亦是属于前列；另一方面是因为市民需求。20 世纪 90 年代以前，政府为了举办重大赛事建设大型体育场馆。但近年来，政府在体育事业发展方面愈发以市民需求为导向。可以看到，在近几年，每年都有体育的实事工程建设，如健身步道、市民体育中心等。这些设施大大满足了市民健身需求，提高了民众对政府的满意度。因此，体育场馆的高质量运营需要界定好公共价值，进行好多方谋划。久事集团作为上海的国有公共服务企业，有着丰富的赛事运营和场馆管理的经验。久事集团党委书记、董事长龚德庆表示，集团并不会以营利为目的，对于体育场馆的实践应摒弃附着在体育大赛、过度商业经营上的各种功利思维，在实践中秉承体育场馆理应姓"体"的理念，令赛事回归本源、令场馆为民所用。他在访谈中明确说道：

> "我们不会以高昂的票价作为支撑，只要能收支平衡、略有结余就够了，不会以利润最大化为目标。"

按照项目规划，建成后的徐家汇体育公园分为南北两大主题，北面为"有氧公园"，南面则打造包括游泳馆、足球场、篮球场在内的"运动公园"。未来，徐家汇体育公园将会保留"一场两馆"，并将周边几处露天训练场地重新规划，融入更多互动式、体验式的体育项目。体育公园对原有体育设施只增不减，能更好地满足足球、篮球、排球等赛事需要，更好地满足乒乓球、羽毛球、游泳等市民群众喜闻乐见的室内运动需求。建成后，体育公园将新增2条环形体育跑道，新建40片羽毛球场、30片乒乓球场、3片网球场以及壁球、击剑、体操、健身房等设施。这片区域将成为融市民健身休闲、青少年训练、国际专业赛事为一体的开放式体育公园。新规划包括公园设计、慢跑道设计、交通组织与地下空间设计、新建地下综合体设计、种植设计、配套设施设计等，形成一整片绿意盎然、景观优美、运动氛围活跃的公共开放空间，增加绿化空间、户外和室内体育场地，构建多层次慢跑系统，提升区域活力，极大丰富市民参与体育活动的形式，均衡"体育赛事"和"体育公园"之间的关系。

通过综合改造，徐家汇体育公园这片地区将有高水平的竞技体育，更有广覆盖的群众体育，将成为展现城市精气神的一扇窗口。公园未来的运营管理将坚持走公益性和市场化有机结合、社会效益和经济效益相统一的路子，探索市场化、企业化管理新模式，进一步激发场馆活力，提高服务效能。

3. 运营模式：企业助力实现价值平衡

对于徐家汇体育公园改造计划，运营者也表达了自己的态度。徐家汇体育公园运营方久事集团党委书记、董事长龚德庆表示，此次升级改造是上海成为著名体育城市势在必行的一步。上海在承办大型赛事方面需求非常大，每年承办的赛事已有170—180场，在未来将会举办更多国际顶级赛事，以丰富市民日益增长的观赛需求。龚德庆还透露，像NBA季前赛这样受欢迎程度很高的比赛,在未来也有可能在升级改造后的万体馆举办。

> "我们集团旗下现在运营的赛事都可以在这里举办,另外我们还会引进一些国内比较稀缺的赛事,如NBA的季前赛以及顶级足球俱乐部的热身赛等等。"

> "NBA中国赛已经在梅赛德斯-奔驰中心举办了,在未来我们也会和上海体育局去协商,看哪里条件更加适合就在哪里举办。"

4. 改造效果：多方参与实现公共利益

党的十九大报告明确指出,我国社会主要矛盾已经转化为"人民日益增长的美好生活需要和不平衡不充分的发展之间的矛盾",人民对体育的需要也是一个佐证。对于万体馆的改造更新正是为了满足人民日益增长的对于体育锻炼的需求,因此在探索大型场馆的改造之路上,民众的诉求也非常重要。万体馆群改造为徐家汇体育公园规划方案的初期,形成了5套意见征询方案,面向社会广泛征集市民意见。据统计,市民反响热烈,从各个方面对规划方案提出了修改意见,也表达了美好的期待。

上海已经被冠以"运动城市"的称号,这不仅意味着上海拥有良好的运动基础设施,旺盛的运动消费能力,还包含人们在生活中表现出对运动的关注和参与以及城市整体的运动文化的成熟度。久事体育集团副总经理在座谈中说道：

> "体育产业的培育需要土壤,这与国家的经济、文化、社会发展水平息息相关,万体馆从70年代至现在时代的变更史是体育产业在我国的变迁历程的一个缩影。现代体育是从西方引入的舶来品,我们可以看到西方国家每个城市都拥有大量体育场馆,举办众多大型活动与赛事,西方民众在体育、健康方面的价值观更不一样,运动是其生活方式中必不可缺的一部分。而我们国家现代体育的真正引入也是在改革开放之后,我们所培养的一些运动人群年龄段普遍局限在中青年,对于体育消费的习惯还未养成。因此,在不同的发展水平和文化背景下,我国的体育产业如何走出一条自己的道路需要政府、企业和民众的共同探索。我认为徐家汇体育公园的改造是一次伟大的探索,若是走出一个成功的模式,对于全国的大

型体育场馆发展来说都是极佳的借鉴和榜样。"

体育公园服务于市民,而非少数精英,这里是一个完全向公众开放的公园,打开城市界面,邀请市民进入公园,参与各种活动。上海徐家汇体育公园作为全市体育赛事的核心驱动器,已确立了国际体育中心的标杆地位,最终项目的实施将以功能驱动更新,达到"赛时安全高效""闲时高品质情境"的目标。

(六) 结束语

万体馆的故事是中国大型体育场馆发展历程的一个缩影:半个世纪多前在万众瞩目中动工,在建成初期风光无限,然而在"八运会"赛事后陷入沉寂,21 世纪初探索商业化,到当前面向新时代的回归和重塑。对万体馆的运营模式演变历程进行抽丝剥茧,其中不难看出一条主线,那就是无论是走商业化道路维持运营还是坚守体育功能,几代体育人都是围绕着公共价值在做文章。四个阶段经历过了效益为先和公益为主的不同运营模式,也呈现出了不同的弊端,或死守公共价值,或偏离公共价值。坚持公共价值是体育场馆的根本属性,而经营性是体育场馆生存发展的手段,从中不难发现场馆公共属性与经营手段时常存在张力,只有在经济利益和公共利益到达平衡时,政府才能保证体育场馆在经营状态良好的状况下实现公共价值。

本案例旨在通过研究万体馆的发展史来探讨大型体育场馆如何坚持公共价值优先,如何实现公益化和市场化有机结合、社会效益和经济效益相统一。通过案例本身和委托—代理理论分析,我们认为政府坚持公共价值,完善政策支持,打造优质的营商环境,并和企业共同探索扩宽经营的时间和空间,拉长服务链,多措并举,围绕体育复合经营是最优选项。通过建立"建管一体化"运营模式,能够提前将运营方的优秀经验融入建设过程中,为场馆未来的可持续发展运营奠定基础;通过集团化连锁运营与多业态经营,形成可复制、可推广的可持续发展模式,探索集约化发展路径,实现降本增效;通过支持大型体育场馆多馆联动,形成资源共享平台,充分发挥资源集成优势;通过以公共价值为根本,鼓励复合运营,把场馆设施打造成以体育为主题,功能丰富,配套设施齐全,经营性强的服务实体,加强体育场馆与旅游、商业娱乐等业态的有效融合,推进大型体育场馆综合体建设;探索政企分开,推动体育管理部门实现角色转变,由直接管理变为指导管理,既保持大型体育场馆的体育性和公益性,又增强场馆作为公共物品和准公共物品的调节功能。如此便可实现公共价值的可持续发展之路。

 思考题

1. 政府为什么要不断调整其公共价值？其政治性和社会性意义何在？

2. 政府如何定位公共价值？如何整合公民需求？

3. 政府实现公共价值的手段和路径有哪些？政府在公共价值兑现中应当扮演什么角色？

4. 政府在公共项目建设和运营中应当扮演什么角色？其角色与私营部门存在哪些差异？

5. 公共管理者在公共价值实现中应当扮演什么角色？面临哪些挑战？

6. 如何解读政府在不同阶段定位不同的公共价值内涵？

二、案例使用说明书

（一）课前准备

在上课前，若条件允许，可印发纸质版案例（或分享电子版案例资料）。在多媒体教室，最好是桌椅可以移动的教室授课，方便学生分组讨论。针对MPA学生上课时间集中但学生精力难以集中的特点，在发放纸质版案例的同时展示配套PPT图片或播放相关视频（网上有视频片段），以更直观、更有冲击力的方式在课堂上充分展示案例。因此应在课前将相关图片制作成PPT并筛选与该案例相关的代表性视频，按照教学计划提示本案例的具体使用时间，以引起学生关注。

（二）适用对象

本案例适用于公共管理、政治学专业的本科生、学术型硕士生和专业硕士

MPA 学生,另外在干部进修或培训的教学中同样可以使用。

该案例适用于《公共管理学》《城市治理》《政治学》及《中国政府与政治》等课程的教学。

三、案例目标定位

（一）本案例的核心教学目标

（1）了解政府运营大型体育场馆模式转变的原因；

（2）明确政府战略价值定位；

（3）理解政府实现公共价值的持续性；

（4）认识政府回应公共价值的必要性。

（二）掌握的知识点

（1）公共价值的界定；

（2）公共价值战略；

（3）公共价值的实现路径；

（4）公共价值的变化。

（三）思维养成和观念转变

（1）公共价值的不断发展变化；

（2）经济效率与公共价值兼顾或平衡；

（3）实现公共价值的多元化手段；

（4）回应公共价值程度的权衡；

（5）公共价值可持续性实现的条件。

（四）能力提升

（1）提升对政府应实现什么样的公共价值的认知能力；

（2）提升政府实现公共价值的能力；

（3）提升政府回应公众期望的能力。

四、教学内容及要点分析

（一）案例导入性问题

（1）如果你是体育部门相关负责人，你将如何解决场馆的"重包袱"和场馆公共价值的迷失的问题？

（2）如果你是企业经营者，在面临大型体育场馆运营的"重包袱"时，你会怎么做？

（3）如果你是有健身需求的公众，在健身需求得不到满足、体育场馆利用率却不足时，你会通过什么样的方式提出诉求？

（二）案例讨论要点

1. 万体馆的运行模式及其公共价值分析

公共价值一词最早由马克·穆尔在其著作《创造公共价值：政府战略管理》中提出。穆尔认为，正如私营部门管理工作的目的是创造"私有"价值一样，公共部门管理工作的目的是创造"公共"价值[①]。价值源于个体的需求与感觉，公共价值是公民对政府期望的集合[②]。公共价值作为一种框架，将"政府认为重要和需要资源的公共服务供给"与"公众认为重要的需求"连接起来。穆尔认为，公共机构的管理者能通过调度授予他们的财力和权力，为委托人和受益人创造价值，如建造公园等。与国内多数大型体育场馆类似，万体馆的建设土地、建设资金、维护资金等大都来自公共财政，其"出生"就带着实现公共价值的使命。

在实现公共价值的过程中，万体馆经历了"政府建—政府管""政府建—企业管"和"政府建—企业管，寻求建管一体复合运营"三种运行模式。在公共价值方面，也经历了从死守公共价值到偏离公共价值再到回归公共价值的三个阶段。案例正文展现了万体馆为更好地实现公共价值而进行的一系列探索、试错、总结，从而为国内大型体育场馆的运行提出了一种新的对策和思路。

---

① 马克·穆尔. 创造公共价值：政府战略管理[M]. 北京：商务印书馆，2016：49.
② 王学军，张弘. 公共价值的研究路径与前沿问题[J]. 公共管理学报，2013，10(2)：126-136，144.

表 1　案例分析维度

阶　　段	决策主体	运营模式	特　点	公共利益分配	价值判断
行政化阶段	政府全权负责	政府建—政府管	运营模式单一	政府	公共价值最大化
市场化阶段	政府引导—企业自主	政府建—企业管	偏离公共价值	企业	企业利益最大化
强化全民健身阶段	政府 企业 公众	政府建—企业管模式深度探索，追求建管一体复合运营	回归体育馆本身价值	政府 企业 公众	突显公共价值，实现经济—社会效益平衡

（1）固守政治视角下的公共价值："政府建—政府管"模式。

在最初的阶段，万体馆采用"政府建—政府管"模式，场馆的建设及硬件投资由政府负责出资，建设完成后由政府指定的事业单位进行经营管理。在场馆运营管理过程中，除场馆大修或者为举办国际国内特定赛事活动而进行的更新改造外，场馆经营管理人员费用、物业费用、公共事业费、设备维护保养等费用由运营事业单位承担，运营收益与运营成本的资金缺口由财政资金以差额拨款的方式予以解决。在此阶段初期，建设并运行万体馆的公共价值在于承接举办大型体育赛事，而万体馆确实顺利实现了此公共价值——成功承办了"八运会"、北京奥运会上海赛区足球比赛、特殊奥林匹克运动会等。但是，"政府建—政府管"的运行模式逐渐无法满足实现公共价值的需要。

一方面，"政府建—政府管"的运行模式效率过低。穆尔认为，公共价值意味着"有效地达成法律所规定的组织目标"[①]。但是，在"政府建—政府管"的模式下，体育场馆的运维耗资巨大，我国现有的超过 6 000 余个大型体育场馆中绝大多数都处于亏损状态，成为政府的一个沉重的包袱。在这样的运行模式下，效率无从谈起。

另一方面，公共价值并非是一成不变的。在"八运会"后，公众对于体育健身的热情逐渐升高，大量的市民每天早晚在广场和公园健身，反映出了公众未被满足的对体育健身场地的需求。显然，公众对于政府的期望已经发生了变化。穆尔认为，一个公共部门的成功管理，是要其不仅能在短期内，也能在长

---

① 王学军，张弘. 公共价值的研究路径与前沿问题[J]. 公共管理学报，2013，10(2)：126-136，144.

期内为公众创造更多的价值,这意味着公共部门可能需要重新制定组织的使命,对新的需求作出积极响应。但是,"政府建—政府管"的运行模式使体育场馆仍然固守原有的公共价值,无法适应公众新需求,实现对外完全开放,造成了体育场馆整体利用率不高,大量体育场馆闲置的困境。

(2) 偏离体育本质的公共价值:"政府建—企业管"市场化模式。

由于"政府建—政府管"的模式无法再高效地实现公共价值,万体馆再次对运营模式进行探索,借鉴西方发达国家体育经营模式,提出"以商养体"的模式,通过在运营中引入一些产业化、商业化的模式来筹措建设发展资金,以更好地完成政府职能。具体来说,就是将所有权与经营权分离,场馆资产归属政府方,经营权通过招标、投标、中标等市场运营方式交给企业,由企业对体育场馆的经营管理全权负责。企业在满足政府对场馆经营的要求的基础上,对场馆资源进行开发,通过市场化运作获取收益,平衡运营成本。政府建馆,企业来管理的理念,解决了场馆运营经济负担过重,难以为继的问题。然而,原先应由政府承担的包袱落到了企业头上,也同样给企业造成了巨大的经济压力,只能放弃体育产业化道路,转而走向商业化探索。最终,万体馆在探索"政府建—企业管"的模式过程中,逐渐偏离了公共价值,成了"上海大舞台""吃喝馆"和商圈。

一方面,正如前文所分析的,万体馆的建设成本由公共财政承担,因此必须担负起实现公共价值的使命——即还体于民、用体于民,服务好体育培训、体育训练和群众健身等重要目标。而万体馆变身"上海大舞台""吃喝馆"和商圈后,显然无法完成既定的公共价值目标。

另一方面,马克·穆尔在其著作《创造公共价值:政府战略管理》中指出,区别某项事务是公共事务或是私人事务的界限在于其被当成一种权力还是一项便利。当某种物品或服务被当成一种权力,并与公平和正义联系起来时,公共部门就必须将它纳入自己的责任范围,保证该物品(或服务)的数量和分配。当社会认为某种物品或服务虽然具有一定的价值,但与公平和正义没有必然的联系时,它就不属于公共部门的义务范围[①]。显然,在"政府建—企业管"的市场化运营模式下,吃喝消费虽然受到公众的喜爱,但却并不能被认为与公平正义挂钩,而促进群众体育健身事业的发展才是公共价值的应有之义。

---

① 马克·穆尔.创造公共价值:政府战略管理[M].北京:商务印书馆,2016:61-62.

（3）回归平衡的公共价值："政府建—企业管"建管一体模式。

在第二阶段"政府建—企业管"的市场化运营模式下，万体馆逐渐偏离体育属性的公共价值，但政府仍然从该模式中看到了"政府建—企业管"的优势。一方面，此模式减轻了政府的财政压力，减少了高额的人员费用支出和维护场馆软硬件的支出。另一方面，相较于原先的事业单位运营，企业管有效提升了场馆运营者的积极性。通过案例和访谈，可以看到造成"政府建—企业管"市场化模式失效有各方面因素的综合影响。一是政府与企业的价值存在偏差，且缺少相应监管。对于政府来说，自然是希望体育场馆发挥出用体于民、群众健身的公共价值；但是企业在实际管理场馆过程中，为了维持自身运营，逐步淡化了公共价值。且从案例中可以看出，在万体馆变"吃喝馆"后，政府并未对其进行应有的监管，使其重新归回公共价值。二是体育场馆作为舶来品，并不能完全适应中国公众对于体育健身的需要。三是政策配套和落实没有到位，体育产业未能得到发展。

因此，在万体馆建设的第三个阶段，虽然仍然维持了"政府建—企业管"的运营模式，但是政府同时考虑到企业承接场馆运营所背负的巨大经济压力，因此对该模式进行了改进和深化，使万体馆能够在回归公共价值的同时平衡经济利益，更契合公众的需求和期望，即建管一体模式。

一方面，这一模式进一步明确了社会需求向度的公共价值。2014 年国务院印发的《关于加快发展体育产业促进体育消费的若干意见》提出，营造重视体育、支持体育、参与体育的社会氛围，将全民健身上升为国家战略。2016年，上海市委市政府确定"把徐家汇体育公园建成面向未来的新地标和世界级体育综合体"的总体方向。不断提高满足市民体育健身需求的能力、提高国际赛事和专业赛事的专业化水平，突出体育功能，公共空间功能，是徐家汇体育公园今后需要实现的公共价值。

另一方面，探索政府—企业相平衡的公共价值实现路径。经过对"政府建—政府管"和"政府建—企业管"市场化模式的总结，徐家汇体育公园的运营明确了未来运营管理走公益性和市场化有机结合、社会效益和经济效益相统一的路子。从经济效益来说，运营主体久事集团摒弃附着在体育大赛、过度商业经营上的各种功利思维。同时，体育局在支持运营企业举办重大赛事的基础上，也努力推动上海市 26 号文、体育产业 30 条的政策落地和实施，从而更好地发展培育体育产业，减轻企业运营负担。从社会效益来说，体育局成立了场馆设施管理中心，对体育场馆的运营进行监管，以保证体育公园实现其应有的公共价值。同时,公共价值概念的核心内涵是政府的产出要满足公民的需要,因此公民意愿的实现和公民权利的表达是公共价值概念的核心。在徐家汇体育公园规划方案的公示阶段,上海市提出了5套意见征询方案,面向社会广泛征集市民意见,充分体现出政府追求实现公共价值的决心。市民反响热烈,从多方面对规划方案提出了修改意见,从而保证了方案的科学性。

2. 公共价值视角下大型体育场馆的运行对策与路径

万体馆可以说是我国大型体育场馆的一个缩影。大型体育场馆应当如何坚持公共价值,实现公益化和市场化有机结合,社会效益和经济效益相统一?我们认为政府坚持公共价值拉长服务链,把场馆设施打造成为以体育为主题、功能丰富、配套齐全、经营性强的服务实体,加强体育场馆与旅游、商业娱乐等业态的有效融合,是可以实现卸下"重包袱"的可持续发展之路。当然,在万体馆的变革过程中,各级党政领导在重启公共价值定位的过程中起到了重要作用。这与我国国情、领导体制密不可分,但万体馆在大型体育场馆的路径变革上依然有以下几点重要启示。

(1) 政府完善顶层设计,系统出台配套政策。

政府要引导大型体育场馆在满足公共价值的前提下进行市场化的运作。体现公共价值必然牺牲一定程度的经济效益,为了让企业可以轻装上阵,摆脱人、财、物的"重包袱",政府在制度和政策的系统建设上应给予完善的配套保障。沪府发〔2015〕26号文及上海体育产业30条中提出了鼓励多元投入、落实税费政策、加强金融扶持、完善土地政策、人才政策及创新驱动政策6项措施,从政策层面上减轻了企业的负担。在执行层面上,由于涉及诸多政府部门,政策真正落地还需要上级政府的统筹和相关部门协同推进,需要有不断探索的过程。

(2) 回应公共价值需要,科学谋划功能定位。

在公共价值的大视角下,大型体育场馆的运作除了需要完善的制度和配套政策以外,还需要有宏观层面的政府规划。同时,公众作为最广泛的受益者,也应积极地参与此类体育场馆的整体规划工作。作为大型赛事的举办场地以及市民运动健身区域,大型体育场馆服务于专业赛事和公众,政府在规划中应使周边的商业配套设施紧密围绕服务功能建设,做到主体与周边相融合、功能与载体相融合。在全民健身上升为国家战略的时代背景下,大型体育场馆的整体规划宏观调控、平衡公益性和市场化、拉长服务链是需要政府和企业共同探索的。

（3）运营模式体现国情，"建""管"结合目标一致。

公共价值是大型体育场馆建设阶段的重要考量标准，必须在设计之初予以充分考虑，确保民众诉求被广泛代表，民众积极性被广泛调动，做到从源头体现公共价值。考虑到功能定位对场馆后续运营的影响较大，在推进"政府建—企业管"模式时，运营方在场馆建设或更新改造阶段应对场馆未来的功能定位具有话语权，以保障场馆建设与运营阶段功能定位的一致性。因此，需要推行设计建设运营一体化，构建运营方介入场馆建设和更新改造功能定位与前期设计的参与机制，使得"建"和"管"既有效分离，又能够有机结合，确保场馆社会和经济效应的发挥。此外，建议大型体育场馆按照"管办分离""所有权与经营权分离"的原则，选择具有能力的大型国有企业作为政府出资人代表，代表政府持有场馆资源（计入企业非经营资产），场馆的后续运营由该企业负责。为推进大型体育场馆的长效运营和可持续发展，运营方获得的经营资源应当与其承担的运营责任相匹配。

（4）集成运营资源，优化共享平台。

从全球来看，体育场馆运营的发展趋势是由政府直接管理，过渡到独立市场化管理，再过渡到专业的独立托管，最终实现集团化规模化管理。国际经验表明，体育场馆运营模式发展到成熟阶段，大多采取集团化托管模式，政府基本退出运营管理职能。采用集团化托管模式，一方面能够最大限度地把资源聚焦到服务公共利益，使得公共利益最大化；另一方面能够在集团化连锁运营的框架下，使得资源能够互通共享。将目前东方体育中心等已开始推进的集团化管理方式发展成完整的可借鉴、可移植的体育场馆经营模式，并低成本地实现模式推广。同时，多业态经营是必然选择。在体育赛事运营的基础之上，体育场馆空间越来越注重餐饮、购物消费、休闲娱乐等多种业态的综合，以多种业态对人流形成复合吸引力，大大提升区域消费能力。

聚焦设施经营权的优化，支持大型体育场馆多馆联动，形成资源共享平台，充分发挥资源集成优势。公共体育资源平台化管理一方面可实现更高层面上优化配置设施资源，较大程度地减少设施的运营成本，降低采购成本和物耗成本；另一方面，可在更大范围内调配赛事、活动等内容资源，缓解内容资源与设施之间信息不对称的问题。建议搭建大型体育场馆资产管理平台，将大型体育场馆经营权集中委托给具有能力的大型国有企业，推进场馆平台化管理，最大程度地发挥公共体育资源的集成优势。

(5) 以科学界定的公共价值内涵为本,实现多方效益平衡。

必须坚持公共价值作为创新大型体育场馆的运营管理体制的出发点和落脚点,推动资产所有权与经营权分离。一方面,需要引进专业的运营团队和专业化、集约化、企业化的运营管理模式,提高场馆的经营、服务和办赛能力;另一方面,公共价值是引进团队的首要考量,只有将公共价值始终放在首位的团队才能够符合运营模式转变的积极探索方向。同时,推动体育管理部门实现角色转变,由直接管理变为指导管理,在保持大型体育场馆的体育性和公益性的同时增强场馆的"自我造血"功能,实现大型体育场馆社会效益最大化。

五、理论依据资料

(一) 公共性理论

从基本理念上讲,公共价值是指政府组织应着眼于社会发展长期、根本的利益和公民普遍、公共的利益来开展其基本活动[①]。在这个层面上,"公共价值"表现为引导和制约政府组织及其工作人员行为的基本观念和意识,它要求政府和管理者们,其政策制定与执行的出发点应充分考虑公民的利益满足状况,考虑政策实施最终满足何种利益以及是否能够维持社会的长期发展等[②]。

公共性在价值层面有三种表现。其一,社会效用最大化,即让最大多数公民实现最大化收益,而非政府或官员收益的最大化以及简单的经济效率最大化。其二,社会分配的公平正义原则,即不偏不倚地对待每位公民,每位公民都享受均等化的公共服务,同时在承认由于机会平等,能力不平等带来的不公平的基础上,对最不利者进行补偿。其三,作为政策主体的政府与官员须具有公共精神,即实质理性精神(即正当的手段与正当的目的)与道德成熟度(敏感把握公共价值,意识到公共政策的伦理复杂性,处理复杂伦理问题时不受个人私心、强势利益集团与错误公众舆论的干扰,坚守公共价值)[③]。

---

① 周志忍. 公共价值与行政效率研究[J]. 中国行政管理,2000(4):41-45.

② Bozeman B, Moulton S. Integrative Publicness: A Framework for Public Management Strategy and Performance[J]. Journal of Public Administration Research & Theory, 2011, 21(3):363-380.

③ 王云萍. 公共行政伦理学论纲[M]. 北京:社会科学文献出版社,2018:97-127.

　　实践层面的公共价值从无到有、从传统社会消极的公共价值到现代社会积极的公共价值的转变,是社会生产力以及生产关系不断发展的产物。消极的公共价值指向在传统社会中不属于家庭并且家庭无力承担的事务,如国防、抵御自然灾害、公共基础设施建设等;而积极的公共价值指向现代社会在此基础上,增加了满足公民基本需要的事务,如体育、医疗、教育、就业等①。

　　本案例提及的公共价值着重突出政府还原大型体育场馆的专业化体育赛事功能和群众化体育健身功能。公益性是体育场馆的根本属性,体育馆的初衷本就是鼓励人们利用免费或低成本价付费的体育设施进行身体锻炼,积极投身于大众健身的活动中,从而达到增强公众体质、促进健康之效,万体馆的改建正是其回归初心之旅。同时,坚持公益性并不代表对经济效益的放弃,经营性是体育场馆生存发展的手段,徐家汇体育公园项目作为全市首个超大型体育场馆集聚区的综合改造项目,既是对城市旧里的有机更新,更是面向未来的重塑与升级。因此,万体馆的改造不仅是政府对公共诉求的理性回应,其背后也是政府开放和包容的社会价值体系的体现,是治理主体的使命感和匠人精神的缩影,更是政府对公共价值的有力坚持。

(二) 公共部门的公共价值理念建构

　　马克·穆尔在《创造公共价值:政府战略管理》中从 6 个方面来谈公共价值管理理念的建构,这构成公共价值的分析基础和依据。结合我国政府"为人民服务"的根本理念,在授课中可以具体分析。

　　第一,价值源于个体的需求与感觉。公共部门管理者必须满足人们的某种需求,并依据某种感觉来具体达成这一目标。

　　第二,必须满足多种多样的需求。公民通过代议制政府来表达他们要求公共机构生产这些物品的要求。而人们的需求大致分为两类,第一类是为个体所需并消费的公共物品,由于它们不能分割并逐一卖给消费者,所以不能通过市场机制来提供。第二类与人民对社会条件的总要求有关,包括在公共和私营部门组织间适当分配权力与义务、公平分配经济机会和社会责任、公共部门组织必须合理利用国家税收等。

　　第三,公共机构的管理者能通过两种活动创造价值。最常见的就是调度授予他们的财力和权力,为委托人和受益人创造价值。另一种则是通过建立

---

① 　高鹏程. 公共价值:概念、模式与特征[J]. 中国行政管理,2009(3):65 - 67.

并经营某个机构来创造价值,这样做的前提是这个机构能满足公民(及其代表)对于适当和富有效率的公共机构的要求。

第四,由于政府行为都涉及政治权威,向"所有者"保证其资源得到了合理使用显得更为重要。

第五,公民及其代表从公共管理者手中购买的是对公共事业的承诺,这种承诺表现在政策之中。

第六,公共管理者所处的世界不断发展变化。公民的期望并非一成不变,完成工作的方法也日新月异。因此,组织会面对新问题,也会不断找出解决它们的办法①。

(三) 政府创造公共价值的阶段性发展

中国政府的历次管理体制改革呈现出由管理向治理转变的趋势。在社会主义建设初期,政府通过自上而下高度组织化的方式将社会纳入国家行政体系当中②,成为社会管理的唯一主体,政府活动和控制渗透到社会生活的各个方面。这种"全能政府"的模式使得我国的经济面貌迅速得到改善,人民的物质、文化生活都有了较大改观;改革开放后,中国经济发展进入了快车道,随之而来的则是政治体制改革以及人民社会生活的巨大变化。单凭政府的力量已经难以完成社会公共事务的高效管理和满足人民不断增加的需求,且"全能政府"使政府机构人员过度膨胀,造成了行政管理成本过高,社会的行政负担过重的问题。因此,政府引导社会力量参与社会管理。虽然在这一阶段初期,政府仍然在社会管理中处于绝对支配地位,社会在政府支配下发挥着有限的自我管理功能。但是,经过了多年的探索与发展,尤其是十八届三中全会提出"治理体系和治理能力现代化"后,政府进一步将治理重心下移,赋权社会,逐步形成政府与社会互动合作的治理格局。

根据全球治理委员会在《我们的全球伙伴关系》的研究报告中的界定,治理是各种公共的或私有的个人和机构管理其共同事务的诸多方式的总和,其本质是公共权力向社会回归的过程,是多元治理主体对社会公共事务进行合

---

① 马克·穆尔.创造公共价值：政府战略管理[M].北京：商务印书馆,2016：73-76.
② 赵欣,胡涵锦.基于国家与社会关系视角的国家治理现代化研究[J].蚌埠党校学报,2014,18(3)：24-26.

作管理以促进公共利益最大化的过程①。"治理"和"管理"代表了两种截然不同的治国理念和治国方式。"管理"到"治理"主要有以下几方面转变：第一，主体从一元化向多元化转变。"管理"的主体是单一的，主要由政府及其所属部门来具体实施。而"治理"的主体不仅包括国家和政府，还将市场主体和社会组织乃至公民个人纳入治理活动中；第二，公共权力的作用路径不同。"管理"是单向的、自上而下的，它通过政府职能的发挥以强制性、命令式的办法解决公共问题。而"治理"则是国家和市场、社会以协商、互动、合作的方式去共同解决社会公共事务。因此，治理能够充分调动各治理主体参与国家治理的积极性、主动性，从而最大限度地提高治理效能；第三，价值目标不同。"管理"的目的在于保证既定目标的实现，侧重于实现国家经济的发展和社会的稳定；而"治理"则以追求善治为目标，通过政府与企业、社会组织及公民个人对公共事务的合作管理，实现多元利益主体的利益均衡，进而实现公共利益的最大化。

在本案例中，万体馆的运营经历了三个阶段。第一阶段，通过"政府建—政府管"的运营模式来实现承办各类大型比赛的公共价值。但是此模式下，万体馆面临运营"包袱"过重，无法再满足公众健身的需求的困境。第二阶段，政府引入企业对万体馆进行管理，进入"政府建—企业管"的模式。然而，在此过程中，政府没能掌握好与企业间的关系，弱化了政府所应承担的公共责任，导致万体馆的运营偏离了体育本质的公共价值。第三阶段，随着 2014 年《关于加快发展体育产业促进体育消费的若干意见》的提出，全民健身被上升为国家战略，迫切要求政府再次寻求治理方式的变革。因此，政府通过明确公共价值、广泛征集市民意见、引入多元参与的方式，对万体馆的改造进行重新定位，寻求政府—市场—社会间的平衡，促进公共利益最大化，形成了建管一体的模式，其内涵的便是"治理"的理念和手段。万体馆的三个运营阶段，充分展示了政府逐步在管理中引入社会力量，不断探索、试错，最终从"管理"转向"治理"的过程。这一过程也证明了只有通过"治理"，通过参与、协商、对话等积极互动的方式使多元主体得以表达其偏好，才能更好地厘清、界定和创造新的公共价值。

① 夏红莉.从"管理"走向"治理"——政府与社会关系的重构[J].安徽行政学院学报,2014,5(2)：56－61.

六、主要参考文献

［1］曹家桢.上海市大型体育场馆经营管理现状及对策研究［D］.上海师范大学,2015.

［2］陈雯.我国大型公共体育场馆运营模式优化研究［D］.西北大学,2018.

［3］丁云霞,张林.两权分离背景下公共体育场馆委托经营管理模式的应用［J］.北京体育大学学报,2017(2).

［4］杜浩,陆亨伯,车雯,郝思增.论我国体育场馆公共服务的概念、机理及类型［J］.浙江体育科学,2014(3).

［5］刘利,闵健.国有体育场馆公益性与经营性关系分析［J］.成都体育学院学报,2005(3).

［6］刘志群,狄玉峰.公共体育场馆公益性与经营性的关系——基于浙江省典型体育场馆的调查研究［J］.体育成人教育学刊,2010(1).

［7］罗燕.上海市公共体育场馆的公益性不足及其完善研究［D］.上海师范大学,2015.

［8］盛菊霞.委托经营型公共体育场馆社会效益评价问题研究［J］.浙江体育科学,2012(2).

［9］王健,陈元欣,王维.中美体育场馆委托经营比较研究［J］.西安体育学院学报,2013(1).

［10］王云萍.公共行政伦理学论纲［M］.北京：社会科学文献出版社,2018.

［11］马克·穆尔.创造公共价值：政府战略管理［M］.北京：商务印书馆,2016.

［12］高鹏程.公共价值：概念、模式与特征［J］.中国行政管理,2009(3)：65-67.

［13］周志忍.公共价值与行政效率研究［J］.中国行政管理,2000(4)：41-45.

［14］Bozeman B, Moulton S. Integrative Publicness：A Framework for Public Management Strategy and Performance［J］. Journal of Public Administration Research & Theory, 2011, 21(3)：363-380.

城市公共价值谁埋单？
——C街坊"留改"纪实

摘　要：位于上海市P区的C街坊石库门建筑群见证了百年风雨变迁，是城市特有的历史文化印记，百年石库门建筑中居民的实际居住问题也引发了社会的广泛关注。为了在保护历史风貌、留存文化肌理的同时保障住房安全、提升居民的生活质量，P区创新性地提出石库门建筑群综合整治及整体综合改造（下称"留改"）项目。该方案虽然取得试点成功，却在后续的推进过程中产生了波折：周边如火如荼的土地征收令部分居民盼望"拆迁"的到来。缺乏前期沟通、布局不合理的奇葩方案引发居民"抱团"反对。在居民需求无法全部得到满足的情况下，P区C街坊留改项目由于签约率仅有73%而被迫终止。本案例展示了C街坊留改项目中居民与政策执行部门间的互动与冲突过程，突出反映了城市历史风貌保护公共价值实现过程中的关键利益分配问题，启发我们思考复杂的城市治理实践中的公共价值内容的具体定位、公共价值实现的具体机制等问题，进一步思考应如何在个体的利益与城市的发展之间寻求平衡点，真正做到"人民城市为人民"。

关键词：留改；历史风貌保护；公共价值；利益分配

一、案例正文

（一）引言

旧区改造是将已经无法满足当前需求的居住空间做必要的、有规划的改建,是城市更新中的"新陈代谢"。而城市文脉则是城市演进过程中形成的特有历史文化印记,是城市"软实力"的重要体现。如何在旧区改造过程中统筹兼顾城市有机更新和城市文脉传承,是城市发展中迫切需要解决的时代课题。

P区C街坊,地处上海市最繁华光鲜的地段之一,距离全球游客汇聚的南京路仅800米。作为上海最具代表性的石库门成片里弄之一,其中最老的一栋建筑已经有约150年的历史。C街坊历经了百年风雨,见证了上海城市的变迁,是上海城市记忆与海派文化的重要载体。在城市更新的大背景下,经历几轮"大拆大建"的旧城改造后,红砖褐瓦的C街坊已如钢筋混凝土森林中的一座孤岛。石库门老弄堂难道真要泯灭于动拆迁的挖土机之下、消失在未来城市的高楼大厦之中?

"十三五"期间,上海市提出要扩大历史风貌保护区范围,创新改造模式,更加注重整体的规划与成片区、成街坊的历史建筑群的保护。C街坊有着无法复制的文化印记,在2016年被上海市政府划定为历史文化风貌保护街坊,保护级别低于不可拆除的优秀历史建筑,即可以对C街坊的建筑进行拆除、重建与内部结构的改造,但必须保留原有建筑的风貌。而百年C街坊在历史风尘中也留下了无数沧桑:破旧的房屋、裸露的电线、生锈的管道、错综复杂的利益关系……C街坊平均一户人家只有10多平方米的居住面积,生活空间逼仄,存在一定安全隐患。更为严重的是,C街坊内住房的功能配置与现代居住生活的需求严重脱节,居民家中大都没有独立厨卫,大部分居民依旧使用手拎马桶,民生问题亟待解决。为兼顾历史风貌保护和居民生活条件改善,P区开始探索推行C街坊"留、改、拆"新模式。

(二) 弄堂百年风雨,酝酿"留改"新模式

P区C街坊是典型的上海市中心城区石库门弄堂,其历史可以追溯到19世纪四五十年代。彼时,上海作为通商口岸刚刚开埠,租界逐渐出现。大量华人迁居到租界后,外商趁机在今P区范围内模仿西方联排式建筑总体布局,建造木板结构简屋出租给华人居住,从中汲取利益,这便是上海独有的石库门里弄式街坊的雏形。19世纪70年代前后,在世界资本主义浪潮下,上海作为远东大都市,工商业及贸易港口的地位逐步提升,城市人口逐年增长,住房需求相应增加。但木板结构的里弄房屋存在较大的消防隐患,被租界当局严格限制,便发展出了总体布置仍沿用西方联排布局,但建筑的单体平面以及结构形式仿照我国传统的江南民居三间二厢房形式的砖木立帖式房屋,即"旧式石库

门里弄"(下称"旧里")。第一次世界大战后,上海人口突破200万大关,上海房地产业也迎来了黄金时代。为了适应当时社会上不同经济水平、不同层次人群的住房需求,石库门里弄建筑形式由原来的三间二厢房逐渐改变为二间一厢房和单开间无厢房,房屋规模较之前也有一定扩大,西洋建筑风格逐渐增加。在不断上涨的地价影响下,传统的二层石库门建筑亦向三层甚至四层发展,逐步形成我们所熟知的经典石库门里弄形象,即"新式石库门里弄"(下称"新里")。石库门中的"新里"建筑和"旧里"建筑[①]均存在于C街坊中,这使C街坊具有重要的历史风貌保护价值。

上海解放后,绝大多数石库门建筑收归国有,建筑内部被分割给多户人家居住。原本居无定所的老百姓们搬入了石库门里弄,获得了百年石库门的庇护。来自纺织厂、钢铁厂、焦化厂、煤气厂的工人们,与政府签订了一份公租房长期租赁合同,获得了房屋的使用权,成为百年石库门的"新房客",而弄堂中的童年游戏与邻里情谊也成为当地居民的共同记忆。改革开放后,经济的腾飞使上海再次崛起为国际大都市,但随着城市人口的爆炸性增长,破旧拥挤的"旧里"与"新里"越发无法满足城市居民的居住需求,上海的住房矛盾日益凸显。1988年,朱镕基同志初到上海任职,下决心要用10年时间基本解决上海人民的住房问题,他吹响的号角拉开了上海大规模旧区改造的序幕。到"十二五"期末,上海先后经历了"大动迁""大拆迁"为主的城市更新改造,人民的住房问题基本得到了解决,上海的城镇人均居住面积也从1978年的4.5平方米增长至2017年的36.7平方米[②]。

而C街坊虽地处上海市中心,却成了大规模旧区改造中的"灯下黑"区域:平均每一户人家只有10多平方米的居住面积,部分居民的住房甚至是由原来的公用厨房、走廊等原始公共部位隔断改造而成,还不足10平方米。如今的C街坊占地约8 954平方米,建筑面积为12 154平方米,主通道长158.5米,宽4米,123幢低层住宅中,总户数竟高达1 877户,约6 300人。此外,C街坊居民普遍存在几户居民共用一个厨房、依靠手拎马桶解决生活需要的问题。C街坊沦为"老破小"的典型,这也使其人户分离占比高达70%。居住在使用了近百年的房屋中,面对建筑结构老化、空间逼仄拥挤、房屋内部破旧、配套设施低劣、基本功能缺失等历史遗留问题,C街坊居民的居住环境与现代城市居

---

① 冒正兰,刘群星,张习,等. 上海石库门里弄房屋分类情况简析[J].住宅科技,2020,40(8):4.
② 数据来自上海统计局发布的《2017年度上海统计年鉴》,参见 https://tjj.sh.gov.cn/.

住生活的需求严重脱节。

70多年前,王老先生出生在C街坊,也从未搬出过这里。他回忆说:"旧上海的C街坊附近繁华热闹,靠近当年的大光明影院和长江剧院,不仅是时髦的市中心地块,还是实实在在的高档'小区'。"说到这里,老先生的神情中满是对老弄堂深深的眷恋。他介绍说:"C街坊中最老的一栋石库门已有近150年的历史,原来是大户人家的独栋小楼。新中国成立后,空置的房子收归为国有,后来又移交给了华东电力设计院作为职工住房。"现在,这栋房子中足足塞了19户人家,拥挤程度可想而知。

顾阿姨也出生在C街坊,她的父母曾带着顾家5个兄弟姐妹一起蜗居在"旧里"一间仅7.6平方米,没有独立厨房的老房内,使用手拎马桶更是顾阿姨年轻时的"噩梦"。5兄妹长大后成家立业,先后搬离了C街坊。父亲去世后,留下顾阿姨的母亲独自生活,老太太每日都要走过陡峭的楼梯倒马桶,酷暑寒冬做饭都只能在室外简陋的搭建厨房内,下雨天要摆五六个盆子来接屋顶漏下的雨水。10年前,85岁的老太太下楼时脚下一滑,重重地摔了一跤,就此瘫痪在床,聘请的保姆上门看到顾家的情况,纷纷打了"退堂鼓"。无奈之下,顾家兄妹只能将老太太送进了养老院。

此外,由于C街坊缺乏社区配套公共设施,小区内的基础设施迫切需要整修,私自违章搭建的情况也十分严重,旧里有多个单元"长高长胖",部分违建占用了本就狭窄的道路,不仅阻碍了居民出行,破坏了小区环境,更增添了安全隐患。走进C街坊,能够看到大量的电线裸露在外,成团的电线上挂着居民晾晒的衣物。房屋内部,昏暗闪烁的楼道灯、脱落发霉的墙皮、嘎吱作响的木制楼梯、无不述说着百年石库门的老旧。而在看不见的位置,房屋的上下水管道等也是锈迹斑斑,时常堵塞、散发着异味,居民的居住条件堪忧。

自2015年起,上海为适应"十三五"规划纲要,逐步将城市发展的重心着眼于更为长远的发展,留住城市文脉,保护城市风貌在旧区改造中被提至更为重要的位置。上海市政府先后出台了《上海市城市更新实施办法》《关于深化城市有机更新促进风貌保护工作的若干意见》《关于坚持留改拆并举深化城市有机更新进一步改善市民群众居住条件的若干意见》(以下简称《意见》)等一系列文件,提出上海要按照"留改拆并举,以保留保护为主"的原则,将原来的"改、拆、留"逐步调整为"留、改、拆"。2016年1月,上海市政府将119处风貌保护街坊和23条风貌保护道路(街巷)列入上海市历史文化风貌区范围扩大名单,C街坊也位列其中。根据《意见》要求,P区政府积极探索保护建筑改造试点，通过改造，恢复原来的使用功能，或达到成套独用或每户单独使用厨卫设施，减轻房屋使用强度，增加小区公共设施，扩展公共空间，改善居住条件，更好地保护历史风貌。2021年1月发布的《关于加快推进本市旧住房更新改造工作的若干意见》进一步明确要求持续推进保留保护建筑修缮，按照整体历史风貌和建筑本体特色的保留保护要求，分级保护、分类施策、促进保护更新和活化利用。

"留、改、拆"意见的出台符合人民城市发展的规律，但C街坊具体应该怎么改，也成为P区需要探索的一个新课题。如果继续采用此前的改造方式，即不改变建筑的内部布局和主体设施，仅对房屋的外部及相关公共设施进行维护，如外墙粉刷、雨污水管改造、电路更换、拆除外部违章搭建、增设新的公用设施等，已经无法解决C街坊居民居住困难的根本问题。在城市风貌保护这一大课题之下，探索创新的"旧改"模式，切实解决老百姓家中的"急、难、愁"问题，石库门建筑群综合整治及整体综合改造项目（即"留改"）新模式呼之欲出。

（三）政府积极探索，力求"留改"惠民生

1. "留人留房"新探索，不使保护"标本式"

历史风貌保护，不仅需要保护建筑的躯壳，还需要保护原有居住生态与地方文化的内涵。很多被"标本式"保护的古村古镇，其"原住民"被迁移一空，老建筑整饰一新，空有文化的皮毛而缺乏其血肉与灵魂。石库门里弄首先是居民生活的聚集地，除了保护有文化价值的历史建筑，还要让老街坊继续发挥实际的居住功能，使文化保护和居民的正常生活紧密地融为一体。P区政府紧跟上海市政府"留、改、拆"政策意见指导，积极探索"留改"新模式，并将C街坊列为区内第一个试点石库门里弄开展实践，在坚持保留旧区石库门风貌元素的基础上，实现"留房又留人"，即在居民暂时搬离原址后，对房屋进行部分拆除、重建，保留建筑原有的风貌肌理，重新规划设计建筑内部的布局，并为每家每户增设独立的厨卫设施。改造完成后，居民搬回原住址，从而实现以"留"为主的旧区更新改造，将"人"与"房"结合起来，留住石库门的生机和烟火气，保障居民居住的安全与质量。

> "虽然说对它进行了一个拆除，但是重建之后的外表看起来是保留原来的风貌的。一方面，原来的安全问题解决了；另一方面，原来的结构不

利于多户居民居住，属于（补足了原有结构的）功能缺失。"①

在上海市及 P 区政府的大力支持下，"留改"方案最终被确定，C 街坊所在的 Q 街道办事处综合考虑 C 街坊房屋的现状、特点和保护工作要求，决定由南及北，分期、分批启动实施"留改"工作，逐次启动新里和旧里的改造。

2. 留改方案初试水，一期试点大成功

"留改"一期试点项目选择了情况相对明朗的 C 街坊南面部分，包含 2 幢新里和 1 幢旧里，项目涉及约 261 户居民，建筑面积约 6 798 平方米。项目通过整治修缮调整布局和内部整体改造，为每户新增 3.5 平方米独立厨卫，实现房屋整体质量提升，切实改善了居民的居住环境。Q 街道按照流程对一期居民进行了前期征询，所有居民均表示愿意参与"留改"项目。

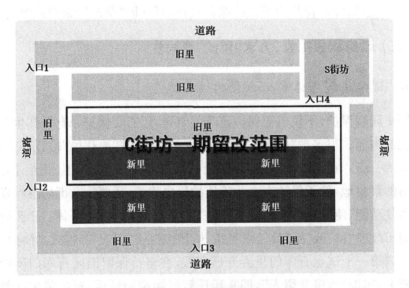

图 1　C 街坊一期"留改"范围示意图

由于新里的居住密度相对旧里较为宽裕，"留改"为居民"挤出"了独用厨卫的空间。一期项目中新里部分的改造工程于 2017 年年底率先启动，103 户人家全部签约同意，这批住户于 2019 年 6 月回搬。而对于居住密度更高的旧里的改造，则是通过"抽户"的方式释放房屋空间和面积，即部分居民自愿解除

---

① 来自对上海市城市更新（风貌保护）处工作人员的访谈。

公租房租赁关系,彻底搬离原址,以降低居住密度,实现每户居民厨卫设施独用。

那么,哪些家庭满足"抽户"的条件? 根据一期的项目细则,"抽户"需要遵循以下四个原则: ① 优先考虑处于原始公共部位的;② 优先考虑设计方案需要的;③ 优先考虑居住密度特别高的;④ 优先考虑面积特别小的。对抽户的居民家庭,P区按照低于征收标准、但高于市场售卖房屋的价格的标准、根据居住面积大小,给予相应的货币补偿。一期的旧里部分涉及居民157户(含抽户42户),全部完成签约。除被"抽户"的居民外,其他居民于2020年7月陆续完成回搬。

3. 二期政策"微"调整,前期征询似顺利

在总结一期经验之上,P区政府进一步深化试点C街坊留改项目,并由P区房管局、Q街道、区属J置地集团共同研究推进C街坊留改二期项目,由区属J置地集团负责介绍改造方案、解释改造相关政策口径,就具体方案与承租户沟通并签订协议,Q街道办事处牵头做好居民接待和群众思想工作。同时,P区政府还邀请了律师事务所、设计公司共同参与,提供专业服务。

考虑到地块整体情况、一期实施经验、房屋基础条件和施工场地等多种因素,P区决定将C街坊北部2幢新里房屋以及沿街围合部分旧里房屋列入综合改造二期试点项目,并制定了《P区C街坊综合整治及整体综合改造(二期)

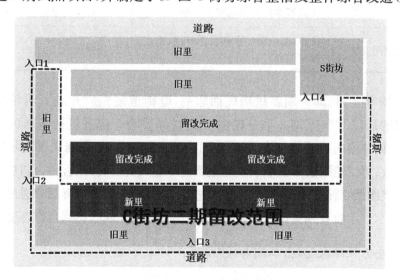

图2　C街坊二期"留改"范围示意图

试点项目实施方案》。而相较于一期项目,二期改造项目共涉及居民 482 户(含新里部分居民 89 户,围合部分旧里居民 393 户)、非居住 29 户,待改造面积为 10 345.5 平方米。二期项目总投资约为 4 亿元,户均成本超过 70 万元。二期留改项目的覆盖范围更广、居住密度更高、房屋类型更复杂、设计难度更大。

同时,在寻求释放空间的路径上,为了控制成本,二期采取了"加楼层"的方式取代一期的"抽户",即将原来的房屋结构由三层加阁楼改为四层加阁楼,用增加的一整层楼的面积承担每户 3.4 平方米厨卫面积的增量,这使得原住户的住房格局产生了较大改变。为了减少居民疑虑,项目组还为二期居民新增了"买面积"的福利:若改造后实际增加面积超过规定的 3.4 平方米,超过的零星面积可由居民按市场价出资购买,并计入房屋租赁凭证。

表 1　一期、二期"留改"项目对比

	一 期 留 改	二 期 留 改
留改时间	2017 年年底启动 2019 年 6 月新式石库门里弄居民回搬 2020 年 7 月旧式石库门里弄居民回搬	2020 年 5 月 9 日启动 2020 年 6 月 30 日终止
涉及居民户数	旧式石库门里弄居民 103 户 新式石库门里弄居民 157 户	旧式石库门里弄居民 393 户 新式石库门里弄居民 89 户
释放空间方法	抽户(部分居民拿到货币补偿,彻底搬离原址)	加高楼层

2019 年 7 月,即一期新里居民回搬后,Q 街道便先后开展了两轮涉及二期项目的居民意向征询。第一轮由 C 街坊居委会干部进行初步居民意向征询,在全面排摸的基础上,了解居民对旧改的大致想法,所有居民都表示有意愿实施留改;第二轮则由 P 区属 J 置地集团的专业人员负责开展,结合初步拟定的旧改方案图纸,就改造效果等具体事项进行居民意向征询,虽有部分居民对方案提出异议,表示要看到具体方案再决定,但仍有超过九成居民持合作态度。

4. 全力保障人财物,二期却遭"滑铁卢"

2020 年 4 月,为了推动二期留改项目有序展开,P 区 Q 街道还专门成立了C街坊留改专项领导小组,由街道党委书记担任组长,下设专项小组和保障小组。专项小组由56名街道干部和区属J置地员工组成,分为1个常驻工作组、16个居民工作小组以及2个单位工作小组,各组分片包块负责与居民、商铺的沟通协调、宣传动员工作;保障小组分为拆违组、维稳组、法律组、设计组和后勤组5个组,分别负责C街坊试点项目的违章建筑拆除、法律保障、房屋设计和人员车辆经费等后勤保障工作。常驻工作组办公地也是项目的签约基地,与C街坊的直线距离不到500米,接待时间为每天9:00至21:00,以便居民随时咨询相关政策。

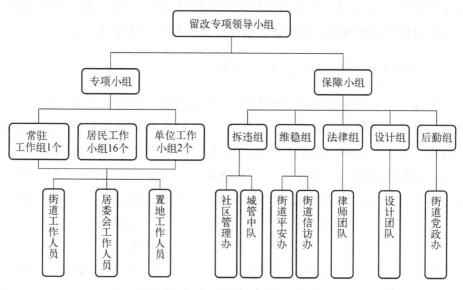

图3 二期"留改"项目工作组组织架构图

2020年5月9日,C街坊二期留改项目正式启动签约。项目部提前做好了充足的准备:签约基地内房管、街道、集团、居委、律师等各方面力量配备充分;墙上设置公示栏,张贴着二期项目的实施方案和操作口径,并把每名工作人员的联系方式向居民公开,体现了项目实施的"公平、公正、公开"原则;16个居民工作小组同时开展工作,每一组都由Q街道、C街坊居委、P区属J置地三方共同派出工作人员,确保将政策口径、方案细节解释到位;签约桌上摆放着每个工作小组的接待范围,以方便居民快速、准确地找到对应联系人。

签约启动前几天,签约基地门庭若市、人头攒动。然而好景不长,前来咨询签约的居民一天比一天少,很快,签约基地便门可罗雀了。专项领导小组迅速调整工作策略,16个居民工作小组全部出动,开展"地毯式"的入户宣传,深入 C 街坊各家各户,一户一户宣讲政策、一户一户解答疑问、一户一户动员签约。然而,面对居民们提出的各种需求与疑问,工作人员却无法招架。

(四) 多元需求难满足,二期"留改"遭质疑

2020 年 5 月 9 日,不少居民便早早赶到 C 街坊旧改签约基地。不一会儿,签约基地变得热闹起来,工作组办公桌前挤满了前来咨询的居民。工作人员拿出图纸,细心向居民讲解相关政策、设计方案等。面对居民的疑问,工作人员也耐心解释,对于居民的需求做好记录。但当部分居民发现二期项目取消了"抽户",部分设计图纸又与居民预期不符时,做好充分准备的二期"留改"项目推进计划逐渐被来自不同居民的个性需求与特殊情况所打乱。

1. 家庭矛盾争利益,要求抽户或征收

家住 C 街坊 269、271 号的杨先生兄弟姐妹众多,其父母去世后,旧里中的两间房便成了家庭矛盾的焦点。签约第一天,杨先生就来到签约基地咨询相关政策。工作人员拿出杨先生家的方案,和他确认道:"杨先生,跟您确认一下图纸,改建前您的房子一间是 269 号三层亭子间①,面积是 9.6 平方米,另一间是 271 号三层亭子间,面积是 9.8 平方米。改建后,您的房子会变成两间,面积分别在 14.9 平方米和 6.7 平方米,有 3.4 平方米独用的厨房和卫生间,公用晒台。您对方案有什么问题吗?"而杨先生对改造方案并不关心:"这些你不要跟我说,我们家里矛盾很深,我们要求抽户! 现在这个房子破旧,家里的兄弟姐妹都不想住。等改建好了,房子新了,大家都要抢着住。只有抽户,才能解决我们家里一切矛盾!"

工作人员这才了解到,原来杨先生家希望通过抽户拿到现金,几个兄弟姐妹平均分摊,从此不相往来。然而二期旧改并没有抽户的政策。即使有改建好房子能卖更多钱的建议,杨先生也并不满意,坚决要求抽户。工作人员无法疏导杨先生的情绪,即使后续多次尝试联系杨家人进行调解,也都被拒绝:"我们家的矛盾只有抽户或者征收能解决,其他任何什么事情我们家里都不需要,以后你们也不要来找我了!"

在拒绝签约的居民中,要求抽户或征收的占了绝大多数,而杨先生家的情

---

① 亭子间,即上海等地以石库门建筑为代表的旧式楼房中的小房间,一般位于楼上正房的后面楼梯中间,狭小、阴暗,本用于堆放杂物,不适合居住。

况只是其中的情况之一。根据项目推进工作组的测算,房屋改造后由于多出了独立厨卫,租金将会提升 4 倍至 5 倍。以 10 平方米的房屋为例,房租将从原来的每月 1 000 元涨到每月 4 000 至 5 000 元,房屋平均售价也会提升 30 至 60 万元,达到 150 至 180 万元。但是与抽户、征收所带来的经济收益相比,改造带来的收益依旧有较大的差距(抽户补偿款约在 200 万元左右,征收安置补偿款约在 300 万元左右),在这样的情况下,居民自然倾向于直观利益更高的方案。

表 2 不同方案下 C 街坊房屋收益对比(以 10 平方米计)

	月 租 金	房屋价值评估
不改造的房屋	1 000 元/月	约 120 万
改造后的房屋	4 000—5 000 元/月	约 150—180 万
"抽户"一次性补偿		约 200 万
房屋征收一次性补偿		约 300 万

而由于受到新冠疫情的影响,原定于 2020 年初启动的二期改造签约延后至 2020 年 5 月启动,与周边旧改地块征收同步进行。仅一条马路之隔的 S 街坊、H 街坊等均开始了旧区改造房屋征收补偿的市场评估程序,这让 C 街坊的部分居民难免有些心理失衡。同是住在旧区里弄的邻居和街坊,别人享受着房屋征收所带来更为高昂的经济补偿,自己却因为被划为"历史文化风貌保护街坊"而只能原地接受"留改",这不公平! 如果不签约、不改造,是不是 C 街坊也有可能被征收了呢?

在这种被动局面下,工作人员只能不断地向居民解释。大部分起初要求抽户或征收的居民被长达两个月的"持久战"所说服,不太情愿地签下了字。但仍有居民不为所动,坚持要求抽户,拒绝签约。

2. 奇葩房型难居住,购买面积单价高

除了希望"抽户"的居民,C 街坊中不少居民对石库门有很深厚的感情,他们都是"留改"的坚定支持者。而收到自家新居改造的"奇葩"方案时,部分居民感到大失所望。

　　家住 C 街坊 257 号的袁先生就是"奇葩"方案的受害者之一。在此前意向征询时，袁先生勾选了同意，期盼着搬入改建的新居。然而在看到具体的改建方案后，袁先生及家人却感到不可思议："好好的房子怎么改成了工字型，这住起来也太不方便了！"原来，袁先生家改建前房屋面积极小，即使加上新增的 3.4 平方米的厨卫面积也仅有 8.4 平方米，依旧低于规划中最小单间的实际面积。为了使改造后的房屋面积正好为 8.4 平方米，设计公司在房屋两侧各选一部分用墙封起来，把房屋设计成了"工字型"。对此，工作人员劝说道："您认为不完整，可以适当购买一些零星面积，把房间扩充的正气一些。"袁先生对此感到非常愤慨："说句心里话，这种房子怎么住？最起码的一张桌子、一张床放在那里！你们总说买面积、买面积，居住在这里的居民有几个买得起？"

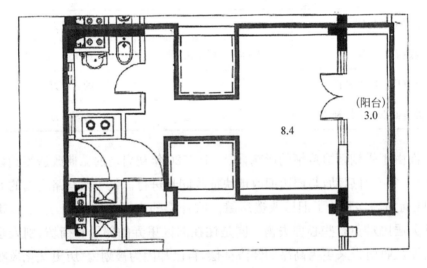

图 4　袁先生家改造后的房屋平面图

　　新建房屋的每层楼相同位置房间的面积是统一的，但是每户人家的原有面积都有所不同。袁先生家面积小，新建房屋面积大于他家使用面积的部分，如果不出资购买，多出的面积就会被砌墙"封印"起来。而在实际操作中，封印墙的存在会使房间被分割得非常不规整，无法正常住人。购买零星面积的售价虽然会经过专业公司评估，并参照改造前房屋状况及售让部位的咨询价格下浮 20%，但每平方米均价依旧高达近 12 万元。袁先生家若要补全房屋面积需要购入约 3 平方米，价格在 30 万左右。然而，原本居住在街坊中的居民大多并不富裕，这高昂的"福利"令他们望而却步。这部分零星面积，居民如果不出资购买，就被白白浪费了。据统计，C 街坊二期"留改"项目中由于设计不合理而产生的零星使用面积散落在建筑各处,共计约 400 平方米(约价值 4 800 万元)。

除此之外,二期"留改"方案中出现的"换门洞、换楼层、换朝向"等问题虽都有一定的面积补偿,但均无法令居民欣然接受。对此,由 Q 街道、C 街坊居委会和 P 区属 J 置地组成的推进工作组对此也非常无奈。推进工作组只是方案的执行方,并不能改变现有的二期"留改"方案,也已经无法向方案的设计方反馈相关建议。在和居民商谈中,即便知道居民的诉求合情合理,部分改造方案确实不够人性化,但是除了目前的"留改"方案,已没有其他选择。

3. 改建面积少一半,违建也要求补偿

周先生一家三口住 C 街坊 271 号,原有 9.6 平方米的房间实在无法容纳家中的人口。2009 年,周先生便自己出资在二楼天井处搭了一个面积约为 9 平方米的小房间,把自己的居住面积扩充了一倍。周先生家的自建房间并没有入证,被认定为违章搭建,在此次改造中不计入面积。

5 月 13 日,周先生来到签约基地,对自家的旧改方案感到非常愤慨:"这次改建,我们家的问题太多了! 其他我们都不计较了! 最重要的是,我们家天井上的搭建有 9 平方米,这是我家的面积,你要还给我家!"工作人员只能无奈地表示:"违章搭建面积是不会给你们的,楼层和朝向的改变是有相应的面积补偿的。而且这次 3.4 平方米的厨卫独用全都是政府出钱改造,机会难得,回家之后跟家人再商量考虑一下吧。"此后,工作人员多次与周先生联系,再次强调违章建筑在这次"留改"中会被拆除,不会变成合法的面积。对此,周先生的态度依旧强硬:"你讲违法就违法了? 我们家里的搭建存在这么多年,我们家住房困难的问题自己解决了,不给政府找麻烦,怎么就违法了? 政府说是违建,那么等政府来拆! 你们走吧!"

由于 C 街坊人均居住面积十分狭小,各类违章建筑林立,且绝大部分违章面积都没有入证,并不会在新房面积中给予任何体现,因此以周先生为代表的居民们几乎都不同意二期的"留改"方案。

4. 独用厨卫面积小,缺乏生活实用性

C 街坊的老年居民们大多不愿意离开石库门的烟火气,也期待着能够在安全舒适的新居中安享晚年,这也是 C 街坊启动"留改"项目惠民生的初衷之一。而多位老年居民在参观完一期邻居的改造效果后,普遍表示 3.4 平方米

的厨卫实在是太小了。"我这几年还可以自己洗澡,但是这个新的卫生间实在是太小了,我在里面转个身都很困难。""我腿脚不方便,进卫生间也需要推轮椅,但是这个新的卫生间连轮椅车都进不去。""我自己没法洗澡,需要子女帮助我洗,但是这个卫生间两个人站不下,没办法洗澡。""我腿脚不方便,新造的房子增高了一层,房子里能不能装上电梯?"

C街坊60岁以上老年人口约2300人,占C街坊总人口的36％。老年居民们无不希望卫生间可以更大一些,C街坊的无障碍设施可以更周到一些。这也是二期"留改"项目中居民提出的唯一可以被满足的要求,但其代价是牺牲本来就捉襟见肘的房间面积,且这部分的个性化适老改造需要居民自费完成,高昂的改造费用又使不少老年居民望而却步。而加装电梯的需求并不在C街坊的二期"留改"方案内。

(五) 讨价还价无余地,二期"留改"陷僵局

1. 楼层朝向被修改,要求商量无余地

今年80岁高龄的刘先生,与老伴住在C街坊267号四楼,并拥有一个晒台。在这间屋子里,刘先生与老伴度过了银婚金婚,对这里十分有感情,对于这次改建能够提升自家的生活质量,刘先生很是高兴。刘先生每天都能从自家晒台上看到一期改建的新房子,心里也很是羡慕,盼望着自家也能早日改建,这样老伴就不用每天走陡峭的楼梯上下拎马桶了。项目签约首日,刘先生就早早前来咨询改建方案。

然而,刘先生对于自家的改造方案却是种种不满意:"我们家本来是两个房间,现在合并成一个房间,这我不能接受! 四层搬到五层,我也是坚决不同意的! 我们年纪大了,已经八十几岁的人了,我老伴关节不好,五层楼根本没有办法爬上去。另外,我们家原来267号是在东面,采光很好,现在搬到289号,对面的大楼那么高,影响家里的采光和通风,这些我都是无法同意的!"

工作人员对此只能耐心解释:"两个房间合并成一个是设计上需要。至于四层搬到五层,是因为房屋整体升高至五层楼。换门牌是因为只有289号的门牌适合你们家的面积。"在后续的2个月中,工作人员虽然多次上门、致电、当面商谈,劝说刘先生接受现有的方案,刘先生也始终不为所动:"你们要么恢复原来的门牌、楼层和房间,否则我是不会签约的!"

刘先生家的情况也并非个案,二期留改涉及的沿街旧里的围合房屋户数

共计 393 户,占待改建居民户数的 81%。这些房屋的房型复杂、居住密度高、朝向多样、房型不规则,天井、晒台等后续搭建多,因而改造前后涉及部位调整(换朝向、换楼层、换门洞)的户数也多,高达 71%。虽然项目组对这些房屋会根据具体情况给予 1 至 3 平方米使用面积的补偿,不少居民依旧不能接受。并且,由于二期方案采用加高楼层的方式来补足独立厨卫改造面积,这使得不少居民的房屋都被抬高了至少一层。虽然楼层每往上调整一层会给予 1 平方米使用面积补贴,但对于腿脚不便的老年人来说,却大大增加了他们的生活负担。

2. 意见征询走过场,口径机械失耐心

C 街坊二期项目启动后,P 区政府领导对此始终高度关注,时刻关注签约进度,并多次来到签约基地关心签约情况,接见居民代表,并现场征求他们的意见。然而,这些居民代表均经过了"精挑细选",要么早已签约并支持"留改"方案,要么只是提一些无伤大雅的意见。P 区领导见项目推进没有什么困难,便给工作人员提出提前完成高签约率的目标的要求——"十日签约率达 80%"。专项领导小组迅速调整工作策略,16 个居民工作小组全部出动,开展"地毯式"的入户宣传,深入到 C 街坊各家各户,一户一户宣讲政策、一户一户解答疑问、一户一户动员签约,并做好详细的沟通记录。

新的工作策略产生了一定效果,各工作组更为积极主动地联络居民,部分居民也在这一过程中被说服签约。然而,面对居民们提出的各种意见和合理需求,工作人员也只是耐心倾听、机械记录,最后告诉居民:"目前的方案已经是考虑各种因素后的最佳方案,并且已经确定不能再更改⋯⋯这次改造可以改善你们的居住条件,赶紧签约吧。"经过多次口径一致的交流后,部分居民也失去了耐心,拒绝和工作人员沟通。

对此,不少工作人员也感到疑惑:"这次的改造项目,明明是政府花了大量的人财物力来改善居民的生活质量,为什么居民都不买账呢?"

3. 抱团抵制拒签约,政府难堵舆情潮

根据 Q 街道的舆情监控人员透露,临近二期"留改"项目签约时,在某上海本地知名网络论坛上悄然出现了一个质疑 C 街坊改造项目的帖子,其中充斥着"煽动"反对情绪的言论。舆情监控人员随即也在论坛发帖,宣传留改的好处,鼓励居民签约,希望对群众起到正向引导作用。这一举动却适得其反,

引来了百余条质疑的回帖。

随着签约工作的推进，论坛中关于二期"留改"的讨论不断冒出，部分网友用词激烈，管理员也对部分侮辱语句进行了删除。其中也不乏理性的讨论，争论的焦点则集中在"拒绝留改能否换来征收？"也有网友认为，仅增 3.5 平方米的厨卫的改建对居住面积低于 10 平方米的小户型没有任何意义，并要求按照上海人均居住面积（36 平方米）进行改建。部分网友也对 C 街坊老公房的产权问题提出了质疑。然而这些讨论大多中断于"动迁走人"的终极需求。

反对二期"留改"的居民还私下建立了一个微信群，并派代表在签约基地和 C 街坊内不断地兜兜转转，见到一户对方案有所迟疑的居民，就拉拢"进群交流"。"一期房屋建造存在质量问题，还没建好多久就出现了裂缝和屋顶漏水。"等传言在 C 街坊居民间流传；"政府请了一群设计现代商品房的人在做历史风貌保护项目，完全不懂石库门建筑的结构"的流言亦在各大网络社群散布。街道舆情监控人员"潜伏"进微信群，发现群成员超过 100 人，大家你一言我一语，各家的不满意汇集成了大片的反对声。

（六）谈判破裂无赢家，"留改"摁下停止键

C 街坊二期"留改"项目于 2020 年 5 月 9 日正式启动签约，经历了第一日的人头攒动后，前来咨询签约的居民一天比一天少，很快，签约基地便门可罗雀了。项目推进组为了完成区领导布置的任务，不断进行电话沟通、宣传讲解相关政策、反复将居民约到签约基地来商谈，却难以说动更多的居民完成签约。

5 月 19 日，项目距离开始签约已有十天，C 街坊二期项目的签约率却未达 30%，远低于 80% 的预期。P 区眼看着签约率上升缓慢，便召集所有工作人员开展工作会议，并布置了挨家挨户走访、宣传政策、劝导签约的工作要求。5 月 20 日，工作小组统一工作口径，纷纷与居民预约上门商谈。然而面对居民提出的多元诉求，工作组均无法满足，居民也不愿与工作组多谈。6 月，签约工作陷入停滞的僵局。

6 月 30 日，签约期届满。7 月 1 日，P 区属 J 置地公司贴出公告，签约期限内共有 354 户居民签订了改造实施协议，签约比例为 73.44%。其中旧式石库门里弄房屋有 277 户签约，占旧式石库门里弄房屋数的 70.48%；新式石库门里弄房屋有 77 户签约，占新式石库门里弄房屋户数的 86.51%。由于签约比例未能满足"留改"项目实施所需的条件，C 街坊二期留改试点项目被迫终止。

表3　C街坊二期"留改"最终签约情况

	总户数	签约数	未签约数	签约比例
旧里 （旧式石库门里弄）	393	277	116	70.5%
新里 （新式石库门里弄）	89	77	12	86.5%
总　计	482	354	128	73.4%

（七）结束语

C街坊二期留改项目摁下了"停止键"，居民们有的继续期盼着签约再次启动，暗自埋怨着当初不肯签约的邻居；有的继续做着"征收梦"，却多少有些后悔当初不签约的决定；有的则早已将C街坊的房屋转租给他人居住，对石库门建筑群的去留漠不关心。

> "一期抽户比例约在30%，这个数字正好和二期未签约的比例相等。其实大部分划入二期留改的居民是很想改建的，只是他们更想知道政府能给到他们最大优惠有多少。"①

面对C街坊二期留改的失败，P区Q街道领导表示，会继续加强舆论氛围营造，根据上级安排，等推动条件成熟后，再行启动二期留改项目；而对于C街坊依旧存在的违章搭建，以及沿街商户的无证无照经营问题，Q街道也会依法大力开展拆违整治工作，并按照房屋原有情况及年度修缮计划实施基本修缮。

上海市十五届人大常委会第十四次会议上，上海市住建委表示，将进一步统筹资金、房源、政策和规划，继续推进中心城区成片二级旧里改造，力争到2025年全市基本解决"拎马桶"问题。新出炉的上海市"十四五"规划也将完成全部中心城区二级旧里以下房屋改造任务列为"十四五"发展期间的主要目标。在由上海发布和上海人民广播电台等联合制作的《2021对话区委书记》

---

① 来自对P区Q街道C街坊居委会书记的访谈。

系列节目中，P区区委书记也表示："P区每一个开发的地块、每一个街区都有风貌保护的要求，都有历史建筑怎么保留、保护的问题。所以要把这里的基本风貌保护、历史建筑都要了解好，然后根据这个因地制宜做设计，由专家反复评审，最后大家定出一个最合适的建设方案，然后再来进行建设。"C街坊"留改"的后续推进，将依然是上海市及P区政府需要继续探索的难题。

 思考题

1. 谁来创造社会公共价值？应该如何确定公共价值的目标和内容？
2. 创造和调整社会公共价值的依据分别是什么？
3. 政府应如何协调城市历史风貌保护、经济发展和人民需求间的平衡关系？
4. 在公共价值内容确定的过程中，居民们的角色是什么？他们应如何发挥作用？
5. 实现公共价值过程中的政府、市场和社会的合作机理是怎样的？

二、案例使用说明书

（一）课前准备

在上课前，若条件允许，可印发纸质版案例（或分享电子版案例资料）。在多媒体教室，最好是桌椅可以移动的教室授课，方便学生分组讨论。针对MPA学生上课时间集中但学生精力难以集中的特点，在发放纸质版案例的同时展示配套PPT图片或播放相关视频（网上有视频片段），以更直观、更有冲击力的方式在课堂上充分展示案例。因此应在课前将相关图片制作成PPT并筛选与该案例相关的代表性视频，按照教学计划提示本案例的具体使用时间，以引起学生关注。

（二）适用对象

本案例适用于公共管理、政治学专业的本科生、学术型硕士生和专业硕士MPA学生，另外在干部进修或培训的教学中同样可以使用。

该案例适用于《公共管理学》《城市治理》《政治学》及《中国政府与政治》等课程的教学。

三、案例目标定位

（一）本案例的核心教学目标

（1）了解公共价值的创造和调整过程；

（2）认识公共价值存在的内部张力；

（3）掌握公共价值管理的内涵；

（4）通过公共价值管理推动政府机制改革与治理创新。

（二）掌握的知识点

（1）公共价值的概念与特征；

（2）公共价值的张力与冲突；

（3）创造公共价值的实现路径；

（4）创造公共价值的机制保障。

（三）思维养成和观念转变

（1）公共价值整合过程从机械累加向动态调整发展；

（2）公共价值实现过程从单一主体向多元协同发展；

（3）完善政府科学决策机制；

（4）构建社会协商平台促进共识建立。

（四）能力提升

（1）提升辨识公共价值多元内涵的能力；

（2）提升分析公共价值冲突的能力；

（3）提升优化现有政策工具的能力；

（4）提升公共价值管理中的制度创新能力。

四、教学内容及要点分析

（一）案例导入性问题

（1）城市文脉必须要留，老旧小区也必须要改。但要怎样留？怎样改？

（2）C街坊的旧区改造为什么没有采用以往的征收政策？

（3）C街坊二期"留改"政策为什么没有沿用一期抽户政策？

（4）如何平衡历史风貌保护与居民的实际需求？

（5）城市公共价值的实现应该由谁承担？又该如何承担？

（二）案例讨论要点

1. 政府在公共价值管理中的角色定位

政府作为公共价值生产的主体，各级政府在创造公共价值中的角色定位值得关注。案例中，上海市政府着眼于城市的长远发展，以维护全体上海市民共同、长久的利益为宗旨，在完成城市历史风貌的保护，以留存城市记忆、传承海派文化的基础上，竭力改善旧里小区的住房条件，致力于同时做到保护历史建筑与改善居民生活条件，最大限度地创造公共价值。而案例中P区"留人留房"试点项目延续了上海市政府的责任观，是对"留、改、拆"上海方案的又一次有益探索。P区理想的"留房留人"试点项目，是希望在保留历史风貌的同时改善居民生活条件，以解决目前由于C街坊房屋老旧和居住密度过大导致的社会问题，进而形成全市层面上可复制、可推广的"留改拆"成功经验。而Q街道、区属J置地集团作为项目的具体推行方，他们更多地将工作重心落脚于如何实现公共价值上，即关注实现路径的效率与公平，以推动C街坊二期"留改"试点项目成功落地。

"留房留人"试点项目相较于其他旧改模式，有利于在更好地保全石库门里弄文化的同时，缓解财政压力。案例中，C街坊"留改"项目商业属性不凸显，社会资金难以参与改造，这无疑将为政府造成的巨大财政负担。"留房留人"模式有利于节省大量的房屋征收补偿资金,在缓解政府财政负担的同时激发旧里的活力。而在审慎论证"留改"项目方案专业性和可行性的过程中,需要在完成历史风貌与文脉保护整体任务的同时,保证居民核心居住利益分配的公平。而 Q 街道及 C 街坊居委会为了保证项目的顺利推进,需要在项目前期完成居民意见的征询,保证方案的公平、公正与公开,并维护社区和谐稳定。

在"以人民为中心"的价值引领下,各级政府及工作人员各司其职,在推动二期"留改"方案签约的过程中做出了很大的努力,项目能够改善居民的居住条件,并保护城市的历史文化风貌。然而"留改"二期项目却带来了与一期项目截然不同的社会反响,大部分居民在项目推进过程中认同了政府的公共价值管理,少部分 C 街坊居民却在签约的最后关头踩下刹车,认为自己的利益受到了侵犯。而这些居民中,反对的表现各不相同,但都认为自身的利益受到了"留改"项目的损害,且不希望"牺牲小我"来实现多数的利益。这些个体诉求也是公共价值实现的重要一环。

2. 确定公共价值需要正视多元价值冲突

任何公共管理的行为和公共政策活动在本质上都是确立和实现公共价值的过程。本案例中,C 街坊"留改"项目既是对城市历史风貌的保护,也是对居民居住条件的改善,在满足全体市民保留城市文化需要的同时,回应了居民群体日益增长的物质需求。无论从哪个角度来看,整个"留改"项目是以创造公共价值为目的。从政府层面来看,政府部门既希望保留建筑历史风貌,又希望能解决 C 街坊建筑结构老化、居住功能缺失、环境低劣的民生问题;从 C 街坊居民的层面看,尽管有的居民提出了动迁、抽户等追求经济价值的诉求,但归根到底仍是想要改善现有的居住条件。基于改善生活条件的共同的追求,政府与居民双方拥有谈判的基础,并应当进行更加有效的沟通与合作,共同创造公共价值。

具体来看,"留改"项目的多元价值冲突可以概括为以下四方面:① 心理预期落差大,旧区改造推进多年,C 街坊的居民早已盼望着能等到"拆迁"的一天,可等来的却是"留改"项目。与此同时,仅一条马路之隔的周边居民区却启动了房屋征收项目,截然不同的待遇在居民心里形成巨大的心理落差;② 政策缺乏延续性,二期项目在一期成功经验的基础上进一步"留改"项目扩大范围,然而项目方案调整了释放空间的方式。居民普遍有着"以往方案会继续执行"的预期,同一片小区却适用两种项目方案,这既造成居民心理上的落差,又增加了"留改"项目推进的阻力；③ 重新分配空间有失公平,二期项目方案造成空间利用的再分配,涉及房屋户型、朝向、楼层、区域等的变动,这些居住条件的变动并不是所有居民都能接受的,小的不满意逐渐积累成反对的情绪；④ 房型设计缺乏人性化,在"留改"二期项目房型、住户情况均更为复杂的情况下,二期的设计公司未能胜任设计任务,为了设计出符合居民核定的面积的房型而忽略了空间合理利用的原则,既浪费了房屋空间,又不利于赢得居民的支持。

在具体的"留改"项目中,城市历史风貌保护的整体性追求与居民的个人实际利益之间存在的矛盾与冲突并没有得到足够的重视。更糟糕的是,居民对方案几乎没有发言权,这更加剧了部分居民的反感情绪。在复杂治理时代,公共价值的确立并非不同价值偏好的简单累加,公共的复杂性和价值间的竞争性不应被忽略。当地居民作为理性的个体,自然更倾向于个人能够获取更大利益的旧区改造政策,在纵向比较一期"留改"的"抽户"政策、横向比较周边居住条件、地理位置类似的里弄的征收政策时,要想从中获得更多利益补偿的期望更加强烈。而在政府的内部"账本"上,改善居住环境和保护历史建筑的价值早已超过了方案成本控制的需要。即使保留原有风貌的里弄改造的实际资金投入早已超过了一次性房屋征收所需的成本,政府却依然忽略了C街坊居民多元的利益诉求以及在确立公共价值过程中居民合理的"讨价还价"行为。

在本案例中,公共价值生产者的偏好相对集中且稳定,即上海市和P区的偏好在于在保留历史风貌的基础上完成旧改目标,Q街道和区属J置地集团作为政策执行者的偏好在于完成上级交办的任务。而对于政策的受益者来说,其偏好却不完全一致。C街坊的居民寄希望于政府有所动作,帮助自己改善生活品质。其中,有的居民偏好于获得崭新的住房和额外的厨卫空间,有的居民偏好于获得经济补偿,有的居民偏好于借机将违章搭建面积合法化,还有的居民偏好于异地安置。C街坊的公共价值的实现方案看似非常理想,实则隐患重重,它仅仅将绝大多数偏好叠加所得到的最大公约数,而非一个完整的合集。

回顾二期"留改"项目的推进过程,政府对于利益相关者的诉求回应并不全面,公共价值的创造仍流于表面和形式,居民在其中处于被动接受的地位,对政府提供的服务和结果均不满意,信任也随之下降,也无法认同政府所倡导的城市风貌保护的公共价值。多元的利益诉求无法在二期"留改"项目中得到有效的表达和整合,政策起点的分歧使得在后续项目的推进过程中,P区政府与C街坊居民间的矛盾不断激化,直至最终谈判的破裂。

3. 创造公共价值需要构建多方协同机制

各级政府作为公共价值实现的推动主体,在公共价值的实现过程中力求获得所有C街坊居民的"满意"反馈。而C街坊居民并非简单的公共价值接受方,由于政府未建立有效的协同机制,基于个人的实际感受而形成的多元利益表达诉求在与单向递送的公共价值实现路径的"拉扯"过程中,汇聚成了另一支不可忽视的价值流。层层推行的政策工具"筛"去了绝大部分的"不满意"情绪,然而,不完备的政策"网"所遗漏的利益诉求在方案推行过程中也不断增长,公共价值的分歧所带来的矛盾不断激化,冲突随之爆发,最终导致了谈判破裂的"双输"结局。

C街坊二期项目方案制定的过程几乎完全由政府主导,并且P区政府并未沿用一期项目成功"抽户"做法以留住二期的每一户居民。然而,方案以满足总体的设计要求为导向,尽管统筹了每家每户的不同特点和需求,却难免触及少部分居民的利益。在这一过程中,政府部门既没有用好公众参与这一有力工具,又在引导公众偏好形成上处于被动。由于较低的居民参与度,部分居民在签约前并不了解具体的方案与政策,或对自家的户型图纸的体验不佳。方案制定过程中的公众参与的缺失最终具象为居民理想与现实间的巨大落差。

公共价值理论认为,一个灵活的、学习型公共服务的获取和递送机制应该贯穿于公共服务过程始终。然而在具体的实践中,需要灵活应变、做出具体的行动与选择的,却是时常面临公共价值冲突、却只能在固化单向价值传递中执行具体行政任务的街头官僚。P区政府认为自己出钱出力,为公共价值埋单,却忽略了受益方实际的需要;J区属公司仅仅为了完成政府布置的设计任务,却没有考虑房屋的实际居住体验,没有成为政府温和施政的"催化剂";以Q街道为代表的政策执行方成了一个"止逆阀",他们忠于职守,一丝不苟地完成上级即公共价值定位方制定的政策,并想方设法将方案推行下去,而不考虑如何向上反映居民们不同的价值诉求;C街坊的居民虽然是公共价值实现的直接受益方,却并没有讨价还价的空间,只能选择是否接受留改方案。单向递送机制下,单一的答复口径刺激了部分C街坊居民的抵触情绪,冲突一触即发。

同样是出于创造公共价值的目的，"留改"项目困难重重，而与之有一定相似性的房屋征收（拆迁）项目却大多顺风顺水，归根到底仍是机制间存在差异。由于不像房屋征收那样具有在长期探索过程中形成的一整套成熟机制，"留改"现有的模糊机制难以解决留改项目中遇到的实际问题。在具体项目中缺少对具有保留价值的老旧房屋的认定细则及标准，令部分居民仍做着拆迁的"黄粱美梦"；没有改造修缮的里弄房屋是否满足现行的住宅设计的评估标准，在具体的设计方案上总会产生众口难调的情况；"抽户""加层"等容积率转移问题又缺乏明确详细的制度设计和法律基础，单靠一事一议，"运动式"推进，"无法可依"的留改项目始终如"无根之萍"，既不利于方案的制定，也不利于政策的执行与后续的推广。如何在广泛征求意见的基础上，建立一个健全的法律法规体系与实施细则，以指导和支持城市风貌保护这一公共价值的实现，需要多方进一步地考虑。

五、理论依据资料

（一）公共价值的确立

公共价值这一概念最早由美国学者穆尔提出。穆尔认为，公共价值是"公民对政府期望的集合，是公众通过切实的公共政策与服务所获得的一种效用"，而公共部门管理工作的目的就是创造公共价值。公共价值并不能简单理解为群体中所有个体偏好的总和叠加，它是指"特定情境中所有利益相关方所共同认可的、能带来普遍性福祉的集体性效用和偏好"。

公共价值理论倡导政府建立与公众互动的平台，尊重公众偏好。在我国的具体实践中，公共价值的确立实质上是要求政府正确引导公众参与公共事务，并在这一过程中担任"元治理"的角色，成为公共价值的护卫者，调动社会各种资源为创造公共价值而合作。习近平总书记在上海考察时提出"人民城市人民建，人民城市为人民"的重要理念。随着新时代到来，我国的公共管理理念面临着急剧转型，其实质是公共价值的重构过程。当前中国公共价值的重构需要深入研究"以人民为中心"的价值语义，探寻公共管理理论与实践统一的价值基础。

（二）公共价值的内在张力

公共价值体现在多元的、具体的价值观之中。正是公共价值的多元类型导致在实践中，政府的公共管理行为呈现出"价值观冲突"或"价值观竞争"的现象。而目前并没有统一的标准去衡量和排序公共价值的"优先级"。

在我国，施政的根本原则是"以人民为中心"，人民性作为我国政府最基本的公共价值，使得保障和改善民生成了我国发展的根本目的。在众多公共价值的内在张力中，最基本的一组张力是公共性与有效性价值观的内在紧张关系。公共性指公开、公平、公正、合规等方面，有效性则体现在效率、绩效等方面。这两者之间的平衡，则需要以"人民性"为标尺，而掌握这一动态平衡，绝非易事。如何化解公共价值观的内在张力，亦成为公共决策面临的困境之一。

聚焦至城市历史风貌保护，其对象是已建成的环境，改造成本巨大，涉及利益相关体众多，且权属认定错综复杂，各利益相关体的诉求多种多样，又随着周围环境的影响而不断变化。政府部门作为公共价值生产的主体，需要充分了解各方利益诉求，注重公共价值导向，并紧跟环境变化不断创新做法，来化解城市风貌保护与居民诉求间的矛盾。在实现保护城市历史风貌的公共价值的同时，协调保障少数人群的利益，建立起协同机制，完善制度保障，从而持续实现公共价值。

（三）公共价值的实现路径

1. 广泛整合公众偏好，科学定位公共价值

政府在创造公共价值的过程中，应该坚持"以人民为中心"，选择合适的政策工具，从"管理"走向"治理"，在各环节积极广泛听取民意，科学定位公共价值，确保其行为符合受众群体利益。尤其在意见征询阶段，不能通过粗略甚至与实际情况不符的方案"骗取"居民的初步同意，而是要及时将详细方案呈现给居民，让居民在有清晰认知的前提下，选择是否支持该方案，或是提出自己的偏好。在征询过程中，政府应当搭建好平台，邀请居民共同推选出的代表与区领导、区房管局和属地街道等多方直接沟通，或者引入专项监督和民主协商机制，让具有相关专业背景的人大代表、政协委员与专家学者参与其中。经过整合公众偏好和对公共价值的科学定位，公共价值才得以合理生产。政府部门在此基础上，形成一个总体方案，才能够更好实现公共价值。

2. 深挖公共价值内涵，增加实现路径的灵活性与覆盖面

公共价值产生后，应对其内涵进行深度挖掘。对于多个个体不同的价值偏好，政府部门应从全局角度进行分析比较，同时制定并比较对应各种价值偏好的政策。公共价值的实现应以满足合理偏好为原则，并且把利益差异控制在合理范围，具体的方案之间不存在明显冲突，全部提供给居民进行灵活多样的选择，以全面回应各类利益相关者的诉求，避免"一刀切"。至于市民的不同偏好，到底把地块用于商业开发用途，还是继续用作民用住宅等，由于利益关联性不强，政策主体可以结合不同地块的周边规划进行不同决策。

3. 增强多元主体参与，促进公共价值总体效益最大化

公共价值具有社会层面性和大规模性，政府提供的公共价值产品必须满足全社会广大民众的需求。公共价值又具有公众性，必须依靠公众自己的力量来实现属于自己的公共价值，才能保证公众直接参与公共价值体系的建设和运作。在城市更新案例中，如果"留房不留人"，那么需要既能够为原居民带来居住条件的改善，又能为这个城市留下历史的记忆，在符合区域发展导向和相关规划土地要求的前提下，允许用地性质的兼容与转换。对于引入社会资本的性质以及对留改地块的重新规划和对于居民的相应补偿政策也都应有更为细致的考量。如果"留房又留人"，那么需要"一户一方案"来进行协商，充分考虑居民现有房屋的结构和其本人需求，对整体方案进行统筹设计，需要政府部门牵头，组织多方参与、协调各方利益、形成各方共识，平衡居民短期利益和城市发展的长期利益，推进项目成功落地。

4. 强化机制建设，让公共价值实现有"法"可依、有"规"可循

政府部门应强化制度建设，让各类政策创新摆脱试点带来的局限，这样才能更好地实现公共价值。对于城市更新案例，一是要尽快出台《上海市住房保障条例》，制定公有居住房屋最低卧室面积、最低厨房面积、最低卫生间面积的相关强制性保障标准，细化明确地方政府住房保障兜底法律责任。二是要将保留保护历史建筑与共有产权保障住房制度衔接起来，将改造好的历史建筑转为共有产权住房推向住房保障市场，按一定的折让价出售，政府和购房者按份共有。对于政府而言可以回收一部分资金，减轻财政压力；对于购房者，居住位置交通便利也会对其有较强的吸引力。

六、主要参考文献

［1］马克·穆尔.创造公共价值：政府战略管理［M］.北京：商务印书馆，2016.

［2］马亭亭，唐兴霖.公共价值管理：西方公共行政学理论的新发展［J］.行政论坛，2014，21(6)：100－106.

［3］倪永贵.公共价值视域下区域合作治理：现实困境与有效策略［J］.现代经济探讨，2020(12)：105－109.

［4］任晓林.公共管理中公共价值的基本维度与认知［J］.广东行政学院学报，2019，31(4)：5－14.

［5］王宇熹.从"拆改留"到"留改拆"立法保障研究［C］//2019年政府法制研究(上).2019.

［6］杨黎婧.从单数公共价值到复数公共价值："乌卡"时代的治理视角转换［J］.中国行政管理，2021(2)：9.

［7］朱德米，曹帅.公共价值理论：追寻公共管理理论与实践的同一性［J］.中共福建省委党校(福建行政学院)学报，2020(4)：89－100.

案例三

实现公共价值中的决策者
——浙江省高考英语"加权赋分"风波

摘　要： 2018 年我国试行旨在给学校和考生更多选择权、打破"一考定终身"的新高考方案，浙江省作为第一批试点的两个省份之一，却在英语选考中因"加权赋分"引起轩然大波。浙江省教育厅、教育考试院在 2018 年 11 月英语选考难度增加后，为"为保证不同次考试之间的试题难度大体相当"而采取了"加权赋分"的做法人为调整考生得分，引发社会舆情和政府公信力危机。在此事件中，浙江省教育考试院在重大决策过程中并未采取正规程序、也未对决策进行充分论证，这样的严重决策错误导致了考分结果不公正、不合理的问题，损害了考生的利益。事件在上级政府经调查后对相关人员进行问责、恢复原始得分后逐步平息。该事件证明了依法依规行政、主动接受社会监督是有效保障社会公平、提升政府公信力、实现公共价值的有力途径。

关键词： 依法决策；公众监督；高考改革；加权赋分

一、案例正文

(一) 高考制度改革，探索打破"一考定终身"

国务院于 2014 年 9 月 3 日颁发了《关于深化考试招生制度改革的实施意见》[①]（国发〔2014〕35 号）。《意见》旨在减轻学生学习负担、改变唯分数论和一

[①]　中华人民共和国国务院.关于深化考试招生制度改革的实施意见[Z].2014-09-03.

考定终身的现状,明确上海、浙江作为试点区,分别出台高考综合改革试点方案,从 2014 年秋季新入学的高中一年级学生开始实施。

浙江省是全国两个高校考试招生制度综合改革试点省市之一。2014 年 9 月 9 日,浙江省政府办公厅制定并印发了《浙江省深化高校考试招生制度综合改革试点方案》,其中规定:"外语每年安排 2 次考试,1 次在 6 月与语文、数学同期进行,考试对象限于当年高考考生;1 次在 10 月与选考科目同期进行⋯⋯外语和选考科目考生每科可报考 2 次,选用其中 1 次成绩。"换言之,2014 年秋季入学的高中一年级学生在高考中可获得 2 次外语考试的机会,"一考定终身"的困局有望被打破。

(二)英语选考难度增加,考生压力不减反增

2018 年 11 月 1 日至 3 日,浙江省举行 2018 年下半年学考选考。英语科目考试结束后,诸多考生感觉考试题目偏难,题目难度与去年同期相比难度较大,很多家长也因此表示不满。各年级的学生和家长们都从自身立场出发,对这次考试难度骤升提出了批评意见。

1. 高二考生

A 学生 2018 年 11 月是高二上学期的学生,他原本打算参加两次外语考试,并选择了此次选考作为第一次考试。然而此次外语考试难度较大,因此对他来说将此次考试作为高分计入高考最终成绩的可能性相当小,因此这次考试机会对他来说基本就等于浪费了,前期的准备和考试相当于做了一次无用功,他只能依靠下次考试拼尽全力发挥更好,下次考试也压力倍增。

2. 高三考生

B 学生 2018 年 11 月是高三上学期的学生,由于高二期间忙于别的科目考试,他选择参加高三上学期的考试作为他第一次英语考试。然而此次考试难度特别大,他考完之后就感觉选择错误。明明多准备复习了一年再考,感觉基础会更扎实考分会更高,没想到赶上一次难度变大的考试。与其这样,还不如在去年高二的时候就参加考试,这样也许分数会高,也不用多浪费一年时间准备,自己还浪费了一次考试机会,所有的希望都只能寄托于来年 6 月的高考。

3. 复读生

C考生是复读生，他复读后选择2018年11月参加英语选考，虽然C考生已于2017年10月参加过一次英语选考，但是此次选考难度增加，复读可能仍然无法得到比原来更高的成绩。对该考生来说，多读的一年又遇到了较难的试卷，等于复读的半年时间基本没有体现出复读的意义。考虑到万一第二年6月高考时外语试题依然较难，或是其他科目也重蹈覆辙没发挥好，那更是雪上加霜，多浪费了一年时间，因此复读生心理压力也很大。

虽然考试难度增加使得部分考生及家长不满，纷纷对此提出批评意见。但是考生考的都是同样的一套卷子，"要难大家一起难"，在考试整体公平的情况下，这次难度增加并未引发过多讨论。

（三）高考英语成绩出乎意料，引发社会舆情

2018年11月24日，浙江省高考英语科目成绩公布，不少学生发现了公布的分数与实际核对答案分数存在明显不符。这次成绩发布"一石激起千层浪"，考试分数的准确性和阅卷的公平性遭到不少考生和家长质疑。

1. 公布得分与估分严重不符

考生遇到的得分不符主要表现为以下几种状况：

第一，实际得分远低于考后估分。A同学这次考试和平时差不多，客观题预计被扣17分，最后算出这次英语考试的总成绩应该是在120分左右。但公布后的分数竟然只有100分，相差整整20分！B同学自己核对了标准答案，估测分数是139分（满分150分），但最终成绩中客观题就扣了12分。

第二，考试出现"倒加分"。试卷满分为150分，有同学在被扣30分的前提下仍得130分，还有同学客观题被扣十几至二十几分，最后竟然也有130分甚至140分。

第三，主观题阅卷分数存疑。C同学家长表示，自己儿子班里的两位同学都是班上的英语尖子生，这两人在客观题部分都只被扣了2.5分，分数最终竟然只拿到了132分和129分。有些平时英语成绩较好的考生出现了作文分数为零的情况。而另外有的同学客观题整整扣了将近十多分，但是最终的成绩达到了135分，计算下来主观题几乎没有被扣分。

实际得分远低于考后估分、"倒加分"、英语作文成绩远高于平时成绩、阅

读理解等难题分数随意……面对如此多考生的估分成绩与实际分数出现很大差异的问题,众多高考学生及家长都坐不住了,"浙江高考英语"的讨论话题一跃成为微博热搜,不少家长和学生均在网络上跟帖留言,要求相关部门就此作出合理解释,甚至有家长提出要求重新批改试卷,以保证考试结果公平。

2. 成绩不符使公众质疑阅卷公平性

由于考试分数与实际考生水平差别过大,部分尖子生表示自己平时英语成绩很好,难度较大的题目也不在话下,对考试信心满满。然而此次考分一出,分数并不高,无法与英语成绩普通的考生拉开分值,对于这次英语成绩表示无法认同。除考生与家长对得分无法认同外,更多的是对阅卷公平性与评分标准的质疑声。

分数差距是否与分批阅卷有关?浙江高考的阅卷方式是分批阅卷,因此有些家长怀疑,或许英语成绩的异常与考试采用分批阅卷方式有关。有网友爆料称,正常情况下,如果采用分批阅卷,一般是第一天评阅标准较为严格,从而会拉低平均分,在这之后总体来讲评阅标准会相对放宽,由此可能导致分数波动较大。但是针对这种观点,该网友也指出,即使采用的不同的阅卷标准,作文分数也不可能出现大批量满分或是接近满分的情况。

即使公众对阅卷有诸多猜测与质疑,但是考试分数与答题情况和阅卷方式都无法匹配佐证。如果不是阅卷过程中标准有偏差的原因,那么到底是什么导致这么多学生成绩都与其实际作答情况存在较大出入呢?是否出现了权利被滥用的情况?是不是发生了职能部门的暗箱操控?

(四)官方回应导致事件持续发酵

1. 英语分数是加权赋分后的结果

针对公众对英语选考分数的质疑,2018年11月27日,浙江省教育考试院发布《关于英语科目考试成绩的说明》,说明指出了此次考试分数与估分不符的原因:"在2018年11月刚结束的英语科目考试中,根据答卷试评情况,发现部分试题与去年同期相比难度较大。为保证不同次考试之间的试题难度大体相当,浙江省招委组织专家研究论证,在制订评分细则时,决定面向所有考生,对难度较大的第二部分(阅读理解)、第三部分(语言运用)的部分试题进行难度系数调整,实施加权赋分。"

也就是说,此次英语考试试卷满分为 150 分,包括客观类试题 110 分(选择题和填空题)和主观类试题 40 分(作文)。此次采取的"加权赋分"操作是对所有考生开展,对客观题中难度较大的第二部分,即阅读理解和第三部分语言运用的部分试题进行难度系数调整,实施加权赋分。其他试题未做调整。这种赋分的方式简单来说,就是将最难的部分题目的权重压低,将简单部分的分值权重提升。因此做错难题来说对整体分值影响的影响将比原先降低。

2. "加权赋分"引发质疑声更加激烈

《说明》一出,质疑声不但没有平息,声浪反而越来越大,风波四起,事件更是成了舆论的焦点。

一是事件引发了网络舆情。网友纷纷在微博等社交平台上发表自己的观点。"浙江省考试院发一个什么乱七八糟假惺惺的声明来糊弄考生! 良心在哪里? 怎么会出现这样的情况?""活着本来就不容易,希望相关部门能给个说法"……

二是部分学生家长及学校纷纷反对"加权赋分"。有部分学校通过书面和即时通信等多种方式收集了学生家长和考生的意见。意见主要分为两方面:一方面对于英语成绩优秀的人来说,此次考试中能够与普通学生拉开分值的机会被缩小,甚至极端情况下会出现考分低于普通学生,这对优秀的学生来说是一种不公,考试本身想达到的筛选优秀学生的目的也无法达到。尤其是对于以杭州学军中学为代表的有较多英语成绩优秀学生的学校,难题是他们与普通高校拉开差距的较好机会,但"加权赋分"的操作却使他们的分数差距无法体现。据统计,在嘉兴 H 县,由于此次考试较难,失分情况相当明显,第二部分(阅读理解)、第三部分(语言运用)两个板块的平均成绩较去年同期的平均分低了 11 分。但是通过"加权赋分"这一操作,H 县每位同学能够多加 0—12 分。这 0—12 分的分数的增加,对尖子生来说就无法体现他们在外语上的优势,拉开考分差距。另一方面对于英语次优或者成绩普通的考生来说,考试评阅标准改变,考试成绩波动巨大,考试的权威性、公平性无法体现。

三是政府公信力受到挑战。浙江省教育考试院未经公开就擅自作出决策的行为使浙江省政府的公信力面临滑坡。不少人都对将来产生了担忧——未来是否又会发生这种情况? 自己辛辛苦苦的努力是否又会被下一次"拍脑袋"操作所抹杀?

（五）省政府出面调查处理，事件趋于平息

面对愈演愈烈的网络舆情和学校家长的声讨，2018年12月1日，浙江省委决定成立由时任省长袁家军任组长，时任省委常委、省纪委书记、省监委代主任任振鹤任副组长，有关权威专家参与的省政府调查组。

1. 调查结果

2018年12月5日，调查结果出炉。浙江省政府召开浙江省高考英语科目加权赋分情况调查结果新闻发布会。调查组认定，此次高考英语科目加权赋分是一起因决策严重错误造成的重大责任事故。调查组认为，此次高考英语科目加权赋分决策依据不充分、决策严重错误，导致结果不公正、不合理，且决策程序不合规。主要体现在以下几方面：

一是"加权赋分"不适用本次英语考试。浙江省政府调查组成员、浙江省政府副秘书长陈广胜表示，加权赋分一般是指将部分试题的得分乘以一定的权重，并加总得到总分的一种分数计算方式，不适用于本次英语考试。根据《浙江省深化高校考试招生制度综合改革试点方案》的相关规定，"语文、数学、外语每门150分，得分计入考生总成绩"。但是"加权赋分"改变了外语考试总分，不符合上述文件规定。

二是技术论证不充分，相关概念混淆。根据相关规定，评分细则应在正式评卷前制定。本次加权赋分是在正式评卷完成后进行的，不属于评分细则的范畴，浙江省教育厅主要负责人和省教育考试院混淆了加权赋分与评分细则的概念。在具体操作中，浙江省教育考试院又没有进行充分的技术论证，仅作模拟推演，导致不同考生同题加权赋分值存在差别。

三是重大决策被违规通过和执行。按照《浙江省重大行政决策程序》规定，重大行政决策应当按程序充分论证、仔细研究、集体决策，但浙江省教育厅主要负责人未能正确履行职责，违反民主集中制原则，不经过集体研究，个人决定了事关全局和稳定的重大问题。浙江省教育考试院有关负责人在院长办公会议多数人持不同意见的情况下，不坚持原则，违规通过和执行了加权赋分的错误决定。

2. 相关人员追责

在听取调查组汇报并专题研究后，浙江省委、省政府决定对相关职能单位和有关责任人分别追究责任。

浙江省教育厅承担领导责任。责令省教育厅党委向省委作出深刻检查，省教育厅向省政府作出深刻检查，并切实整改；责令省教育厅向社会发布整改措施并正式道歉；对省教育厅履行职责不力问题进行通报。

浙江省教育考试院盲目执行上级领导的错误意见，造成严重社会后果，承担直接责任。责令省教育考试院向省教育厅作出深刻检查；对省教育考试院履行职责不力问题进行通报。

此外，对相关责任人也进行了责任追究：免去郭华巍浙江省教育厅党委书记、委员职务，责令其辞去浙江省教育厅厅长职务；免去王玉庆浙江省教育考试院党委书记、委员职务，由浙江省纪委对其涉嫌违纪问题立案审查；对浙江省教育厅党委委员，浙江省教育考试院党委委员、院长孙恒予以诫勉。

浙江省教育考试院党委书记被立案审查。由浙江省纪委派驻省教育厅纪检监察组，对浙江省教育考试院党委委员、纪委书记陈煜军涉嫌违纪问题立案审查；对其他相关责任人，按照干部管理权限，由有关部门作出相应处理。

3. 取消"加权赋分"，恢复原始得分

针对此次事件，浙江省政府决定取消这次考试的加权赋分，恢复原始得分，于12月6日重新发布英语成绩。为了保证成绩公平公正，国家教育考试指导委员会组建了由评卷管理专家、学科命题专家及统计测量专家组成的评卷核查工作组，并且于2018年12月2至4日对本次考试评卷工作开展了独立核查。

调查组成员、国家教育考试指导委员会专家、研究员于涵表示"评卷核查工作组对照评卷管理文件检查了评卷系统记录、复核了答题卡扫描图片、抽查了主观题答卷并对评卷数据、原始得分进行分析后认为：本次考试评卷工作组织管理规范；选择题评阅结果准确、可信；评卷教师在整个评卷过程中认真执行本科目评分细则，评分尺度把握一致性较高；本次考试信度高、主客观题成绩相关性高，二者均与历次考试基本持平。"

调查组认为，这次英语考试评卷的组织符合高考相关规定，阅卷评分是严格公正的，考生的原始得分合法有效。

4. 事件趋于平息

调查结果出来后，各大网友是持正面态度，有不少网友点赞表示"有错纠错，敢于担当，敢于问责"。考生和家长也普遍反映，政府对此事的处理态度他们还是颇为满意的。

浙江一考生说,"这次事件调查组的调查过程和结果还是比较令人信服的,且调查结果能及时向社会公布,并惩处了相关责任人员,我们学生、家长对于这次处理结果还是比较满意的"。

而来自绍兴的孙同学则表示,11 月 27 日在刚刚得知浙江省教育考试院作出的对英语成绩加权赋分的决定时,他非常生气,认为教育考试院在做决定前,没有给学生、家长解释,更没有提前通知他们。

孙同学说:"当时对于考试院还有教育厅,都是有些质疑的"。他表示"取得的高考英语成绩为 111 分,这是赋分以后的成绩",他认为"一旦取消赋分,自己的成绩相对来说会高一些。"

而另一考生家长表示,"第二天就要重新查分了,心里仍然充满忐忑。不论考生的最终分数是高了还是低了,至少能让大家知道自己的原始分数,让大家相信了公平公正。家长想要维权,其实也就是希望能还大家一个公平。"

她认为,这种事故,如果教育厅没有很好的处理,无疑会对学生的心理造成很大的伤害。况且这次考试涉及的学生数量非常庞大,调查结果是对每个家庭都有个交代。

(六) 结束语

高考是人人关心的重大民生项目,对每一个学生、家庭社会都是牵一发而动全身的。家长的焦虑、学生和学校的质疑、社会的关切,都是在整个高考改革进程中迫切需要解决的问题。关于高考的任何一个举动,都将被大家用放大镜来观察。观察此次事件,我们不难发现,"加权赋分"风波的根源在于浙江省教育厅及浙江省教育考试院作为政府机构,在作出重大决策时没有严格遵守决策程序、依法依规办事,严重损害了公众的利益,同时其公信力也受到打击。事实上,在网络科技发达的现在,政府的各项工作都暴露在公众的视野中,即使是一件小事,也会成为公众监督的对象。因此,政府在实际行政工作中,必须要依法依规办事、决策,主动接受公众监督,这样才能进一步保障公共利益、实现公共价值。

思考题

1. 当前公共决策环境中有哪些新挑战?

2. 公共决策者应该具备哪些基本的决策素质?

3. 如何界定公共决策中的问题？

4. 如何防范重大公共决策风险？

5. 保持系统性政策调整的意义有哪些？

二、案例使用说明书

（一）课前准备

在上课前，若条件允许，可印发纸质版案例（或分享电子版案例资料）。在多媒体教室，最好是桌椅可以移动的教室授课，方便学生分组讨论。针对 MPA 学生上课时间集中但学生精力难以集中的特点，在发放纸质版案例的同时展示配套 PPT 图片或播放相关视频（网上有视频片段），以更直观、更有冲击力的方式在课堂上充分展示案例。因此应在课前将相关图片制作成 PPT 并筛选与该案例相关的代表性视频，按照教学计划提示本案例的具体使用时间，以引起学生关注。

（二）适用对象

本案例适用于公共管理、政治学专业的本科生、学术型硕士生和专业硕士 MPA 学生，另外在干部进修或培训的教学中同样可以使用。

该案例适用于《公共管理学》《城市治理》《政治学》及《中国政府与政治》等课程的教学。

三、案例目标定位

（一）本案例的核心教学目标

（1）理解和掌握公共理性决策的根本价值；

（2）理解和掌握公共决策的复杂性；

（3）理解和掌握公共决策的科学性；

（4）理解公共理性决策的相对公平性；

（5）理解和掌握决策者应具备的现代素质；

（6）理解和掌握法治政府的含义；

（7）理解和掌握正当程序对于公共决策的意义。

（二）掌握的知识点

（1）公共决策议题的界定原则；

（2）公共决策的科学机制；

（3）公共决策的基本绩效预测；

（4）全面依法治国和法治政府建设的意义；

（5）我国特色的行政决策机制和责任机制。

（三）思维养成和观念转变

（1）网络时代公众对行政机关的监督能力得到进一步提升；

（2）行政机关应坚持依据正当决策程序开展重大决策；

（3）公共决策主体的行政责任意识要增强；

（4）公共决策主体需要增强重大行政决策中的风险意识。

（四）能力提升

（1）提升对公共决策情境复杂性的认知能力；

（2）提升对依法行政必要性的认知；

（3）提升决策者科学决策的能力；

（4）提升运用现代技术支撑决策科学的能力；

（5）增强决策者的责任意识；

（6）增强决策者对于重大决策风险的规避意识和能力。

四、教学内容及要点分析

（一）案例导入性问题

（1）若你是参加考试的考生之一，你会如何看待"加权赋分"？

（2）若你是学生家长，面对"加权赋分"中的不公，你会如何表达诉求？

（3）若你是考试院领导，知悉此次考试难度较大后，你会怎么做？为什么？

（4）若你是省政府领导，面对此事件，你会如何处理？为什么？

（二）案例讨论要点

1. 依法行政保障公众利益

党的十九大报告提出，要深化依法治国实践，建设法治政府，推进依法行政，严格规范公正文明执法。依法行政是中国特色社会主义法治体系和法治国家的重要组成部分之一，意味着中国政府需要在法律的边界下行使权力，所有的职能都需要建立在法律、规范和规章基础之上[1]。依法行政能够从一定程度上保障公众利益。在本案例中，浙江省教育厅、教育考试院未严格贯彻依法行政的宗旨，导致了考生权益受到了严重侵害，主要表现为以下两点。

一方面，浙江省教育考试院未依法执行相关文件规定。浙江省在《浙江省深化高校考试招生制度综合改革试点方案》中已明确规定，"语数外三门科目中，每一科成绩为150分，根据学生所得实际分数计入总成绩"。浙江省教育考试院在已经有先行文件规定的情况下，却私自变动阅卷规则，采用加权赋分改变了考试原有得分，未严格按照该文件所规定的程序进行计分，严重违背文件规定。同时，根据教育部门有关规定，评分细则应在正式评卷前制定。而加权赋分是在正式评卷完成后进行的，同样违反了教育部门的相关规定。

另一方面，浙江省教育考试院未依法定程序制定行政决策。行政决策是行政主体为发挥行政管理职能、处理国家公共事务而进行的一种决定政策、对策和方案的活动和行为，是政府行政管理的首要环节[2]。自2004年以来，国务院相继出台了《全面推进依法行政实施纲要》（2004年）、《国务院关于加强市县政府依法行政的决定》（2008年）以及《关于加强法治政府建设意见》（2010年）等规范文件，均将决策法治化定为法治政府建设的重要内容[3]。浙江省同样制定了《浙江省重大行政决策程序规定》以规范重大行政决策的各项程序。依据该文件要求，重大行政决策应当按程序充分论证、仔细研究、集体决策，但

① 杨开峰等.中国之治：国家治理体系和治理能力现代化十五讲[M].北京：中国人民大学出版社，2020：41.
② 张华民.行政决策法治化的内涵、意义及实现路径分析[J].中共南京市委党校学报，2008，38(6)：99-103.
③ 张倩.重大行政决策法治化路径探究[J].湖北社会科学，2016，349(1)：158-165.

在具体加权赋分操作当中，浙江省教育考试院并未对这项操作进行技术论证，仅仅是在模拟推演的基础上实施加权赋分这一决策。且浙江省教育厅主要负责人未能正确履行职责，违反民主集中制原则，不经集体研究，仅由个人决定事关全局和稳定的重大问题。

2. 加强监督防止行政权力滥用

十八届四中全会通过的《中共中央关于全面推进依法治国若干重大问题的决定》（以下简称《决定》）强调："必须以规范和约束公权力为重点，加大监督力度，做到有权必有责、用权受监督、违法必追究，坚决纠正有法不依、执法不严、违法不究行为。"权力必须接受约束和规范，缺少监督的权力不仅容易导致腐败，还会破坏社会公平正义[①]。正如此次浙江省英语高考"加权赋分"事件，浙江省教育考试院制定决策的全过程都未主动公开接受公众监督，也没有其他部门对其进行严格监管，导致分数与实际得分差距过大，严重破坏社会公平正义。

一方面，应加强决策监管。"一把手"权力过大、权力过于集中是多年来的积弊。而行政决策监督体系法治化是保证行政决策具有科学性民主性的重要条件。从权力运行的流程看，行政决策监督应该贯穿于行政决策的全过程[②]。在浙江省教育考试院作出"加权赋分"决策的整个过程中，均没有相应监管部门对决策过程进行有效监管，这使得浙江省教育考试院在院长办公会议多数人对"加权赋分"持不同意见的情况下，仍能违规通过和执行此项错误决定，这是导致决策错误的一个重要原因。由此可以看出，在整个决策过程中都没有监管机构，才让他们肆意妄为。试想，如果有专门的机构监管，这种情况就可以杜绝，就不会发生之后的质疑与风波。高考影响深远，所以有关高考的任何一项决策都需要慎重开展。故此，要基于政府宏观调控加以管理，逐步完善各项监督机制，这是保证高考客观公正的关键，也是高校招生遵循公平公正原则的基础。

另一方面，应在决策中注重引入公众监督。高考对于众多学生和家长而言，是决定人生未来规划的一个重要转折点，高考分数更是重中之重。在此次高考英语"加权赋分"事件中，"加权赋分"决策涉及面广、影响度深，但是浙江

① 马怀德. 新时代法治政府建设的意义与要求[J]. 中国高校社会科学,2018(5)：4-18,157.
② 张华民. 行政决策法治化的内涵、意义及实现路径分析[J]. 中共南京市委党校学报,2008,38(6)：99-103.

省教育厅和教育考试院的决策过程不公开、不透明，甚至封闭——在网络舆情发生前都不曾告知考生此次英语考试评分规则有变化，这样的决策经不起学生、家长和社会的考验，事实上也最终引发了社会舆情。反之，也正是因为公众监督，此次"加权赋分"事件才能得到浙江省委的重视，从而调查发现问题，维护了考生的权益。这更证明了公众监督在公共决策中举足轻重的作用。同时，调查组向社会公开透明地公布对事件的调查进展、调查结果等，赢得了考生、家长和网友们的认可，也从另一个角度证明了公众监督在维护社会公平正义、提升政府公信力中发挥的作用。

3. 风险评估避免重大行政决策错误

根据浙江省人民政府于 2015 年 10 月 1 日起实行的《浙江省重大行政决策程序规定》所规定的内容，"对直接关系相关群体利益、可能影响社会稳定的决策事项，应当按照国家和省有关规定组织社会稳定风险评估[①]"。高考英语成绩关乎千万考生未来，但是浙江省教育考试院和省教育厅直接跳过重大行政决策风险评估这一步骤，导致决策错误的严重后果和恶劣的社会影响。由此可见，风险评估对于避免重大行政决策错误有着重要意义。

一方面，应在重大行政决策风险评估中引入专业力量。从事件调查结果可以发现，在此次"加权赋分"决策中，省教育厅主要负责人和省教育考试院混淆了加权赋分与评分细则的概念。在具体操作中，省教育考试院又没有进行充分的技术论证，仅作模拟推演，导致不同考生同题加权赋分值存在差别。可见政府决策相关人员在专业性上是缺失的。如果在作出"加权赋分"决策前，政府能够引入专业力量对决策合理性与合法性进行严格论证，或许能避免此次错误的发生。

另一方面，应进一步完善重大行政决策风险评估的机制。从《浙江省重大行政决策程序规定》来看，该规定并没有将决策主体与评估主体分离开，依旧将评估主体与决策主体混同在一起。这就使得案例中浙江省教育厅既是重大行政决策的作出机关，也是评估者，同时还是决策的执行者。显然，这样很难保证重大行政决策风险评估结果的合理性。因此，应进一步完善重大行政决策风险评估的机制，逐步实现决策主体与评估主体的适当分离，避免因决策者与评估者相混淆而造成的评估失效。

---

① 浙江省人民政府. 浙江省重大行政决策程序规定[Z]. 2015 - 08 - 31.

4. 责任倒查避免"短命工程"

浙江省高考英语"加权赋分"事件中,虽然浙江省委、省政府本着"有什么错纠什么错"的原则对涉事人员进行了处罚,但是试想如果网络舆情没有爆发,那么错误的"加权赋分"行为就会被继续执行下去,影响到的考生数量极大,错误的决策更会使政府公信力受到严重损害。事实上,在实际行政决策活动中,"拍脑袋决策,拍胸脯执行,拍屁股走人"的现象屡见不鲜[①]。"有权必有责、用权受监督、侵权要赔偿",要想杜绝此类事件再度发生,必须明确健全并落实责任追究制度和倒查机制,才能避免"短命工程",减少劳民伤财的决策失误。

2019年9月1日起实施的由国务院颁布的《重大行政决策程序暂行条例》中明确规定"决策机关违反本条例规定造成决策严重失误,或者依法应当及时作出决策而久拖不决,造成重大损失、恶劣影响的,应当倒查责任,实行终身责任追究,对决策机关行政首长、负有责任的其他领导人员和直接责任人员依法追究责任[②]"。此项规定的作用就是为了防止"拍屁股走人"的现象再度发生。而地方政府则必须要严格实行责任倒查制度,杜绝部分官员的侥幸心理以及如"加权赋分"一样的未经论证的草率决策的发生。

五、理论依据资料

(一) 公共理性决策模型

经典教科书谈到政策过程的发生机制,均包括问题界定、议程设置、方案评估、政策决策、政策执行和政策评估等环节。理性发展政策过程预示着,无论是政策科学的研究者还是实践者都希望公共政策按照一定的规则和程序,沿着以上各个环节的科学化、民主化路径发展演变。但在实践中,决策者认知的局限性、决策议题的复杂性,使许多决策都在以"泥泞前行"的方式处理公共事务或治理国家。因此学界根据决策实践,不断发展、总结决策智慧和决策模型,不断发展政策过程的科学框架,如政策网络、公共理性决策等。这些决策

① 雷冰. 我国地方政府重大行政决策程序法治化研究[D]. 甘肃农业大学,2016.
② 中华人民共和国国务院. 重大行政决策程序暂行条例[Z]. 2019-04-20.

框架都强调在复杂决策、多利益相关主体的事务引入公众及利益相关者的参与，避免决策者"拍脑袋"作出决策。

图 1　理想中的理性政策过程发生机制①

公共理性，不是国家（政府）或决策者的理性，而是横跨国家、政党、政府、利益群体和个人之间，并以成熟自律、能够准确理解个人权利的公民社会为基础，为政策利益相关者提供了一种利益整合的能力和机制，这种能力和机制应是以具有批判精神和监督功能的公共领域为前提。将公共理性引入公共决策的政策制定实践中，其性质是一种基于公共理性的协商民主决策模式，主要特点表现在：科学性、民主性与程序性。

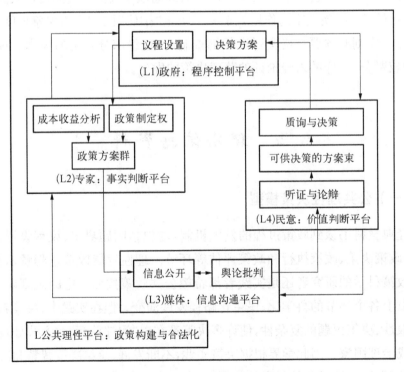

图 2　公共理性决策模型的决策过程②

①　薛澜，赵静.转型期公共政策过程的适应性改革及局限[J].中国社会科学,2017(9)：48-49.
②　曾志敏，李乐.论公共理性决策模型的理论构建[J].公共管理学报,2014,11(2)：4-12.

（二）政策问题的界定和构建

政策分析程序的第一个阶段是问题构建。这要求决策者对政策问题作出界定和诊断。巴达克及其他学者认为问题定义是政策分析中最重要的部分[①]。更精确的问题界定可以缩小日后在如何分配可选择的政策行为中成本和收益上政治分歧的范围。乔治认为有三大因素会造成问题被错误定义。邓恩认为，政策问题可被分为"构建很好、构建适当及基于复杂程度及独立性构建病态"三个等级。其中对于"构建很好"的问题，它有大量的政策制定者和政策选项。对于"构建适当"的问题，"包含少数决策者和少数的可选择性"，因此，在可接受的错误和风险余地下，其结果是不能计算的。对于"构建病态的问题"，它意味着"许多不同的决策制定者，其价值观是未知的或者无法以一贯的方式排名"。

高考制度是我国近几十年来筛选人才的重要制度，高考不但包括考试本身，也包含了与之相关的整个考试及教育体系的设计。浙江高考英语"加权赋分"事件本身就反映了决策者问题界定偏差，无法提出正确解决方案的问题，即在高考制度执行过程中的一项决策不科学导致的决策偏差和由此带来的后续风波。对本案例的研究分析将建立在如何更好地对问题进行界定这一基础上。

（三）以公共理性决策机制优化复杂决策

决策主体应当在充分认识事物本身的实质问题的基础上，通过决策者的经验、专家智库的专业判断和不同利益相关者的诉求，参照国内外类似案例，合理清晰地界定问题的关键点，构建客观的决策议题，吸取公共理性决策模式的核心要点，提出更为精准的决策方案。

1. 公共决策的科学化

遵循科学的决策原则。决策者要对信息进行正确的搜集、分析，合理界定产生的问题，构建适当的问题，剖析当前政策制度、环境与系统，充分预测政策实施调整后可能遇到的问题，以此判断政策可行性与合理性，并就此进行优化调整。在此基础上，按照相关程序，提出可行的决策方案，走群众路线，避免个人认识上的倾向性和片面性。

[①] 乔治·格斯，保罗·法纳姆. 公共政策分析案例（第二版）[M]. 北京：中国人民大学出版社，2017.

本案例中,新高考改革也是在经过了一系列的调研论证后产生的,已基本确立了改革方向和改革方案,然而在执行过程中却未充分考虑参谋信息,出现了执行阶段决策失误,将原本的改革方案错误执行。因此需要在政策过程的各个阶段都遵循决策科学化的原则。

2. 公共决策的民主化

在决策当中充分导入民主机制,以便创建良好的决策氛围。站在决策者的角度来看,要依靠民主来进行集体决策,任何一项重大问题,都需要进行民主探讨,采取听证、质询等必要环节,只有这样得到的决策才更为合理可行。公共决策民主化需要提高政治生活透明度,做到政务公开、政治民主。对于一些重大问题,需要实行通报制度,强化对决策的新闻舆论监督。本案中浙江省教育考试院决策后未将其做法进行公示通报,而是被动说明,引发舆情风潮。

3. 公共决策的程序法制化

决策程序法制化。本案例中,新高考改革方案内容中明确规定,语数外成绩根据实际考试分数而定,只有选考科目可以采取赋分制。实际操作中,将英语科目实行赋分,本就违反了前期政策规定,其执行违背了前期改革要求,同时赋分方式上又采取了部分赋分,更是错上加错。另一方面,按照相关规定,试卷的评分细则应该试卷阅卷前就加以确定,然而此次修改分数的决定,却是在英语阅卷初始打分结束后临时改变,违反了评分细则的出台顺序要求,决策随意性高。

公共政策绩效影响的预判(预评估)机制应成为决策出台前的必要程序。本案例中,"加权赋分"本是主管机构在发现此次试卷难度较前次考试差距较大后采取的弥补举措。然而在制定补救方案时,未进行科学、合理的预测,未考虑"加权赋分"政策实施后带来的不良影响,主观臆断及片面执行决策,未对该方案进行充分论证及结果预测,导致决策一经公布便引起舆论轩然大波,其草率性不符合公众对高考制度的期待,也未给予公众一个公开、公正、公平的解决方案。

(四) 全面依法治国和法治政府

党的十八大以来,党中央提出将"依法治国"纳入"四个全面"战略布局,由此开启了全面推进依法治国的实践①。党的十八届四中全会通过了《全面推

---

① 熊樟林.重大行政决策概念证伪及其补正[J].中国法学,2015(3):284－303.

进依法治国若干重大问题的决定》这一全面推进依法治国的纲领性行动指南。党的十九大报告指出,全面依法治国是中国特色社会主义的本质要求和重要保障。在协调推进"四个全面"战略布局中,全面依法治国具有基础性、保障性作用,对社会主义事业的建设具有指导意义。党的十九届五中全会提出,到2035年基本建成法治国家、法治政府、法治社会,将全面依法治国的目标作了进一步的明确。

所谓法治,是一个与人治相对立的概念。法治要求"所有的机构,包括立法、行政、司法及其他机构都要遵循某些原则,诸如公平正义、诚实守信和程序正当等"。法治政府是我国建设法治国家的必要条件,它不仅肯定了宪法和法律至上的地位,还强调了权力的运行要受制于法律和程序规定的约束——不但要维护和执行法律与秩序,而且其本身不能漠视法律或为自己的需要而重新制定法律[①]。法治政府概念描绘出主导和规制中国各级政府运作的,根本上不应当是经济上的利益、政治上的命令抑或是科层制的压力,而应该是法律及法治体系的规制。法治政府理论以一种制度化的形式约束了行政行为的随意性,限制了政府作为国家机关中最容易发生的自我利益扩张的本性[②]。这使得人们能够准确预测政府会在何种情况下使用强制权力,并据此来安排个人事务。法治政府建设应包含以下几方面内容。

第一,法治政府是用权受制的有限政府。习近平总书记指出,能不能做到依法治国,关键在于党能不能坚持依法执政,各级政府能不能依法行政。政府行使权力时必须在法律规定的有限范围之内,以保证权力不会被滥用。这意味着政府及其工作人员的任何行为不得凌驾于法律之上,要切实做到法律规定必须为,法无授权不可为。案例中,浙江省教育厅主要负责人违反民主集中制的原则,个人决定了事关全局和稳定的重大问题,这就是变"法治"为"人治",最后事实上也导致了较为严重的后果,损害了政府的公信力。同时用权受制的有限政府还要求政府要正确处理好政府和市场、政府和社会的关系,合理划分政府的职责与权力范围,准确定位好政府的角色,规范权力的运行。

第二,法治政府是维护人民权益的政府。法治政府的职责和权力行使的目的就是要维护人民当家作主的民主权利,全力依法保障公民的合法权益[③]。

① 戴维·沃克.牛津法律大辞典[M].北京:光明日报出版社,1988:191.
② 杨海坤,樊响.法治政府:一个概念的简明史[J].法律科学(西北政法大学学报),2016,34(1):28-34.
③ 华晓晴.习近平法治政府建设思想研究[D].大连海事大学,2017.

习近平指出，要把体现人民利益、反映人民愿望、维护人民权益、增进人民福祉落实到依法治国全过程，使法律及其实施充分体现人民意志。这就要求在政府职能定位上，要从管理型向服务型转变，将"以人为本"作为宗旨；在公民利益上，把维护公民的合法利益作为政府的一切行政行为的根本出发点；在治理方式上，注重公民参与，密切政府与人民的合作关系。

第三，法治政府是阳光透明的政府。法治政府建设要求政府在阳光下运行，这也是区别于人治的重要标志。要做到阳光透明，就要求政府接受人民群众的监督，防止政府权力滥用、腐败等现象的发生。一方面，要加大行政公开力度。习近平指出，要强化公开，依法公开权力运行流程，让广大干部群众在公开中监督，保证权力正确行使。通过主动公开的方式，自觉接受公众监督。另一方面，要畅通公众监督渠道，积极鼓励和保障公众以多种渠道和方式参与政府管理的过程，加强公众参与。2010 年国务院出台的《关于加强法治政府建设的意见》中，要求涉及群众切身利益和社会公共利益的重大决策必须履行公众参与程序。通过让公众参与政府的各类决策，尤其是重大决策，不仅能广泛征求民意，还能够帮助公众了解政府运作的具体流程、理解政府决策目标，将原本的"暗箱操作"转变为"公开透明"。此次"加权赋分"事件中，公众监督起到了极为重要的作用，同时也暴露出部分地方政府政务不够公开，公众参与和监督渠道闭塞的问题，作为警示，在政府今后的工作中，应贯彻法治政府观念，主动公开政务、积极接受公众监督，这是维护社会公共价值的一个重要途径。

第四，法治政府是履职尽责的责任政府。建设一个履职尽责的责任政府不仅是当代法治建设的根本要求，也是当前全面依法治国背景下，法治政府的内在表现[1]。一方面，法治政府要坚持权利与义务相统一，依据法定职责、承担法定义务。另一方面，对于政府官员未履行法定职责、渎职或者滥用职权的行为，要承担相应的法律责任，严肃问责。如浙江省高考"加权赋分"案例中，在调查组调查后，对相应的决策人员进行严肃问责并作出了合理的处罚，这就体现了一个责任政府应有的担当。

（五）正当程序

正当程序，又称正当法律程序。"正当程序"最早出现于古罗马时期，正当

---

① 华晓晴. 习近平法治政府建设思想研究[D]. 大连海事大学,2017.

程序原则最初萌芽于古代英国,在英国《自由大宪章》中首先得到体现①,并以法律条文的形式将其确定为了一项法律制度。在美国,该理论被法律规定为一项基本原则。后经不断发展,该理论在各国的适用范围越来越广泛②。正当程序理念在初步兴起时仅在司法领域中适用,但随着法治实践的不断进步,逐渐从司法领域进入到行政法领域。

在全面依法治国的大背景下,行政的正当程序显得尤为重要。因为"程序的正义,意昭着程序不是权力的附庸,而是制约专横权力的屏障③",这种程序自身的正当性对行政权力的正当行使施加了最基本的程序性要求——行政机关必须遵循法定程序,规范行政行为的实施,行使权力时应当受到正当程序的限制,这对于规范行政权力的正当行使、减少行政机关的权力的滥用、减少决策失误、维护公民合法权益具有十分重大的现实意义。正当程序主要包括三个基本原则:

第一,避免偏私原则。该原则要求行政主体在行政程序进行过程中应当在参与者各方之间保持一种超然和不偏不倚的态度和地位,不得受各种利益或偏私的影响④。避免偏私原则是程序中立性在行政程序中的具体体现,其实质是要求行政主体排除利益、感情等干扰,保持一种不偏不倚的态度来客观地作出符合法律规定的公正决定。具体而言,行政程序中的"避免偏私"原则具有如下要求:一是为了保证行政机关在行使行政权力的过程中保持绝对的中立,行政机关工作人员在履行职责时,若与行政相对人存在利害关系,则应当主动回避。这里的利害关系包括财产金钱利益和"其他足以影响行政决定的非财产因素,例如感情利益和精神利益在内⑤"。二是行政决策者在行使行政权力的过程中,不得因为自身对参与行政的其中一方存在歧视或偏见,而影响自身的中立原则⑥。

第二,行政参与原则。行政参与原则是指受行政行为影响的公民、当事人等利害关系人具有合法参与行政过程的资格,表达自己的意见,并能对行政的最终结果施加影响。该原则要求行政决策者在行使行政权力的过程中,必须听取各方的意见,不能私自剥夺任何一方的合法参与行政的权利。20 世纪

---

① 张文操.行政法视域下的正当程序原则探讨[J].法制与社会,2016(28):143-144.
② 薛阳.重大行政决策风险评估法治化研究[D].河北师范大学,2021.
③ 蒋秋明.程序正义与法治[J].学海,1998(6):6.
④ 周佑勇.行政法的正当程序原则[J].中国社会科学,2004(4):115-124.
⑤ 王名扬.英国行政法[M].北京:中国政法大学出版社,1987:154.
⑥ 李微.基于行政法的正当程序原则探究[J].法制博览,2016(12):248.

后,行政权力急剧扩张,影响着社会公众"从摇篮到坟墓"的全过程。因此,行政参与是公众保护自身合法权益、监督政府依法行政的重要手段。同时,行政参与过程也是行政主体与相对人之间通过互动来互相了解对方意志,从而达成一致和相互信任,消除可能发生的摩擦和冲突,使最终结果具有可接受性、公正性、准确性和效率性①。行政参与的核心是公平听证。在中国,《关于加强法治政府建设的意见》《重大行政决策程序暂行条例》等文件都对重大决策听证制度进行了较为明确的规定,从而保障公众参与的权利。

第三,行政公开原则。行政公开原则是指行政决策者在行政过程中,应当依法将除涉及国家秘密和依法受到保护的商业秘密、个人隐私等原则上不公开的信息之外其他的信息,如行政权力运行依据、过程和结果等向社会公众和行政相对人公开。行政公开的内容应当是全方位的,不仅行政权力的整个运行过程要公开,而且行政权力行使主体自身的有关情况也要公开。就行政权力的整个运行过程而言,要公开的内容包括事先公开职权依据、事中公开决定过程和事后公开决定结论。行政公开原则的好处体现为以下两点:一是保障了公民的知情权,使其能够合法行使参与和监督的权利。二是行政公开原则能够在政府与社会公众间建立起沟通的桥梁,从而增进政府与公众间的相互信任与合作。

六、主要参考文献

[1] 约翰·托马斯:公共决策中公民参与[M].北京:中国人民大学出版社,2010.

[2] Charles J. An Introduction to the Study of Public Policy(3rd ed.)[M]. Monterey, California: Brooks/Cole Publishing Company, 1984: 27 - 29.

[3] 乔治·格斯,保罗·法纳姆.公共政策分析案例(第二版)[M].北京:中国人民大学出版社,2017.

[4] Yehezkl D. Public Policy Making Reexamined, Scranton [M]. Pennsyvania: Chandler Publishing Company, 1966.

---

① 周佑勇.行政法的正当程序原则[J].中国社会科学,2004(4):115-124.

［5］曾志敏,李乐.论公共理性决策模型的理论构建[J].公共管理学报,2014,11(2)：4－12.

［6］陈振明.公共管理学(第二版)[M].北京：中国人民大学出版社,2017.

［7］陈振明.政策科学——公共政策分析导论(第二版)[M].北京：中国人民大学出版社,2003.

［8］戴维·沃克.牛津法律大辞典[M].北京：光明日报出版社,1988：191.

［9］华晓晴.习近平法治政府建设思想研究[D].大连海事大学,2017.

［10］蒋秋明.程序正义与法治[J].学海,1998(6)：6.

［11］金太军.公共管理案例分析[M].上海：华东师范大学出版社,2006.

［12］雷冰.我国地方政府重大行政决策程序法治化研究[D].甘肃农业大学,2016.

［13］李微.基于行政法的正当程序原则探究[J].法制博览,2016(12)：248.

［14］马怀德.新时代法治政府建设的意义与要求[J].中国高校社会科学,2018(5)：4－18,157.

［15］王名扬.英国行政法[M].北京：中国政法大学出版社,1987：154.

［16］熊樟林.重大行政决策概念证伪及其补正[J].中国法学,2015(3)：284－303.

［17］薛澜,赵静.转型期公共政策过程的适应性改革及局限[J].中国社会科学,2017(9)：48－49.

［18］薛阳.重大行政决策风险评估法治化研究[D].河北师范大学,2021.

［19］杨海坤,樊响.法治政府：一个概念的简明史[J].法律科学(西北政法大学学报),2016,34(1)：28－34.

［20］杨开峰等.中国之治：国家治理体系和治理能力现代化十五讲[M].北京：中国人民大学出版社,2020：41.

［21］张国庆.公共政策分析[M].上海：复旦大学出版社,2008.

［22］张华民.行政决策法治化的内涵、意义及实现路径分析[J].中共南京市委党校学报,2008,38(6)：99－103.

［23］张倩.重大行政决策法治化路径探究[J].湖北社会科学,2016,349(1)：158－165.

［24］张文操.行政法视域下的正当程序原则探讨[J].法制与社会,2016(28)：143－144.

［25］浙江省人民政府.浙江省重大行政决策程序规定[Z].2015－08－31.

［26］中华人民共和国国务院. 关于深化考试招生制度改革的实施意见［Z］. 2014－09－03.

［27］中华人民共和国国务院. 重大行政决策程序暂行条例［Z］. 2019－04－20.

［28］周佑勇. 行政法的正当程序原则［J］. 中国社会科学，2004（4）： 115－124.

公益组织助推公共价值实现
——S村土地污染事件

摘　要:本案例介绍了浙江省S村因部分土地污染事件引发公共冲突,在中国绿发会等公益组织协助下开展环保公益诉讼,使村民权益得到维护的事件。S村在20世纪90年代遭受浙江富邦集团有限公司持续非法填埋制革污泥,约30亩村内农田因此受到严重污染,并且企业没有采取有效措施解决土壤污染问题。村民上访以及媒体关注后,当地环保部门聘请有资质的机构进行土壤检测,但在处罚和修复问题上难以重算旧账。村民遂求助于公益诉讼,由中国绿发会和杭州市生态协会向涉事企业提起公益诉讼,最终在一审判决中,法院判决浙江富邦集团有限公司支付赔偿和修复费用近3 000万元,二审维持原判。本案例旨在通过对S村土地污染事件公益诉讼始末的追踪,探讨环保公益组织在地方公共冲突治理中扮演的角色和发挥的作用,讨论政府如何进一步发挥主导作用,加强监管,引导环保公益组织在公共冲突治理中适度发挥作用。

关键词:社会组织;公共冲突;环境污染;政府失灵;环境公益诉讼

一、案例正文

(一) 引言

　　20世纪90年代初,在中国的"皮都"浙江海宁,一家村办制革厂由于生产需要向村里租了30亩土地。村民们没有想到的是,他们视若珍宝的土地被租借之后，并没有用来种植庄稼，也没有盖厂房放机器用于实际生产，而是被企业用作"下脚料"的填埋场。企业在制革过程中产生的有毒废水和污泥，都被埋进了这些土壤中。污染带来的苦果起初也被泥土掩埋，几乎无人察觉。然而若干年后，污染带来的危害浮出水面，就像一颗石子重重砸入原本平静的湖面，激起了一层又一层的波涛。

1991年，浙江海宁S村村办制革厂通过村委会，向村里租用土地填埋废物污泥，之后企业与香港公司达成合作关系，企业整体改制成富邦集团公司。该厂持续往农用地中非法填埋工业固废（包括烂皮、烂肉、工业污泥等）。填埋行为一直到1998年才结束，最终造成S村总面积约30亩的农田受到不同程度的污染，此后企业并没有对此采取有效措施进行补救。农田在租借到期后返还到了农民手上，但面对多年非法填埋危害极大的制革污泥，根本无法再进行耕种，等于是丧失了农田的价值。为此，S村村民多次维权但是一直没有结果。2014年S村村民再次集体上访，面对村民和媒体的关注，海宁市环保局认为，当时相关环保法律法规还不够健全，处置污泥的技术手段也不成熟，就地对污染物进行填埋处理在当时是一种非常普遍的处置方式。但是在土壤的后续修复问题上，海宁市环保局遇到了修复责任不清、资金不齐的难题。一方面是村民的维权呐喊，一方面是政府部门的左右为难，S村土地污染事件几乎走入了死胡同。

近年来蓬勃发展的社会公益组织为这一事件带来了新的转机。在政府作为有限的情况之下，S村村民走上了公益诉讼之路，向社会环保公益组织寻求帮助。在得知了海宁市S村村民的遭遇后，中国生物多样性与绿色发展基金会（下称"中国绿发会"），开始就此事展开实地调查并提起诉讼，杭州市生态文化协会也积极申请加入诉讼。在两家社会组织的共同努力下，2019年5月，法院宣判支持原告方全部诉讼请求，维护社会公共利益，包括判决被告停止侵害，恢复原状，消除危险，赔偿生态环境受到损害至恢复原状期间的服务功能损失，承担本案诉讼费用。

从1991年出租土地被填埋污染物开始，到2019年通过公益诉讼获得补偿，S村的百姓和这里的30亩土地一起，经历了怎样的曲折与考验？公益组织在这场维权中又扮演了怎样的角色？这其中折射出社会组织的公益作用，是它们及时"补位"，成了政府和企业与百姓对话的契机和场所。

（二）"中国皮都"神话的诞生

海宁市，位于长江三角洲，是浙江省北部嘉兴市下辖的一个地级市，南濒钱塘江,以汹涌澎湃的钱江潮闻名于世。海宁市面积 863 平方公里(含钱塘江水域),现有常住人口 85.8 万人。海宁的市场繁荣,经济发达,皮革、经编、家纺是海宁市的三大传统优势产业。海宁市是我国首批沿海对外开放县市之一,列全国综合实力百强县市第 22 位。2018 年海宁全市地区生产总值 948.7 亿元。

海宁是著名的中国皮革之都,2018 年规模以上皮革行业实现产值 82 亿元。海宁皮革业起源于 20 世纪 20 年代,当时的海宁硖石人民利用简陋的生产工具采用盐酸硝皮法硝制革,逐渐形成一定规模的制革作坊。1956 年,制革作坊进行公私合营成立了海宁制革厂,为地方国营性质。到了 20 世纪 70 年代,海宁制革厂因发明了猪皮绒面料服装革而受到国家轻工业部重视,一路走向辉煌。20 世纪 80 年代,就职于海宁制革厂的一些员工纷纷离开厂区自己办企业。海宁虽然不是生产皮革的地区,但是因为关键的制革技术,在皮业发展中拔得头筹。改革开放后一段时间,海宁有 20 家自办的小型皮革厂出现。

(三) S 村与富邦集团的恩与怨

1. S 村——皮革之乡里的改革先行者

在海宁这个"皮革之都"中,周王庙镇又素来有"皮革之乡"的称号,因其是海宁皮革的发源地,被国家轻工业局认定为"中国皮革第一镇"。全镇工业经济以皮革皮件为龙头,皮革服装产量占海宁市皮革服装总产量的 10%,皮衣出口势头强劲。1993 年 10 月,该镇被中共浙江省委、省人民政府评为 1992 年度浙江经济实力百强乡镇。1998 年,该镇皮衣出口值达 5.18 亿元,占全镇出口总值的 86.2%,被海宁市委、市人民政府授予"强乡重镇"称号。

S 村位于海宁市周王庙镇东北部,辖区内有 12 个村民小组。截至 2018 年底,S 村村域面积 1.5 平方公里,共计 594 户,人口 2 322 人。S 村先后荣获"省级小康示范村""嘉兴市农机安全村""海宁市平安村"等荣誉。

即使是在 20 世纪八九十年代,S 村也是周王庙镇经济条件较好、农民生活较富裕的村。在改革开放的春风中,S 村迎风而上,率先发展村级集体经济,打下了良好的经济基础。

2. 富邦皮革——从村企走来的明星企业

S 村制革厂厂长许瑞坤回忆说,为了让村民致富,1984 年,S 村跟风开办了制革厂。S 村制革厂主要从事猪皮、绵羊皮鞣制和后整理生产,创办时只有

18 万元资金,3 间简陋厂房和 30 名职工。

迎着改革开放的春风,S 村制革厂蓬勃发展起来。1992 年,S 村制革厂与香港的富春公司合资,随后在 1993 年更名为富邦皮革有限公司。当时,富邦皮革有限公司一年向地方财政交税几千万,对地方财政的贡献度很大。1992年 1 月,S 村制革厂厂长许瑞坤被评为全国乡镇企业家。同年,许瑞坤当上了浙江省人大代表。

2000 年,S 村制革厂实施转制,即浙江富邦集团有限公司(简称"富邦集团")。企业性质由村集体企业转变为民营企业。富邦集团发展态势良好,多次获得海宁市纳税奖、海宁市明星企业等荣誉称号。

3. 填埋污染——繁华背后的隐忧

1991 年,S 村制革厂向海宁周王庙镇 S 村租用村 5、6、10 组近 30 亩集体土地,用于工业固体废物集中填埋。1993 年,S 村制革厂改制为富邦皮革公司之后,依然沿用 S 村制革厂租用的土地填埋制革污泥,填埋行为至 1997 年结束。在那个年代,不管村民、企业还是政府的环保意识均没有如今强,他们只看到了皮革产业带来的不菲经济收益,环境污染问题似乎离他们很远。

皮革制造是一项传统工业,并且一直背负着高污染的"骂名"。皮革制造对环境的污染主要有 COD、氨氮、硫化物和铬等。前三种化合物主要存在于制革污水中,土地填埋制革污泥主要产生的是铬的危害。六价铬可通过皮肤、呼吸道吸收,引起胃道及肝、肾功能损害,还可能伤及眼部,导致视网膜出血、视神经萎缩等。对铬的处置方式都很难避免污染和危害,如果焚烧污泥,污泥中的三价铬会被转化成六价铬,六价铬毒性更大;如果对污泥进行填埋,之后又在土壤上种植农作物,农作物的果实中也会有高含量的铬,人食用后就影响到身体健康。

刚开始,S 村制革厂只关注了工业废水带来的污染问题,因此 S 村制革厂实施了多个处理工业废水的项目。但是受到历史条件的制约,企业还没有处置固废污染的意识。1997 年以后,S 村制革厂再也没有向土壤里填埋污泥,可是原本埋下去的铬泥却成了待人发现的"隐患"。

4. 土地复垦——再也回不到过去的 30 亩良田

在 2001 年 12 月 31 日,浙江富邦皮革有限公司与 S 村村委会签订了一份关于土壤修复的协议书。协议书中提到,浙江富邦皮革有限公司将一次性向S 村支付土地复垦费 10 万元,此后的一切事宜就与浙江富邦皮革有限公司再无瓜葛。这 10 万元土地复垦费就这样"买断"了 S 村的土地污染处置问题,暂时为此事画上了一个句号。但是在 2014 年该污染案受到广泛关注时,有一些环保人士认为这个协议并不能作为企业与污染"再无瓜葛"的凭据。北京环保志愿者潘庆安就认为当初的协议不公平,浙江富邦皮革有限公司与村里签订协议的前提是村民的环保意识较低,不了解土壤污染的危害。如果村民了解真实情况的话,绝不会轻易答应这样的赔偿方案,故企业有责任为解决土壤污染问题继续"买单"。

这位志愿者的说法没错,随着当地村民的环保意识逐渐增强,这 30 亩被污染的土地确实成了他们的心结。村民们始终怀疑这些土壤都受了污染,不敢在被污染的农田里种水稻,只能种棉花、桑树等人不能吃的农作物。S 村 11 组的几位村民在接受媒体受访时回忆:"往下挖的土地颜色不一样,而且闻起来是有臭味的,那种味道闻了就想要呕吐,你说这样的土地我们敢往上面种东西吗?"

5. 还我土地——被污染土地成为村民心结

村民们的怀疑并非凭空猜测,除了现实的土地色泽、气味等异常现象外,前后进行多次的检测得出的结论也印证了土地被污染的事实。

土地检测最早可以追溯到 2000 年,S 村村民祁汉民、吕金兴等人提取疑似被污染的土壤样本到浙江省环境监测中心做检测。检测结果显示,S 村用于填埋制革废料的土壤中铬金属超标。

得知这个检测结果后,S 村村民多次向当地的环保部门反映该污染问题,当地环保部门每次都表态会解决。但十几年过去了,问题一直没有得到解决。

2014 年 3 月 27 日及 4 月 17 日,S 村村民两次集体向海宁市信访局、海宁市人民政府及嘉兴市人民政府信访,反映村内 30 亩农田受严重污染的情况,要求职能部门督促富邦集团处理该污染源问题。

2014 年 5 月 16 日,S 村村民为了避嫌,将土壤样本拿到异地进行检测。江苏省理化测试中心收到了三份土壤样本,检测发现这些土壤样本具有很明显的金属锈的颜色,还有很重的金属味。检测报告显示:土壤中最高的总铬达 22 020 mg/L,根据国家土壤环境质量标准,水田中铬含量最高不能超过 400 mg/kg,这意味着部分受污染土壤中的铬金属已经超标 50 多倍。

2014 年 6 月 21 日—23 日,一些环保组织志愿者也前往 S 村,提取了 10 多份土壤样本进行检测,检测后发现土壤污染最严重的地方铬金属超标

40倍。

2014年4—6月期间，一些媒体记者也在当地进行调查，有村民反映污泥上被人为覆盖了黄土用以掩盖被污染土地，于是被污染土地明显比周围高出了一大截。高出来的泥土底下全都是被污染的泥土，表面看是正常的，但大约20厘米的表层土壤下就是青黑色的制革污泥。污泥不仅散发出臭味，里面还夹杂着黑色的皮革碎屑。污泥填埋深度平均在两米左右，最深处有5米，经过多年渗透已经影响到了地下水水质。

一个个触目惊心的检测数据和被污染土地现状都在宣告和证实：村民们反映的情况属实，S村30亩农田的确受到严重污染，并且污染物并没有消散。

（四）"现任官"难管"过去事"

S村的现任村党支部书记沈建初承认，在2001年村与企业之间确实签订了一次性协议。此后每年村里支付村民每亩地一年800元的租金，2011年租金上涨到1 000元/亩。这些被污染的土地并没有用于种植农作物，而是由村里统一种植苗木。沈建初认为，土地污染问题与现在的富邦集团无关，因为造成污染事实的是S村制革厂，和现在的富邦集团虽有渊源，但实际上是两家企业，富邦集团不应该为此负责。

2014年，在听取群众信访意见后，海宁市环保局在信访事项处理意见书中提道："从1991年起，S村制革厂先后租用了S村土地共30亩左右，用于工业固废的填埋处置，不过上述填埋行为至1998年全部结束。经环保部门评议后认为，填埋制革废料的行为在当时是一种普遍存在的行为，并不违反当时的行政法规。"

海宁市环保局显然对此事感到"委屈"，但是他们的意见也不无道理。在环保法律法规健全的如今，环保部门才能依法办事，利用公权力对违法企业作出处罚。海宁市环保局并不是不作为，比如说在2013年6月，海宁市环保局就曾因为富邦集团不正常使用水污染物处理设施，对其开出2.7万元的行政处罚单。但是S村村民们上访反映的填埋制革废料的事情发生在20世纪90年代，在当时的历史条件下，缺乏处置污泥的相关技术，也缺乏对填埋行为处罚的法律依据，所以并未对此事作出处罚。

不过，在来自村民、媒体的压力下，海宁市环保局还是郑重承诺，会对土壤里已经填埋的污泥作出妥善处置。

2014年7月，海宁市环保局聘请上海谱尼测试技术公司来S村进行现场勘探。上海谱尼测试技术公司是国内最权威的机构之一,其检测结果也具有强有力的说服力。通过勘探,上海谱尼测试技术公司对土壤作一次全面的检测,确定受污染程度和受污染的范围,并做环境风险评估。海宁市环保局将依据检测结果、现有技术条件与处置可能性依法制定出妥善处理的办法,有针对性地采取不同的处置措施,聘请有专业资质的机构对受污染土地进行逐步的治理修复。

此后,沈建初还是提出了自己的担心:村里的资金不够完成全部的治理修复工作,只能走一步看一步,先解决村民普遍反映的不能种植农作物的问题,再考虑接下来的问题。

海宁环保局局长姚卫东也有所担心:S村制革厂在一步步的改制过程中存在诸多问题,后续可能影响环保部门实施土壤修复计划。

至此,谁来修复、如何修复S村被污染的30亩土地似乎又陷入了责任不清、资金不齐的困境……

(五) 公益组织及时"补位"

1. 环境公益诉讼

环境公益诉讼是指由于自然人、法人、或其他组织的违法行为或不作为,使环境公共利益遭受侵害时,法律允许其他法人、自然人或社会团体为维护公共利益而向人民法院提起的诉讼,体现了环境保护多元治理的理念。迄今为止,我国环境公益诉讼的案例还不是很丰富,其中由环保公益组织提起的环境公益诉讼较多。2009年,中华环保联合会对江苏江阴港集装箱有限公司污染案的公益诉讼是我国首例由环保公益组织提起的环境公益诉讼。

2. 环保公益组织参与环境公益诉讼的法律依据

对于环保公益组织参与环境公益诉讼的主体资格问题,相关的法律法规具有明确规定。2015年1月1日正式实施的新《中华人民共和国环境保护法》第五十八条对环境公益民事诉讼的主体资格作出了明确规定:对污染环境、破坏生态,损害社会公共利益的行为,符合下列条件的社会组织可以向人民法院提起诉讼:依法在设区的市级以上人民政府民政部门登记;专门从事环境保护公益活动连续五年以上且无违法记录。符合前款规定的社会组织向人民法院提起诉讼,人民法院应当依法受理。提起诉讼的社会组织不得通过诉讼牟取经济利益。

最高人民法院也有专门的法律解释。在最高人民法院《关于审理环境民事公益诉讼案件适用法律若干问题的解释》(2014 年 12 月 8 日由最高人民法院审判委员会第 1631 次会议通过，自 2015 年 1 月 7 日起施行)中，明确了环境民事公益诉讼案件的审理程序和相关内容，对可以提起公益诉讼的社会组织进行了明确的解释：依照法律、法规的规定，在设区的市级以上人民政府民政部门登记的社会团体、民办非企业单位以及基金会等社会组织；社会组织章程确定的宗旨和主要业务范围是维护社会公共利益，且从事环境保护公益活动的，可以认定为环境保护法第五十八条规定的"专门从事环境保护公益活动"。

3. 中国绿发会基本情况

中国生物多样性与绿色发展基金会(以下简称"中国绿发会")，是由中国科学技术协会主管，民政部登记注册的全国性公益公募基金会，独立社会团体法人，全国性一级学会，长期以来致力于生物多样性保护与绿色发展事业。2016 年 9 月，《中华人民共和国慈善法》颁布后，被民政部认定为首批具有公开募捐资格的慈善组织，其宗旨是广泛动员全社会关心和支持生物多样性保护与绿色发展事业，维护公众环境权益和社会公共利益，协助政府保护国家战略资源，促进生态文明建设和人与自然和谐，构建人类美好家园。常州毒地事件、刘诗昆幼儿园"毒跑道"公益诉讼案中都有中国绿发会的身影[①]。

在 S 村村民们的维权力量不足，海宁市环保局的后续土壤修复计划又实施不畅之时，中国绿发会得知了海宁市 S 村村民的遭遇，并开始就此事展开实地调查，希望通过法律途径将这一问题彻底解决。

4. 中国绿发会介入 S 村事件

中国绿发会法务部主任张娜在接受访谈时，介绍了绿发会参与 S 村土地污染事件公益诉讼的基本过程。2015 年 7 月，中国绿发会接到浙江省海宁市 S 村村民投诉，反映该村 S 村制革厂(系浙江富邦集团有限公司前身)违法填埋制革污泥、超标排放废水等污染环境的情况。中国绿发会委派代理律师王录春等 2 人赴海宁市 S 村开展实地调查。

---

① 内容来源于中国绿发会官方网站：http://www.cbcgdf.org/。

中国绿发会委托律师在调查中发现,浙江富邦集团有限公司前身S村制革厂在1991年至1997年期间,持续在海宁市周王庙镇S村5、6、10组的农用地中填埋制革污泥,总占地面积约30亩,堆放深度约3—5米不等,合计污染农田土壤约6—10万立方米,至今未采取有效措施予以补救。另外了解到,浙江富邦集团有限公司自设立起至今的连续生产经营活动中,持续不断地实施制革污泥、超标废水的偷排偷放行为。2014年6月24日,该公司因超标排放废水被海宁市环境保护局以海环罚字〔2014〕115号实施行政处罚。

王录春在现场勘查中发现有三块土地被污染的面积比较大,颜色与一般的耕地相比有色差,也有一定的气味。

经过后期检测,在掌握了部分证据后,2015年8月,中国绿发会将浙江富邦集团有限公司告上法庭。同年10月,嘉兴市中级人民法院受理了此公益诉讼案,这也是新环保法实施后浙江省首次受理环境公益诉讼。在诉状中,中国绿发会的诉讼请求包括要求浙江富邦集团有限公司停止侵害,恢复土地环境原状,消除污染危险等,不涉及经济赔偿。

王录春认为,在环境公益诉讼司法程序启动设立之后,环保类公益组织成了环境保护的一种有益补充。在以往的环境保护过程中,环保局充当最重要的角色,用行政权力对企业或者污染实施单位进行行政监管,但是行政执法有一定的成本和执行力的问题,有些监管可能存在漏洞和盲区,难免出现"政府失灵"的现象。

5. 杭州市生态文化协会成为共同原告

杭州市生态文化协会是浙江省内的一间民间环保组织,其前身是志愿服务集体"绿色浙江",是浙江省最早建立、规模最大,也是目前在全国最具影响力的环保社会团体之一[①]。杭州市生态文化协会成立于2010年1月5日,具有提起环境公益诉讼的资格,在浙江省内也是少数。

2015年12月,杭州市生态文化协会第一时间委托阳光时代律师事务所环境业务部律师积极申请加入诉讼,并经法院同意正式成为本案的共同原告,全程参与"浙江环境公益诉讼第一案"。

杭州市生态文化协会作为原告方提出的诉讼请求包括:判决被告停止侵

---

① 内容来源于杭州市生态文化协会官方网站:http://www.hzva.org/article/newsshow/id/1320.html.

害，即判决被告对填埋污泥进行无害化处理；判决被告恢复原状、消除危险，即对制革污泥周边土壤进行修复；判决被告赔偿损失，包括：监测费、鉴定评估费、专家咨询费、律师费、差旅费等合理费用；判决被告赔偿生态环境受到损害至恢复原状期间的服务功能损失；判决被告承担所有诉讼费用。

6. 一审、二审的艰难之路

有了相关准备后，S村土地污染事件正式走上公益诉讼的道路。一审开始于2015年，嘉兴中级人民法院收到了中国生物多样性与绿色发展基金会提起的环境公益诉讼。诉讼中包括了"判决浙江富邦集团公司停止侵害，即对其在海宁市周王庙镇S村违法填埋的制革污泥进行无害化处理，停止对生态环境的持续性污染危害"等要求。

一审中，中国绿发会委托浙江大学调查检测获取相关证据。相关调查报告指出，S村制革厂、富邦皮革公司的工业固废填埋行为已使海宁S村三处填埋场地内的土壤受到严重的重金属污染，且污染逐渐扩大，可能危害公共健康，有破坏生态环境和损害社会公共利益的重大风险。在浙江大学出具的《海宁市周王庙镇S村三处制革污泥堆场污染场地环境详细调查报告》中提道："总的看来，三个地块的土壤、地下水污染范围未明显扩散，而地表水和底泥污染情况有明显的改善。土壤污染相对最为严重，主要的污染因子为总铬和六价铬，基本集中于场地内部表层3到4米以内的区域内，个别点位污染深度达5米；地下水普遍超标，三个地块附近河流均不符合《地表水环境质量标准》III类水质标准要求，超标因子主要是氨氮；底泥相关监测指标均未超过各标准限值，适用于各类再利用方式。"同时，同样是浙江大学出具的《三处制革污泥堆场污染场地修复及风险管控实施方案》《补充说明》中，也提出了污染管控和技术修复的意见建议，包括"对土壤修复提出公园绿地情景下污染管控方案，即对场地内污染土壤采取阻隔墙技术以控制扩散，附以土壤表面种植绿色景观植物，作为绿地公园用途使用；对场地地下水污染采用监测自然衰减技术修复"等，预计需要的费用1.6亿元。

2016年8月，浙江富邦一案原被告人在法院主持下交换证据，并对对方证据提出质证意见。

2018年6月13日，原被告双方交换了新的证据，并提出了质证意见。针对浙江大学同年5月发布的《管控方案》，被告表示，无法承担如此巨额的土壤修复费用（1.6亿元），要求政府协助进行治理。

2018年6月20日,以浙江富邦集团有限公司、浙江富邦皮革有限公司为被告的土地污染公益诉讼案在历时近三年后迎来了一审判决。嘉兴市中级人民法院认为,被告1991年到1997年期间的填埋行为,导致填埋场地内土壤受严重的重金属污染,有破坏生态环境和损害社会公共利益的重大风险。富邦集团公司是原S村制革厂改制后的存续法人单位,应承担原S村制革厂的环境侵权责任。由于S村制革厂、富邦皮革公司在污泥填埋主体和实施填埋行为上有关联性和延续性,对使用涉案三处土地填埋制革污泥具有共同的认识,对中国绿发会、杭州市生态协会关于二者承担连带责任的诉讼请求应给予支持。

一审后,浙江富邦集团有限公司不服提起上诉。

2019年5月,浙江省高级人民法院做出二审判决,维持嘉兴市中级人民法院对于原告中国生物多样性保护与绿色发展基金会、杭州市生态文化协会诉被告浙江富邦集团有限公司、浙江富邦皮革有限公司、第三人海宁市周王庙镇S股份经济合作社环境污染责任民事公益诉讼一案判决,富邦集团公司、富邦皮革公司支付环境修复相关费用2 998万余元(款项专用于本案三处污泥填埋场地的环境修复);赔偿生态环境服务功能损失59万余元(款项专用于生态环境保护);支付中国绿发会、杭州生态协会为本案支出的合理费用合计25万余元。

(六) 当地政府的态度和举措

当地政府对于S村土地污染事件始终给予高度重视。海宁市环保局固废管理科相关负责人在访谈中表示,S村土地污染事件属于历史遗留问题,在20世纪90年代,固废填埋是一种普遍的处置方式。而近年来,海宁对于环境污染的防控和管理力度逐年加强,对于固废的处置有一套完整的防控监管体系。同时,对企业始终加强教育,企业主的环保意识和法制意识都进一步加强,"现在让企业这样去污染填埋,也没有企业会这样做、敢这样做"。尽管由于历史原因,政府的处理有一定难度,但还是围绕这一事件的处理开展了一系列工作,争取减少损失,维护村民利益。主要体现在三个方面。

第一是政府始终认为企业污染土地的事实客观存在,并科学评估污染情况。在2014年7月,S村土地污染事件发酵之初,面对村民们要求真实评估报告的要求,上海谱尼测试技术公司被海宁市环保局聘请到S村现场进行勘查,出具相关报告。对此,S村村民们表示认可。

第二是积极进行污染治理防控等后续工作。除了积极做好与村民的沟通工作，缓和村民情绪，海宁市环保局和周王庙镇政府也积极做好 S 村被污染土地的风险管控。包括建设相关物理管控设施、组织专项行动规范辖区内企业污染排放等。2016 年 12 月 2 日、2018 年 6 月 21 日，海宁市环保局两次对浙江富邦集团有限公司超标排放水污染物开出了处罚通知。

第三是对于环保类公益组织参与社会冲突事件的解决持支持态度。当地政府局限于当时相关环保法律法规还不够健全等，在时间轴上确实无法做到公权力的全覆盖。因此，他们对于社会组织参与该事件，是表示支持的。海宁环保局的有关人士表示，环保公益组织参与此次事件，也属于社会监督的一个方面，对于推进事件进一步解决，唤起社会环保意识，是有积极意义的。

（七）结束语

2019 年 5 月 28 日，中国绿发会通过其网站宣布：浙江省首例环境公益诉讼案判决存在严重错误，绿会拟向最高人民法院申请再审。7 月 2 日下午，中国绿发会向最高人民法院递交了《浙江富邦集团公司、富邦皮革有限公司制革污泥填埋环境民事公益诉讼案再审申请书》，"浙江省首例由社会组织提起的环境公益诉讼案"由此启动了再审程序。对此中国绿发会表示，申请再审的主要理由是对于法院理解的环境法的基本原则"谁污染谁担责"不予认可，另外在案件进行中，一些事实认定和法律程序存在问题。而另一方面，浙江富邦集团有限公司已于 2019 年 6 月底申请破产。

思考题

1. 中国特色社会主义制度下的社会组织参与公益诉讼有哪些基本特点？

2. 我国社会组织对公共事务参与的边界在哪里？

3. 在我国，相对于个人，社会组织参与公益司法诉讼有哪些优势？

4. 如何规范和引导社会组织在公共事务中所扮演的角色？

5. 社会组织参与社会公共冲突化解应规避的负面影响有哪些？

二、案例使用说明书

（一）课前准备

在上课前，若条件允许，可印发纸质版案例（或分享电子版案例资料）。在多媒体教室，最好是桌椅可以移动的教室授课，方便学生分组讨论。针对MPA学生上课时间集中但学生精力难以集中的特点，在发放纸质版案例的同时展示配套PPT图片或播放相关视频（网上有视频片段），以更直观、更有冲击力的方式在课堂上充分展示案例。因此应在课前将相关图片制作成PPT并筛选与该案例相关的代表性视频，按照教学计划提示本案例的具体使用时间，以引起学生关注。

（二）适用对象

本案例适用于公共管理、政治学专业的本科生、学术型硕士生和专业硕士MPA学生，另外在干部进修或培训的教学中同样可以使用。

该案例适用于《公共管理学》《城市治理》《政治学》及《中国政府与政治》等课程的教学。

三、案例目标定位

（一）本案例的核心教学目标

（1）掌握社会组织的价值定位和价值坚守；

（2）了解社会组织参与诉讼的法制现状；

（3）知晓社会组织参与社会治理的多元渠道；

（4）了解政府对社会组织鼓励与规范的双重关系；

（5）理解我国社会组织参与公益诉讼或社会治理的特色。

（二）掌握的知识点

（1）社会组织参与社会治理；

（2）社会组织参与公益诉讼；

（3）政府与社会组织的关系；

（4）鼓励社会组织发挥社会作用的必要性；

（5）规范社会组织参与公共事务权利的必要性。

(三) 思维养成和观念转变

（1）社会组织在司法过程中具有的优势；

（2）对社会组织参与司法诉讼活动的保障和规范并存；

（3）深刻理解我国社会组织与西方利益集团的差异；

（4）深刻理解中国特色社会主义中社会组织与政府的关系；

（5）深刻理解当代经济发展、社会组织参与、司法有序与社会稳定的
关系。

(四) 能力提升

（1）提升适当运用社会组织资源的能力；

（2）提升处理多元主体参与公共事务的能力；

（3）提升有序依法办事的能力；

（4）提升平衡经济发展、生态保护和社会稳定的能力。

四、教学内容及要点分析

(一) 案例导入性问题

（1）社会组织在实现公共价值上的优势有哪些？

（2）社会组织在公共司法活动中的特点有哪些？

（3）如何进一步发挥社会组织在实现公共价值中的作用？

(二) 案例讨论要点

配置社会资源的手段主要指市场和政府，但市场和政府的相互控制也无法避免"市场失灵""政府失灵"现象。社会组织的存在为解决因"双失灵"而带来的资源配置低效问题提供了新方案。社会组织作为与政府、市场并列的社

会主体,天然有弥补二者不足的属性。因而治理主体在弥补市场—政府机制失灵的方案中,自然会关注社会组织在资源优化配置方面的作用,将二者有机地结合起来①。

　　所谓公共价值,是公民对政府期望的集合。这一词最早由马克·穆尔在其著作《创造公共价值:政府战略管理》中提出。环境资源属于典型的公共物品,在生产和消费上具有非竞争性和非排他性②。党的十九届四中全会提出:坚持和完善生态文明制度体系,促进人与自然和谐共生。因正负外部性、流动性是环境污染问题的显著特征,故人们往往将环境保护解读为国家范围内的公共利益③。本案例中,土地这一环境资源的污染对S村村民的生活和生产造成了不可避免的损失,损害了公共利益。对环境污染进行恢复,即环境治理是契合了村民们共同愿望的公共价值。

　　环境问题具有鲜明的广泛性、动态性、复杂性等特征,单纯依靠政府机制、市场机制抑或是社会机制去解决环境问题难免失之偏颇,无法有效实现供需平衡,借助社会力量来解决环境治理问题是一种有效途径。在党的十八大将生态文明建设纳入中国特色社会主义事业"五位一体"总体布局之后,环保社会组织在环境治理体系中所扮演的角色越来越受到我国政府的重视④。党的十九大明确提出"构建政府为主导、企业为主体、社会组织和公众共同参与的环境治理体系",并强调"发挥社会组织的作用"。回顾本案例的事件发展过程,中国绿发会主动联系S村村民提供帮助,杭州市生态文化协会也成为共同原告,对S村毒地案提起了公益诉讼,为S村村民争取到了法律保障和修复资金来源,有效弥补了市场与政府"失灵",实现了公共价值。

表1　事件发展时间线梳理

时　间	事　件
1984 年	S村制革厂成立
1991 年	S村制革厂向村里租用近 30 亩集体土地填埋工业固体废物

① 马丹.论马克思资源配置理论及其指导意义[J].经济师,2007(7):30-31.
② 赵志平,贾秀兰.环境保护的政府行为分析及反思[J].生态经济,2005(10):76-78.
③ 黄娜,杜家明.社会组织参与环境公益诉讼的优化路径[J].河北法学,2018,36(9):191-200.
④ 叶托.环保社会组织参与环境治理的制度空间与行动策略[J].中国地质大学学报(社会科学版),2018,18(6):50-57.

续　表

时　　间	事　　件
1992 年	S 村制革厂与香港富春公司合资
1993 年	S 村制革厂更名为富邦皮革公司,富邦皮革公司沿用租用来的土地填埋制革污泥
1998 年	富邦皮革公司填埋制革污泥行为停止
2000 年	S 村制革厂转制为浙江富邦皮革集团有限公司
2000 年	S 村村民首次提取疑似被污染的土壤样本做检测,检测结果表明土地受到污染
2001 年 12 月 31 日	浙江富邦皮革集团有限公司与 S 村村委签订协议书,一次性支付土地复垦费 10 万元
2014 年 3 月 27 日	S 村村民认为土地污染影响生产生活,且富邦皮革应承担相应责任,遂集体向海宁市信访局、海宁市人民政府信访
2014 年 4 月 17 日	S 村村民集体向嘉兴市人民政府信访
2014 年 5 月 6 日	江苏省理化测试中心对 3 份土壤样本做检测,结果显示土壤污染最多超标 40 多倍
2014 年 7 月	海宁市环保局聘请上海谱尼测试技术公司检测单位到 S 村现场勘探
2015 年 7 月	中国绿发会接到 S 村村民投诉,委托代理律师王录春等 2 人到 S 村开展实地调查
2015 年 8 月	中国绿发会将浙江富邦集团告上法庭
2015 年 10 月	嘉兴市中级人民法院受理海宁 S 村土地污染案
2015 年 12 月	杭州市生态文化协会委托阳光时代律师事务所环境业务部申请加入诉讼
2018 年 6 月 20 日	嘉兴市中级人民法院审理认为浙江富邦集团应承担环境侵权责任,浙江富邦集团不服提起上诉
2019 年 5 月	浙江省高级人民法院作出二审判决,维持一审判决
2019 年 6 月底	浙江富邦集团申请破产
2019 年 7 月 2 日	中国绿发会向最高人民法院递交再审申请书

1. 社会组织在环境治理中的价值耦合

社会组织,又称非政府组织,是指在社会中由社会群众自发组织而成立的,不以营利为目的的,具有民间性、志愿性、公益性的组织体①。社会组织设立的目的在于服务大众,促进社会进步,而不是为了与政府对抗。但在某些情境下,为了维护公众的利益,社会组织起到了制衡政府和企业的作用,以抵御政府与市场双重失灵的发生。社会组织除了与政府和企业互相监督之外,是可以与两者相互合作与补充的。

从价值目标来说,社会组织是以志愿精神为背景的利他主义或互助主义,是以为了实现整个社会或一定范围内的公共利益为目的的。而公民意愿的实现和公民权利的表达是公共价值概念的核心②。两者在价值目标上相一致。本案例中,社会组织"中国生物多样性保护与绿色发展基金会"设立的宗旨是,"广泛动员全社会关心和支持生物多样性保护与绿色发展事业,维护公众环境权益和社会公共利益,协助政府保护国家战略资源,促进生态文明建设和人与自然和谐,构建人类美好家园"。在常州毒地事件、刘诗昆幼儿园"毒跑道"以及本案例的海宁S村毒地事件等公共冲突事件中,中国绿发会都参与其中,并且发挥了一定的作用。其组织宗旨与案例中恢复S村土地污染是契合的,这种价值目标上的契合促使中国绿发会主动帮助S村村民维权。

2. 社会组织在环境治理中发挥的作用

环保社会组织由具有环保领域专业知识的人员组成,和检察机关或公民相比,其对环境污染中损害公共利益的行为有着更深刻、科学的认识和高度的见解,并且能够克服市场和政府在环境保护和生态维护方面的失灵现象。本案例中,社会组织在环境治理中发挥了以下三方面作用:

(1)弥补政府失灵和市场失灵。

社会组织是继政府、企业之后出现的一种新型社会组织体,其产生的基本背景,一是政府失灵,二是市场失灵。在环境治理中,环境资源是典型的公共物品,在环境污染与环境破坏行为不受政府与社会制约的情况下,"搭便车"现

---

① 张焕.社会组织提起环境行政公益诉讼研究[D].安徽大学,2020.
② 王学军,张弘.公共价值的研究路径与前沿问题[J].公共管理学报,2013,10(2):126-136,144.

象就会普遍存在①。本案例中，由于缺乏政策法律依据，海宁市环保局无法对浙江富邦集团有限公司曾经的填埋行为进行处罚，仅能够对现有被污染的土地进行修复。但是如此一来，土地修复的代价被从涉事企业转移到了政府的头上，在加重政府负担的同时未能对环境污染的主体作出处罚，体现了政府在环境治理中的失灵。另一方面，企业不承担任何环境成本，就会过度利用资源、过度污染与破坏环境。本案例中，原 S 村制革厂为了经济利益，在缺乏法律监督的情况下，不顾对环境资源可能造成的威胁，进行污染物填埋，充分体现了市场在环境治理中的失灵。

面对政府和市场的双重失灵，社会组织凭借自身的"公益性""志愿性""非营利性""非政府性"等特点，在环境治理中往往可发挥出优势作用。一方面，社会组织的非政府性使其既不隶属于政府也不隶属于企业，有独立自主的判断、决策和行为的机制与能力②。这使社会组织能够仅以公共利益为目标，独立且不受制约地开展行动。另一方面，公益性和非营利性使环保社会组织不以营利为目的，成为真正的公共利益代表人。这使得社会组织能够在环境治理中不为其他私益驱动，从客观上补足了企业、个人在环境治理中所缺失的部分功能。本案例中，中国绿发会的介入，一方面从根本上解决了在土地资源恢复中海宁市环保局因"现任官"难管"过去事"而导致的政府失灵问题。另一方面，迫使企业为土地资源污染行为承担相应责任，一定程度上弥补了市场失灵所导致的污染后果。

（2）发挥社会组织的专业优势。

环境治理涉及的专业科学知识较为复杂，对于一般公民而言比较难以掌握。社会组织在专业性上有天然的优势。一方面，社会组织专业人才配备更足。环保社会组织中拥有较多环境、法律方面的专业人才。以案例中的中国绿发会为例，该社会组织具有 14 名国内外知名的专家顾问③、30 名专职工作人员④，专业力量较强。这些专业力量使社会组织在收集环境信息、证据材料时，可以快速排除一些无用的信息和证据，为工作的进展提供了极大的便利。环保组织在调查研究环境问题时，比其他主体更迅速更专业，且其结论更具有高度的参考价值和信服力，同时他们能分析出有效的对策和意见，节省了较多

---

①　朱国华. 我国环境治理中的政府环境责任研究[D]. 南昌大学, 2016.

②　王名, 王超. 非营利组织管理[M]. 北京：中国人民大学出版社, 2016：2.

③　如著名生态专家马敬能、联合国政府间气候变化专门委员会主席拉杰德拉·山地等。

④　其中 2 名博士研究生、7 名硕士研究生、15 名本科生。

的开支和资源,有利于诉讼的顺利进行。另一方面,在环境诉讼中,环境污染的行为人往往是企业,相比较而言,一般公民的力量较为薄弱,难以取得诉讼胜利,公民一般不会选择诉讼作为救济途径。专业性较强的环保社会组织能够从技术和法律两方面向民众提供专业性的指导,加之环保社会组织拥有较为稳定的资金支持和广泛的社会影响力,可以为其在环境公益诉讼的过程中提供支撑①。在本案例中,中国绿发会在2015年7月接到村民投诉后,迅速安排工作人员、律师对实际情况进行实地考察和确认,2015年8月就将浙江富邦集团有限公司告上法庭。这一处理速度是单靠维权村民的力量所无法做到的。

(3) 成为公众参与环境治理的重要平台。

日益严重的生态环境污染问题对人们良好的生活环境造成了极大的影响。党的十九大报告明确指出,我们要建设的现代化是人与自然和谐共生的现代化,既要创造更多物质财富和精神财富以满足人民日益增长的美好生活需要,也要提供更多优质生态产品以满足人民日益增长的优美生态环境需要。可见,人民群众的环境保护意识已经逐渐觉醒,对健康环境的向往和追求显得空前迫切。

现阶段,在环境治理过程中,我国环境群体性事件时有发生,对环境治理产生了很大的消极影响。究其原因,主要是环境权益受损的社会公众较为分散、力量有限、行动组织化程度不足,且缺少制度化的表达渠道和途径。正如本案例中,S村村民在遇到土地污染初期,诉求的渠道被限制在向政府上访这一条路径上,且此种上访方式缺乏制度规范,容易演变为群体性事件。

在这种困境下,社会组织可以凭借自身的优势为环境权益受损的社会公众提供一定的支持,帮助公众有效表达自身的环境利益诉求。社会组织能代表公众进行环境利益表达,避免公众因表达渠道不畅而选择非理性方式维权导致矛盾激化的后果。在具体实践中,社会组织可以凭借自身组织化优势,积极介入环境群体性事件,收集公众的诉求和意见,并通过专业、高效的形式回应公众的诉求。本案例中,中国绿发会发挥自身专业优势和组织资源,帮助村民参与环境治理,为土地污染修复争取到了资金保障,实现了公共价值。由此可见,社会组织介入环境治理,可以有效促进公众环境利益表达,帮助公众实

① 张锋.环保社会组织环境公益诉讼起诉资格的"扬"与"抑"[J].中国人口·资源与环境,2015,25(3):169-176.

现自身环境利益诉求。

3. 环保公益组织参与环境治理的反思与建议

从党的十九大报告中，我们不难发现，社会组织已经被纳入了中国特色社会主义事业"五位一体"总布局当中，由此更加体现出了社会组织将要成为我国新时代参与国家建设和社会治理体系中不容忽视的重要主体。随着我国社会经济的持续发展，人民群众对生态环境的健康发展日益重视，利益需求也变得越来越多元化，社会组织则是表达和实现人民群众诉求的重要承载者和渠道。生态破坏和环境污染问题的日益恶化，使得社会组织的作用和优势也日益被凸显出来，在社会环境治理中的地位也得到极大提高。培育和重视社会组织的发展，进一步发挥社会组织在环境治理中的作用，已经成为我国构建社会主义文明和谐社会的实际需要，本文在此提出以下四点建议。

（1）有效发挥政府在公共冲突治理中的作用。

环境是一种公共资源，环境问题是一个公共问题，具有严重性和综合性。我国目前实行的环境管理体制为"各级政府对当地环境质量负责、环保部门统一监督管理、各有关部门依照法律规定实施监督管理"。尽管在环境问题中治理主体是多元的，但政府的体制和公权力决定它更为高效。因此政府在处理环境公共事务中应占主导地位。一是要提高环境执法能力。地方政府在环保执法层面较为薄弱，存在"越位、失位、错位"等。要进一步提高环保部门的执法能力，对地方政府严格进行监督考核和责任追究。二是要提高环境问题预防能力。要推动产业转型升级，腾退高能耗高污染企业，发展节能环保型企业。在重大产业项目审批立项前，责任部门要充分重视环评工作，做好环境污染问题的预防工作。三是要提高信息公开透明度。政府部门应主动向社会公众公开有效的环境信息，让社会公众有条件参与重大项目的前、中、后环境监管。对社会公众关心的环境污染问题作出积极回应，公布处置结果，提高政府公信力。

（2）环保公益组织需正确定位。

对于环保公益组织的作用要正确认识。此类社会组织作为第三部门，在地方环保类公共冲突治理中，发挥自身优势参与其中，确实有一定"补位"作用，对维护社会稳定具有一定意义。政府要积极促进各类环保公益组织的发展。一是要正确认识环保公益组织的作用。政府对环保公益组织应当采取积极培育、正确引导、合理规范、依法管理的基本策略。要积极培育各种与政府合作、有利于促进环境治理公平的环保公益组织,充分发挥它们的作用。二是要建立与社会组织的联动机制。公共冲突治理需要政府和社会组织的合力。社会组织要积极为环境问题中的多方主体搭建对话平台,使各方能够协商处理矛盾冲突,有效回应社会公众的利益诉求。三是要正确认识环保公益组织参与公共冲突治理的积极作用。虽然新《环保法》《民事诉讼法》及最高人民法院有关环境民事公益诉讼的司法解释出台,但目前环保公益组织在环境公益诉讼上还是面临诸多障碍,政府应作出相应引导。

（3）社会组织参与公共冲突治理的必要规制。

政府是第三部门发展的监督者。一些社会组织可能存在未依法注册、未依法年审、内部管理混乱等问题,这都需要政府从以下几方面加强对社会组织的监管。一是要加强"准入管理"。基于对公共利益的维护和保障,政府对社会组织采取开放包容的态度的同时,必须对社会组织进入设置一定的标准和程序。同时,社会组织准入监管的法治化也可以有效克服政府偏见,保障社会组织的权益。二是要加强"过程管理"。要严格规范社会组织的行为、机构、治理和管理体制,形成有关部门齐抓共管的局面,强化对社会组织的日常管理,及时查处社会组织违法行为并取缔非法社会组织。三是要加强"信用管理"。加强对社会组织的年审管理,采取网上申报与实地检查相结合的方式,提高年审准确性和有效性。完善评估管理,进一步推动对社会组织的评估定级工作。

（4）社会组织发展需加强自身能力建设。

社会组织参与环境问题治理首先要提升自身的专业性,要做好以下几点。一是要加强队伍建设。杭州市生态协会提到"大多数组织专业能力不足,需要借助外部力量"。社会组织要注重吸纳多元角色加入,借助各种社会力量和资源来促进冲突化解。特别要吸纳法律专业人士,用法律知识维护公共利益。要加强组织成员的专业素养和法律意识,加强冲突应对技巧、沟通技巧等能力培养。二是要加强制度建设。社会组织要完善内部的管理制度和工作制度,用现代管理经验来提升组织效率。要规范参与公共冲突治理的工作程序,做到理性公正。社会组织应将公众的合理利益诉求进行系统整合,进而有组织、有秩序地向政府部门进行利益表达,引导公众行为回归理性。三是要加强经费管控。公益组织运作所需的每一分钱都来自人们的捐赠。据了解,中国绿发会在每一场环境公益诉讼中的成本费用花销,平均一场要花费 100 万元左右。杭州市生态协会也提出"环境损害鉴定等诉讼费用高,环保公益组织无力承担"。社会组织的长期稳定发展必须要开源节流。

五、理论依据资料

（一）社会组织的概念及其基本属性

"社会组织"作为特定含义的词首次提出是在 2007 年 10 月党的十七大报告中，主要是对除市场和政府之外的"非营利组织""非政府组织""民间组织"或"第三部门"的统称，但不包括企业等营利性组织，家庭等亲缘性组织和政党、教会等政治性、宗教性组织。严格意义上来说，社会组织这一概念指的是除政府之外的其他社会公共组织[①]。民政部在 2007 年 11 月召开的全国社会组织建设和管理工作经验交流会议上决定，今后不再沿用"民间组织"的叫法，而启用"社会组织"这一新概念。这里的"社会组织"是对民间组织的继承和发展。社会组织也可以称作政府与市场之间的第三方部门，具有相对的独立性优势，是政府职能转换的重要承接者，为社会群众参与社会治理提供了便利和途径。社会组织有三个基本属性：非营利性、非政府性、志愿公益性。

1. 非营利性

非营利性是社会组织的根本属性。这一属性包含三个主要方面：第一，不以营利为目的。社会组织的宗旨不是为了获取利润并在此基础上谋求组织自身的发展壮大，而是为了实现整个社会或者一定范围内的公共利益。第二，不能进行剩余收入（利润）的分配（分红）。第三，不得将组织的资产以任何形式转变为私人财产。社会组织的资产严格地说并不归组织所有，也不属于捐赠者，它们是一定意义上的"公益或互益资产"，属于社会。

2. 非政府性

非政府性是社会组织的基本属性之一，这一属性强调社会组织有三个特征：第一，是独立自主的自治组织。社会组织既不隶属于政府也不隶属于企业，是独立的组织，有独立自主的判断、决策和行为的机制与能力。第二，是自下而上的民间组织。社会组织由自主的公民以结社方式组成，扎根于社会，通

---

① 王名，刘求实. 中国非政府组织发展的制度分析[J]. 中国非营利评论，2007(1)：93－138.

过横向的网络联系与坚实的民众基础动员社会资源，形成自下而上的民间社会。第三，属于竞争性的公共部门。社会组织不同于政府，不能利用行政权力和资源，只能采取各种竞争性的手段，来获取各种必要的社会资源并提供竞争性的公共物品。

3. 志愿公益性或互益性

志愿公益性或互益性也是社会组织的基本属性之一，这一属性强调社会组织有三个特征：第一，社会组织的内在驱动力是以志愿精神为背景的利他主义或互助主义，它们的主要资源是基于志愿精神的志愿者、社会捐赠及其他社会资源；第二，社会组织开展的活动具有一定的社会公开性与透明性，由于使用的主要是社会资源，因而其运作过程和开展的各种活动需要在一定的社会范围内公开并保持一定的透明度，同时接受社会监督；第三，社会组织提供两种类型的竞争性公共物品：一是提供给整个社会不特定多数成员的"公益性公共物品"，二是提供给社会中某一部分特定成员的"互益性公共物品"①。

(二) 社会组织与政府的关系类型

国外社会组织与政府的关系大体分为三种类型：第一种是疏离型，代表国家主要有澳大利亚与阿根廷等；第二是整合与依附型，代表国家主要有日本和德国等；第三种是整合与合作关系型，代表国家主要有荷兰等西欧国家。这些社会组织在人权保护、环境保护、劳工问题、发展问题、疾病防治、扶贫济困、妇女人口教育，甚至是军控、体育领域十分活跃并卓有成效，发挥着重要作用。中国关于社会组织与政府的关系研究兴起于 20 世纪 90 年代，并逐渐形成了国家与社会关系等论题研究的分析框架或解释模式。

近年来，不少国内学者也提出和概括了一些关于社会组织与政府关系的新观点、新论述，其中具代表性的有两种观点，一种是强调二者合作、互利共赢的关系，如社会组织与政府良性互动或互益互助、合作互强或共生共强、资源相互依赖等；另外一种观点是强调二者的对立和制约的关系，如公民社会制衡国家、公民社会对抗国家等。将中国社会组织与政府的关系界定为合作或对抗明显过于简单。总之，社会组织和政府之间建立新型合作伙伴关系，有利于

---

① 王名，王超. 非营利组织管理［M］. 北京：中国人民大学出版社，2016：2-3.

推动社会组织和政府良性互动、相互促进、相得益彰①,是符合中国特色社会主义发展需要的。

(三) 政府失灵理论

政府失灵,又称"政府失败""非市场缺陷",是指由于政府机制自身的缺失而导致资源配置的低效或无效的情形。市场失灵的客观存在决定了政府干预经济活动的必要性,从实践上看,自凯恩斯主义诞生以来,西方各国政府在一定程度上发挥了弥补市场缺陷、促进经济发展的作用,在市场经济中扮演着十分重要的角色。但是,自西方国家经济出现"滞胀"现象后,人们开始认识到,政府并不是万能的,如市场会出现失灵一样,政府干预同样会产生失误,出现"政府失灵"问题。综合众多学者的观点,政府失灵的主要表现形式有以下几种:一是公共政策的失效。政府制定的公共政策并非都是合理、有效的,政策制定的复杂性以及政策执行上的不力,都可能导致公共政策失效。二是政府组织的低效率。由于缺乏竞争的压力,政府组织降低成本的动力不足,行政资源往往趋向于浪费,加上监督机制的不足,最终导致了政府组织的低效率。三是政府的寻租及腐败。政府对市场的干预,会导致寻租者通过行贿、权钱交易等手段来获取政府的支持,进而获得高额垄断利润,滋生腐败和寻租,造成社会资源的浪费。

六、主要参考文献

[1] 杨秋萍. 新时代社会组织参与乡村治理及"三治"能力提升路径——基于云南省昆明市官渡区矣六乡子君村的调研[J]. 领导科学论坛,2019(7):73 - 83.

[2] 文丰安,王星. 新时代我国基层社会治理现代化之理性审视[J]. 重庆工商大学学报(社会科学版),2019,36(4):90 - 98.

[3] 张玉亮,杨英甲. 社会组织参与突发事件网络舆情治理的角色、功能及制度实现[J]. 现代情报,2018,38(12):26 - 31.

---

① 黄建军,梁宇,余晓芳. 改革开放以来我国政府与社会组织关系建构的历程与思考[J]. 中国行政管理,2016(7):35 - 39.

［4］白启鹏,宋连胜.新时代社会组织的功能定位与发展路径[J].天津行政学院学报,2019,21(3)：77－85.

［5］周丽娟.新型城镇化背景下社会组织参与社会治理的研究[J].智库时代,2019(27)：13－14.

［6］郑佳斯.策略性回应：社会组织管理中的政府行为及其逻辑[J].学习与实践,2019(3)：84－94.

［7］赵敬丹,张帅.基层社会治理中政府与社会组织协同问题探析[J].行政与法,2019(5)：43－51.

［8］赵伯艳.社会组织在公共冲突治理中的作用研究[D].南开大学,2012.

案例五

实现公共价值的合作路径创新
——"海上游天涯"由乱到治

摘　要： 党的十九大报告指出，我国社会主要矛盾已经转化为人民日益增长的美好生活需要和不平衡不充分的发展之间的矛盾。在我国社会转型的关键期中，如何构建新的利益格局，满足社会多方群体对社会治理的利益诉求，是当前社会治理亟待考虑的问题。本案例聚焦三亚"海上游天涯"违法经营项目，通过对整个事件的跟踪来向读者展示政府对此违法经营的整治过程和细节。在此基础上，追踪中国的"三亚之治"，运用穆尔的战略三角模型与合作治理理论全面剖析政府在整治"海上游天涯"非法经营中的行动，从而探寻案例中政府为何在整治初期因遭遇村民反对而导致谈判失败，又在通过哪些努力在后期整治中获得成功，建立起共建、共治、共享的新格局的。本案例的最大意义在于通过深入细致的实证调研，讲述了一个中国情境下政府构建和创造公共价值、引导市场和社会"共建、共治、共享"的真实故事，为其他地区、领域的公共事务治理提供了宝贵的经验。

关键词： 公共价值；中国方案；合作治理；战略三角模型

一、案例正文

(一) 引言

1982 年，一曲《请到天涯海角来》唱响大江南北，"天涯海角"也正式成为海南及三亚旅游的地标景观。1984 年 12 月，三亚市正式成立天涯海角风景区管理处,由三亚市旅游公司管理天涯海角事务。该景区曾接待多位国内外政要和社会名流,先后荣获"国家首批4A级景区""全国民族团结进步模范集体""省十佳旅游景区""省树形象、创品牌优秀先进企业""三亚市最具贡献企业"等近百项殊荣。几十年来,天涯海角游览区以深刻的文化内涵、独特的人文景观、醉人的南国风光和浓郁的民族风情闻名海内外,成为三亚乃至海南旅游的标志性景区和代名词。天涯海角景区一直是海南和三亚旅游业的代表,每年都会有数以百万计的游客来此参观游览。

随着"天涯海角"景区走红,附近村民和一些投机商人见有利可图,于是在景区外私建渡口,组建船队,绕过景区私下截客并提供非法的"海上游天涯"旅游服务。如此一来,不仅游客的合法权益得不到保障,而且严重破坏了三亚旅游的整体形象和旅游服务质量,更重要的是这些非法旅游活动存在重大安全隐患。在媒体对"海上游天涯"黑景点曝光后,当地政府展开了一系列整治行动,最终走出了一条通过共建共治共享实现公共价值的合作治理之路。

(二) 马岭村私设景区"二号门"

1. 马岭村找"商机":靠海吃海、靠景吃景

马岭村有居民1 081户,总人口4 637人,面积4平方公里,可耕地面积220亩,人均耕地面积不及全市平均人均耕地面积的十分之一,无法通过耕种来维持经济来源,居民多年来都是靠打鱼为生。但该村南部接海,东部紧邻4A级景区天涯海角,是典型的靠海靠景的原居民村。随着政府的限制以及市场行情,捕鱼也越来越艰难。随着景区的开发,当地人气增加,除了正常经营一些服务业外,当地村民开始靠海吃海、靠景吃景,便有了村民自己组织的"海上游天涯"旅游线路服务。

非法"海上游天涯"起源于20世纪80年代,部分村民在村内临近景区的海边私自建设简易码头,购买快艇("三无"船只),私自招揽游客并驾船进入天涯海角游览区海域内开展"海上游天涯"观光活动,获得了可观的收益。长期无序发展下来,这个非法码头逐渐成为颇有名气的进入天涯海角景区的"二号门"。2004年后,"海上游天涯"非法运营活动规模迅速扩大。其中,天涯镇游艇服务公司在天涯海角游览区内经营的"三无"船只100艘,从业人员121人。该公司系原天涯镇政府管理的乡镇企业,于1993年5月10日注册,2009年5月10日已过期,为个人承包非法经营。其余船队主要聚集在天涯海角游览

区西侧的海洋动物园。这些船队散布在景区内外,各船队的经营证照均已过期或不齐全,有些从未办理经营证照,均属非法营运。船队经营模式为一个村民牵头,充当船队老板,村民每家买船加入,派人开船。船票大概保持 50—60 元,船队老板收走 15 元左右作为管理费,旺季时每条船每天最多可收入上千元,少时也有几百元。

2. 非法"海上游天涯"项目成为"毒瘤"

据 2013 年统计,当地非法经营的三无游艇约 800 多艘,涉及居民 1 000 余户,平均每天非法接待游客 1 500 多人。非法经营猖獗,大量宰客、黑客、欺客等现象给当地旅游业的正常发展带来沉重打击。经三亚市政府不完全统计,当年对"海上游天涯"黑景点进行报道的媒体中有中央媒体 4 家,省级媒体 7 家,其他各类媒体 320 多家,合计负面报道 500 余条;全年涉及"海上游天涯"的旅游宰客投诉 52 起,占全市旅游宰客投诉的 40%。这些非法经营活动不仅使游客的合法权益得不到保障,而且严重破坏了三亚旅游的整体形象和旅游服务质量,更是对游客的人身安全造成了重大隐患。具体来说,其造成的恶劣影响主要有以下几个方面。

首先,严重破坏景区管理秩序。船队通过非法码头,非法售票,私自带游客进入景区海域游览,甚至直接载客登陆,逃票入园,对 4A 级国家知名旅游景区天涯海角的正常运营破坏性大。并且非法游艇从业人员文化水平普遍偏低,未经过服务培训,没有形象意识,工作纪律涣散,经常以袒胸赤膊、聚众打牌、肆意躺睡等不雅姿态出现在游客视野范围内。

其次,造成了重大安全隐患。"海上游天涯"的船队经营的"三无"船只档次低,船体较小,未按规范配备紧急求助、救生、消防等安全设备;船员未接受过正规操作培训,安全意识薄弱,形成重大安全隐患。仅 2013 年就发生 5 起游客落水、翻船等事故,游客的生命财产安全毫无保障。

此外,催生恶劣宰客链条。"海上游天涯"非法经营下设拉客组、财务组、船员组以及保安组。拉客组通过人头回扣机制,安排人员到机场、火车站、汽车站、海滩等地拉客前往,通过高额人头回扣利诱巴士驾驶员、出租车司机等将游客拉到非法码头。财务组清点下车人数,引导游客到非法售票点买票上船。船队组则滚动发班,轮到谁就由谁来拉客出海,甚至有开船者涨价、增加游览点等方式再次欺骗游客多花钱获利,如有游客不从就通过摇晃船只、不返回码头等方式相威胁。保安组则负责维持上下船秩序,处理当场产生的游客纠纷，维护船队利益欺压游客。即使游客投诉也很难查清具体是哪条船欺客宰客，往往由船队老板将收取的管理费赔偿给游客。船队老板组织财务组在当日下班后将利润按照人头回扣费、人员工资、船主盈利、船队老板管理费进行分成。这种高额回扣下所形成的宰客模式，催生了一个群体分工明确、利益分成精细、违法经营人数众多、宰客行为恶劣的有组织欺客宰客链条，助长了"低价游""零负团费""填坑团"等旅游乱象，毒瘤之毒不断蔓延。

不仅如此，景区常年因此蒙受损失，旅游品牌形象遭受打击。天涯海角门票旺季101元，淡季85元。在2014年开展"海上游天涯"整治前，船队正是将乘船在海上观赏"天涯石""海角石""南天一柱石"作为卖点，吸引游客上船，上船游客就不再购买景区门票了。非法码头平均每天欺骗游客1500人，每年天涯海角景区损失门票3000万元。而且很多遭遇欺客宰客的游客，往往认为船队是天涯海角景区经营的，误把非法经营者们的宰客行为归结到景区身上，让景区不但承受经济损失，还要背上黑锅。

（三）政府持续整治秩序

1. 整治失利：你打我躲，你疲我出

2012年以前，三亚市政府旅游、交通、海事及天涯镇政府等多个部门和单位联手进行过多轮整治，召开整治专门部署会议50余次，组织专项整治行动20多次，出动整治人员1000多人次，每次整治仅能对少量非法经营人员和经营船只进行处罚和没收，取得几天的效果。特别是在省重大检查督导期间，船队老板得到消息后都自觉的安排船队"休息放假"。形成了"你打我躲，你疲我出"的迎检战术。这一阶段的具体整治情况分为四种：

一是依法拆除非法码头。在早期整治中，市政府相关部门试图采取直接拆除非法码头的做法。在执法队伍保护下，安排挖土机进场对码头进行拆解。前后几次决心较大的取缔行动，均因马岭村村民反对意见强烈，纠集全村村民直接阻挠，政府相关部门因担心事态升级而失败。次数多后，村民们也开始安排其应对办法，一是通过村委会以及镇政府马岭籍干部及时探知各种执法行动信息，提前做好准备；二是由在主要路口居住的村民充当"观察哨"，将通过的车队情况通报船队；三是每逢执法，船队老板通过微信群通知每家每户，纠集村民前往码头阻挠执法，并给参与者发放补贴；四是安排专门的老年妇女，站在执法车的前面阻挠执法。

二是直接取缔违法经营者的船只。该举措在执法过程中一方面同样遭到村民们极力反对，另一方面各执法部门相互推脱，配合不紧密，取缔决心不够坚强。结果是船只听风声运营，各执法队伍平时碍于困难不去取缔违法经营者的船只，在当地非法经营问题被中央媒体关注、风声紧时，就通知船队停业，船队也配合安排船只停运躲风声，过后再恢复运营。这就形成了执法和非法经营的事实默契。

三是试点规范经营。当地政府在非法经营船队中，筛选船况较好，船员平均年龄较小的，鼓励其注册了正规的船队公司，协助其进行正规化运营试点，希望通过规范经营船队的示范作用推动整个非法经营队伍的正规化。但由于非法经营船队未能被及时清理，一时出现与正规船队同时运营的情况。正规船队经过各种规范后因盈利不如非法运营船队，受利益驱动，重新接上利益链条，继续欺客宰客，试点行动失败。

四是打击非法拉客。当地政府为了斩断非法经营利益链条的源头，对将游客运到非法码头的交通工具进行管控，成立打黑队，对公交车司机、乘务员和的士司机停靠非法码头的行为进行调查、取证、惩罚并反馈到公交公司。但由于非法拉客人头回扣利益高、涉及的司机乘务员人数过大，无法打击到位。非法经营队伍甚至安排专人紧盯打黑队，随时通报行程。执法行动扣押的违规经营大巴车在拉回市区的过程中，连续多次都被村民堵在了半路，被处罚的司机和乘务依旧照常上岗经营。打击非法拉客仍然效果不佳。

2. 谈判未果：村民不为所动，违法经营船只数量边谈边增

在抓好整治工作的同时，当地政府与村民、船队的谈判工作一直穿插在打击违法经营的过程中。三亚市政府、天涯镇政府、天涯海角景区先后组织了17 次与船队的谈判和协调会议，力图为解决"海上游天涯"问题找到一条好的出路。谈判主要提出三类方案：一是让船队继续经营并给景区分成，但景区不参与船队经营。该方案遭到景区质疑，提出门票流失和监管失效的担忧，甚至船队可能还是欺客宰客，换汤不换药。二是船队和景区成立合营公司，使船队运营合法化。但是该方案遭到船队的拒绝，船队并不愿意被景区约束，也不愿意放弃非法载客带来的高额营收。三是为减少阻力，保留村民生计，向村民发放各种福利：马岭村家庭，可获得码头处新建的铺面，免费经营；马岭村 16周岁以上非学生，可获得代缴城乡居民基本养老保险，每人每年 100 元。但是村民代表只赞成对村民有利的内容，一涉及取缔非法运营船只的核心内容就

不赞成,谈判效果不明显,甚至出现这边谈判,那边在买船的现象。这一现象背后的主要原因是暴利在驱动村民"坚守":景区内非法船队每船年收入15万以上,景区外非法船队年收入9万以上。村民在谈判和协调会议中多次坚持要求由自己运营。

(四)政府彻底整治:决心收船

在多次整治不利的情况下,非法"海上游天涯"船只不减反增,形成了巨大的利益链条,严重影响了三亚市旅游正面形象的树立,使景区遭受了巨额损失,游客的生命安全更是无法得到保障。

在此背景下,三亚市政府重拳出击,下定决心收船。2014年3月5日,三亚市政府办公室正式印发《三亚市"海上游天涯"工作实施方案》(三府办〔2014〕60号),成立以市委副书记、常务副市长为组长的领导小组,旅游部门、交通部门、执法部门、国有资产管理部门、社会保障部门及天涯镇政府、天涯海角景区等19家单位的主要负责人为领导小组成员。成立筹备组、安置组、维稳组、经济组、收船组、土地组、票价组、线路组、海域组9个小组,同步开展整治工作。方案决定分阶段推进,努力解决难题,持续形成压力,最终达到彻底清理的目标。因方案印发在3月5日,工作组内部将整个方案简称"三五"方案,整个整治行动被称为"三五"行动。

1.做通思想工作,疏通矛盾堵点

一是坚定整治决心。首先,市委市政府领导明确表态,旅游乱象必须解决,同时要确保人民群众的利益。市里要求景区必须在经济上作出让步。然后,镇政府主动协调景区,分析具体利弊,打消景区顾虑,并算好经济账:正规运营可减少旅游投诉,有利于提升形象,增加品牌价值;同时,每年回流客源产生的门票收入不少于3000万。最后,景区表态从人力、物力、财力上高度配合整治行动。

二是加强法制攻势。由公安干警身着警服,进村入户,走访调查,详细掌握具体情况,做好精细的整治预案。形成由公安、综合执法队员组成的专门队伍,维护整治行动的良好态势,发现有村民骨干带头串联,抵制整治,即通过各种行政手段和宣传教育,要求其配合。加大在即将开展正式收船工作时打击非法经营的力度,施加压力,要求非法经营的船员交船。

三是做通思想工作。各船队老板早期想要对抗整治,试图维持原来的经营模式,在各类协调会上完全不配合谈判工作。但是经过政府多次耐心细致

地做他们的思想工作,在感觉到政府的强大压力和坚强决心后,他们不敢冒险对抗,选择了收手,最后均表示同意整治。整治组乘势而上,要求船队老板做船员工作。船员纷纷抱团向船队老板施压,反过来要求船队老板不能妥协。这个时候,船队老板就成了"双面人",当着政府面就说支持整治,当着船员面就说要坚持原来的经营模式。后来,天涯镇政府要求,船队老板必须摆正立场,老板要包干船员,村委会干部和外出干部包干自己的亲属,整治工作各组分别包干船队,形成群众工作的强大合力。另外,采用一竿子打到底,逐个击破的办法,镇政府领导和干部分成若干小组,每天轮番到各个船队及船员家中,直接做船员个人工作,宣传政策。

2. 攻克取缔难点,斩断宰客链条

市政府整合专项整治队伍,组织天涯镇和工商、交通运输、公安边防、海事、海洋与渔业等部门成立了打击"三无船舶"非法营运的专项维稳组、专项巡逻组和海上巡逻组,多次联合开展"海上游天涯"现场整治工作,维护整治现场秩序。一是拆掉据点。拆除"海上游天涯"非法经营点的"二号门",依法取缔非法经营的售票点及招揽游客的摊点。二是清理海域。将天涯海角海域高密度执法常态化,认真开展打击海上非法经营的活动,严禁居民非法从事海上旅游经营活动。三是查处黑导。严厉查处诱导游客的出租车、中巴车、公交车及黑车的司乘人员,强力扣车扣人的同时,对其所属公司重罚。四是有效引导。在当地沿途设点宣传,引导游客到正规景点购买门票,防止游客上当受骗。五是严打抗法。坚决打击极少数别有用心者煽动群众对抗执法人员的行为,及时控制各类突发事件。

通过一系列行之有效的行动,船队宰客链条被彻底斩断,被骗到黑景点的游客越来越少,船队没有了经营收入。在政府的强大压力下,很多船员感觉到他们非法经营、随意欺客宰客的"好日子"到头了,加上生活没有了收入来源,一些船员对整治工作的抗拒性逐渐减弱。

3. 让利收购船只,彻底清除顽疾

万事俱备,只欠重锤!三亚市政府在前期大量调查摸底及征求意见的基础上,下发《海上游天涯船只收购方案》,明确景区按照每艘船一口价28 000元从非法经营者手中回收船只。非法经营者的船只都是使用多年的旧船,实际价值较低,政府确定每艘船2万多元的评估价,也是为了尽量让利于民。方案

还规定在新公司运营前,向被回收船只的船主发放每月 1 500 元的过渡安置金。方案明确了各执法单位、景区、天涯区政府及马岭居委会等多个单位的分工,决心将所有非法经营船只收购并销毁。

（1）正式收船第一阶段：收购景区外非法经营船只。

收船行动开始于 2014 年 8 月,根据由易到难原则,由市政府牵头,以天涯镇政府为主力,抽调 100 名机关干部和 300 多名公安干警参与,景区、交通、旅游、海事等部门配合,通过媒体宣传、走访谈话、公安布点打出组合拳,计划用一周时间收购天涯海角景区外 4 个从事非法经营的船队的船只。

一是设法破僵局。第一次收船开场声势浩大,但仍遇到了船主对抗,村民阻拦,陷入无法顺利收到第一条船的僵局。为开好头,发挥示范作用,收船组临时做通了 5 名船主的工作,让他们公开高调交船领钱。虽然船主们依然观望情绪比较大,交船并不积极,但此举还是带动了部分船主交船,为收船开了个好头。

二是增款解难题。收船队公布收船价格后,部分船主提出了意见,其船有两台或三台发动机,只收一台发动机不公平。经过统计,各种船只发动机型号、动力都不尽相同。工作组经研究后决定,统一调整政策,同意每条船在基本评估价 2 万元的基础上,每增加一台发动机,就增加回收款 8 000 元。

三是决心顶压力。压力的来源主要是对抗收船的群体闹事,出现了五类情况：一是大量船员阻挠工作队进入码头,威胁主动交船的船员,要求这些船员"共进退"。二是公安部门依法拘留个别恶意煽动闹事的船员后,村民和船员包围派出所,但公安部门坚持原则,闹事人群最终散去。三是出现多起收船工作人员被威胁、殴打的事件,均由公安部门按照程序侦办。

第一阶段结束时,共回收船只 400 多艘,发动机 800 多台。

（2）正式收船第二阶段：收购天涯海角景区内船队。

景区内的船队每天接待客人较多,收益很高,对整治工作和收船工作抵触性最强。工作组在开展收船之初,采用柔性政策,以宣传教育为主,工作组多方做工作,船队老板仍不同意,船员不主动交船,收船行动不了了之。

因此,在第二次收船时,政府决定采取强制收船,事后支付补偿的方式。工作组组织城管和公安力量,在中午突击执法,强制拉船上车收缴。但村民发现后,于半小时内从海上和陆上叫来其他村民和船员,强行把船抢回去。双方僵持到下午,考虑到对景区的影响,工作组决定取消收船行动,第二次收船宣告无果。

当天下午和晚上，三亚市政府召开紧急会议，分析了当时的实际情况，决定采取多措并举、侧面突破、积小胜为大胜的策略。一是连夜逐个拆除并彻底清理船队在景区内的售票点和经营场地，拔掉船队及船员靠岸据点。二是在海上拉几百米的隔离网，不允许非法船只进入海面，让它们彻底失去周转空间。三是沙滩上安排执法人员和保安 24 小时站岗，不允许船只上岸，扣留非法冲入景区的船只，让还在海上的非法营运船只无法接客经营，失去收入依靠。四是为边防派出所购买 100 多万元的海上执法船，形成机动力量，巡回驱赶非法营运的船只，斩断其航路。五是进一步加大对公交、出租车诱骗游客行为的打击力度，实行"一次性死亡"的惩罚措施，严禁其运送客源。这些行动彻底压制了船队的经营空间，船只多次试图冲入景区均以失败告终。

刚柔并济坚守法治底线，维护公共秩序。2014 年 12 月开始，少数非法经营游艇的马岭船员煽动村中老人、妇女、儿童围堵天涯海角景区大门，扰乱景区正常秩序，企图逼迫市政府让步。对此，景区首先调整入园线路，尽量让游客远离人群；其次，派出 100 余人维持景区秩序；最后，制作了 20 多块 2 米高的告示牌，将非法经营者欺客宰客、理应被取缔的事实公之于众。2015 年 1 月，部分恶意带头者见围堵景区大门未能迫使政府妥协，便煽动人群围堵景区外国道。国道涉及国防安全，不容退让，公安部门拘留了全部参与闹事的村民，严肃处理恶意带头者并对村民进行法制教育，使村民意识到自己的行为触犯了法律底线。至此，极少数违法经营者的反对活动以失败告终。

第二阶段收船工作随着政府方的行动稳步推进，胜利的态势逐渐形成。

（3）正式收船第三阶段：久久为功，终见成效。

第三阶段收船工作，根据分工加速推进：马岭居委会对非法船只和人员进行全方位地摸底调查，认真统计和核实从业人员和船只的准确数据和基本情况，并聘请专业评估机构评估船只价格，落实补贴政策。天涯海角公司组织人员积极配合政府开展船只收购手续办理工作。公安部门继续严密布控，执法部门也不断加大打击力度。在工作组多次做思想工作后，景区内的船队船员彻底放弃了对抗，全部选择配合整治，交出了所有的船只。

直到此时，"海上游天涯"整治工作才算圆满收官。累计收购了"三无"船只 531 艘，发动机 920 台。按照船只评估价格和市政府会议纪要精神，天涯海角公司支付了 1 433.8 万元的收购款和安置补偿费。

2015 年 5 月 13 日，在公众及媒体的见证下，市政府将收购的"三无"船只和发动机全部集中销毁。在马岭村近千人的目视下,伴随着震耳欲聋的重锤砸击声,困扰三亚市 20 年的"海上游天涯"非法经营顽疾宣告彻底清除!

(五)政府主导构建合作格局:天岭模式实现多方诉求

1. 组建天岭公司,平衡各方利益

为了做到让利于民,更好地保障村民日后的生活,经过多次研究论证,市政府最后决定采取景区和村民合资入股形成新公司的模式,尽可能做到让利于民、多方共赢。

2015 年 1 月 17 日,天涯海角景区与马岭居委会签订了《海上游天涯合作合同书》,同年 4 月 11 日签订补充协议。合同按照市委市政府"让利于民,合作共赢"的原则,采取了"景区+社区+村民"的合作运营模式,由天涯海角公司(景区)与马岭社区居委会共同合作成立三亚天岭海上旅游服务有限公司(以下简称"天岭公司"),在天涯海角游览区及周边海域经营海上娱乐项目。

合同约定:天岭公司注册资本金 3 000 万元,景区和马岭社区按照出资比例分别占比 51% 和 49%。景区方足额认缴 51% 的资金;在马岭社区所占的 49% 的股份中,应由居委会认缴的 2.45% 部分由市政府垫付,居委会代马岭社区居民持有的 46.55% 的股份由居民实际出资入股。规定每户最多入股 2 万元,根据居民出资额,其他部分资金按比例调整。合同还规定按照股权比享受年度利润分红,并确定了保底条款:入股居民享受前两年每户 50% 入股金的保底分红,第三年及以后保底分红不少于 20%。合同对居民免费使用公司建设的铺面进行了规定,还按照公司法相关规定明确了以景区为主、居民参与、统一管理、规范经营的公司管理模式。新公司成立后一共有 1 038 户居民入股。

2016 年 4 月 11 日,双方对合同签订补充协议,主要是废除前合同保底条款,修改为:公司经营前两年按照每户 1 万元的标准向居民发放转产扶持资金。此后每年保底按照 4 000 元标准发放利润,不足部分由景区方按照转产扶持资金补充。

2016 年 6 月,各大媒体均以《天涯海角"天岭致富模式"惠及周边居民千余户马岭入股居民喜获首笔"分红"》为题,报道马岭居民首次领到分红款 1 038 万元一事。

2. 扶持公司成长，确保模式实效

按照市委市政府要求，为减轻天岭公司营运初期的投资压力，天涯海角公司投入大量的财力和物力扶持天岭公司发展。一是按期投入 2 274.45 万元作为天涯海角公司入股天岭公司的注册资本金；二是先后投资 1 281.98 万元建设海角码头等一批基础配套设施并提供 144.93 公顷的海域使用权给天岭公司免费使用；三是主动负担 14 名委派管理人员 2 年多的工资成本共计 300 万元；四是为出资入股天岭公司的居民发放 2015 年度转产转业扶持资金共计 1 038 万元；五是连续 2 年为马岭社区大学生发放助学金共计 303 万元；六是连续 3 年累计支出 47.36 万元为 2 200 多名马岭居民缴纳海南省城乡居民基本养老保险。加上其他方面扶持的资金累计投入达 7 731.26 万元。同时在营销政策上利用景区的影响力与天岭公司联合促销，与各大旅行社签订长期合作协议，为天岭公司的海上项目带来了不少客源。此后三年天涯海角公司还投入 5 000 多万元用于建设海角码头商业配套设施和每年为马岭居民发放转产转业扶持资金及大学生助学金。

作为各方利益平衡点、各方矛盾压舱石的天岭公司，属企业法人，是完全的市场主体，经营范围为海上游览项目开发、经营、管理，旅游商品批发、零售、代购、代销，游船/艇租赁，水上运动设施设备租赁，休闲娱乐综合项目开发服务，商铺经营、管理。按照设立之初的合同约定，公司设立股东会、董事会和监事会，内设办公室、财务部、人力资源部、督办督查室、船务部、项目运营部、市场营销部、游客服务部、园林卫生部、安全保卫部和工会 11 个业务部门。此外，公司还专门成立了安全生产管理委员会及其办公室。天岭公司架构完整，内部分工明确，运行平稳，所有部门、员工各享权利，各尽义务。

截至 2019 年 6 月，公司共有职工 269 人。其中，马岭籍员工共有 240 人。公司的高层管理人员 8 人，其中董事长 1 人，副董事长 1 人，总经理 1 人，副总经理 4 人，工会主席 1 人；中层管理人员 20 人，其中部门经理 10 人，部门副经理 10 人。自 2014 年 9 月 28 日开始试营业至 2018 年 5 月 30 日，公司共计实现经营收入 7 505.51 万元，公司收入的增加，有力地保障了职工的收入水平。

3. 多方共赢与社会责任共担

天岭公司成立两年后，人民网以《三亚天涯海角游览区年游客接待量首破

五百万》为题报道,2017年12月29日16时25分许,一份来自三亚市天涯海角游览区的"500万小幸运"砸中了一位辽宁省游客,他幸运地成了三亚市天涯海角游览区2017年第500万名游客。这是该景区开放多年以来第一次年接待游客量突破500万人次,同比增长12%,2017年景区日均接待游客量达到1.38万人次。报道还提出,景区的发展不仅要与文化融合,也要与美丽乡村发展融合,以寻求更多的突破。景区要把天涯的范畴从景区延伸到周边社区,并通过"大天涯"概念带动其他景区、社区以及相关产业的发展,为三亚的全域旅游发展开创新局面,让天涯海角成为点亮三亚建设世界级滨海旅游城市的文化IP。由此延伸出三亚旅游行业管理者面临的一个问题:随着"大天涯"的普及,全域旅游全面推开,如何履行好国有旅游企业尤其是景区的社会责任?

目前当地政府主要明确了如下做法:一是共建。景区有界,而游客的眼睛无界。所有的景区都不能将建设限定在围墙以内,要真正将景区的文化延伸出去需要胸怀。将周围居民的人、住所、语言、饮食等作为与景区文化互相融合的契合点,使景区内特色和多元化并存,形成社会效益和经济效益互动的良性发展态势;二是共治。我是景,景富我。引导居民自身作为景区风景的一部分,做好服务工作,通过风景建设、文明示范,不断推动周围村居的文明建设和社会治理;三是共享。"天岭模式"也可以衍生,比如将周围农房作为景区的住宿点,打造景区特色。在合作分成的同时,还可以让居民在自己家里上班当服务员。

虽然天岭公司还存在基础设施不足、人工成本较高、公司股权认定等问题,但"天岭模式"取得的社会成效是显著的,具体说来表现在以下三个方面。一是政府满意。市委、市政府深入开展"海上游天涯"整治工作并成立天岭公司,消除了非法"海上游天涯"所带来的安全隐患和对三亚旅游造成的不良影响,避免了国有资产流失,规范了天涯海角游览区海上经营秩序,加强了行业监管,提升了海上旅游服务水平。该整治活动是树立该市良好旅游形象的一项重大举措,整治是一项利民、惠民的民生工程,产生了较好的经济效益和社会效益,有效促进了三亚海洋旅游产业的发展。

二是景区顺意。通过整治,天涯海角游览区内外非法从事"海上游天涯"的经营活动已经基本得到遏制,景区的经营和旅游秩序井然。天岭公司投资购买了24艘合法正规的游艇,所有船员均持证上岗,依法规范经营,海上旅游安全隐患全面消除。员工服务热情周到,海上观光项目受到了体验游客的一致认同,游客满意度大幅提升,景区入园人数与营业收入也随之上升。据统计,2014年8月至2015年8月,天涯海角游览区入园人数同比增加612 019人,增长16.59%;营业收入同比增加4 366.48万元,增长13.04%。

三是居民乐意。居民首先得到的好处就是就业有保障。2014年,天岭公司从马岭社区招聘了115人进入公司工作。2015年8月,经天涯区政府、马岭社区居委会公示,经天岭公司面试、政审、培训合格后的121名马岭居民首先上岗。天岭公司成立后,又陆续安排了一些工作岗位,总计安排了243名马岭居民就业,解决了居民生计问题,居民从闲散从业人员转变为国有合作企业正式职工,家庭经济收入和投资回报得到了保障,还可享受多项福利待遇,生活水平得到进一步提高。同时,居民能够获得更多的福利待遇。天岭公司不仅每年为社区贫困户、孤寡户、残疾人送上春节的祝福和慰问品等,让社区居民感受到公司和社会的温暖,而且积极配合天涯海角公司实施惠民政策,连续4年通过"百分关爱·天涯海角公益基金"为马岭社区大学生发放助学金共计602万元,连续4年累计支出92.25万元为2 200多名马岭居民缴纳社会保险。天涯海角公司和天岭公司还积极开展景区门票免费,送戏下乡、举办"天岭杯"排球、足球邀请赛等文体活动,丰富了社区居民文体生活。通过多方面给予马岭社区居民物质与精神上的帮助,组织丰富多彩的社区活动构建和谐社区,使整个马岭社区的经济水平、文化生活大为改善。

思考题

1. 政府为什么要整治天涯海角的旅游顽疾?

2. 政府公共价值与村庄公共价值间的张力有哪些表现?

3. 政府运用哪些手段整合公共价值? 如何避免政府与村民之间的对抗?

4. 政府如何持续实现多方利益主体的诉求平衡?

5. 天涯海角旅游景区的整治案例对你有哪些启示?

6. 通过本案例,你对公共价值体系产生了哪些理解?

二、案例使用说明书

（一）课前准备

在上课前，若条件允许，可印发纸质版案例（或分享电子版案例资料）。在多媒体教室，最好是桌椅可以移动的教室授课，方便学生分组讨论。针对 MPA 学生上课时间集中但学生精力难以集中的特点，在发放纸质版案例的同时展示配套 PPT 图片或播放相关视频（网上有视频片段），以更直观、更有冲击力的方式在课堂上充分展示案例。因此应在课前将相关图片制作成 PPT 并筛选与该案例相关的代表性视频，按照教学计划提示本案例的具体使用时间，以引起学生关注。

（二）适用对象

本案例适用于公共管理、政治学专业的本科生、学术型硕士生和专业硕士 MPA 学生，另外在干部进修或培训的教学中同样可以使用。

该案例适用于《公共管理学》《城市治理》《政治学》及《中国政府与政治》等课程的教学。

三、案例目标定位

（一）本案例的核心教学目标

（1）理解和掌握公共价值中"公共"的边界；

（2）理解和掌握局部价值与整体公共价值；

（3）理解和掌握短期价值追求与长效价值追求；

（4）理解和掌握公共价值凝聚的复杂性；

（5）理解和掌握政府创造公共价值的特点。

（二）掌握的知识点

（1）公共价值凝聚；

(2) 公共价值实现路径；

(3) 公共价值主体间关系；

(4) 公共价值主体间利益平衡。

(三) 思维养成和观念转变

(1) 公共价值中的公共边界具有复杂性；

(2) 公共价值认同过程具有曲折性；

(3) 突破性实现公共价值需要制度创新；

(4) 在公共价值实现过程中需要做好多元主体的利益平衡工作；

(5) 复杂公共价值在实现过程中需要坚守行政底线。

(四) 能力提升

(1) 提升复杂治理的能力；

(2) 提升从中国实践探索中国经验的能力；

(3) 提升因地制宜实现公共价值的能力；

(4) 提升构建共建共治共享的基层社会治理体系的能力。

四、教学内容及要点分析

(一) 案例导入性问题

(1) 政府创造公共价值为什么要科学定位其内涵？

(2) 政府如何规范公共价值内涵以避免价值诉求冲突？

(3) 政府对公共价值的定位如何影响行政成本？

(4) 政府如何通过路径创新实现公共价值？

(二) 案例讨论要点

在该案例中，地方政府开发当地特色旅游资源用以发展区域经济，旅游景区附近村民却试图非法经营以牟利，破坏了整个旅游发展秩序。在这样的背景下，政府依法采取各种措施进行整治，但却遭遇村民和"不法商贩"的强烈反对，甚至激起了群体性事件。政府则综合采取多种治理措施，最终使治理行动取得成功。随后,政府通过与居民、企业等主体以协商、合作的方式制定了更具包容性的新制度和新秩序,化解了这一难题。

最大限度地创造社会价值正是社会治理的逻辑起点与归宿。所谓公共价值,是公民对政府期望的集合。这一词最早由马克·穆尔在其著作《创造公共价值:政府战略管理》中提出。公共价值作为一种框架,将"政府认为重要和需要资源的公共服务供给"与"公众认为重要的需求"连接起来。"海上游天涯"的整治过程实质上是政府实现和创造公共价值的过程,其整治核心和焦点问题是政府如何在实现公共价值的过程中,与景区、村民等利益主体协商、谈判利益分配方式,最终实现互利共赢的问题。

在《创造公共价值:政府战略管理》一书中,为了帮助管理者更好地实现和创造公共价值,穆尔为公共部门管理者构建了一个战略管理框架,即战略三角模型。战略三角模型主要包括价值、合法性和支持、运作能力三个维度。其中,价值指向引导组织的价值目标,强调价值目标对公共领域的重要性以及对公民期望的表达;合法性和支持指向公共价值实现的合法性来源,强调政治支持和其他利益相关者的认同;运作能力指向达成价值目标的能力,强调资源可得性和管理运作能力对于价值目标实现的重要性①。本案例尝试运用穆尔的战略三角模型对政府在整治"海上游天涯"非法经营项目

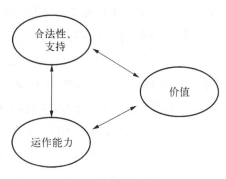

图1　战略三角模型

中的行动进行分析,从而探寻案例中政府为何在整治初期因遭遇村民反对而导致谈判失败,又通过哪些努力在后期整治中获得成功的。

1. "海上游天涯"的整治行动分析

战略三角模型要求公共部门管理者要明确自身的价值使命与目标,在达成目标的途径中,需要寻求组织上部政治力量的支持以及外部环境的协助,同时也应该关注组织的下部以及内部,确保组织有足够的能力来达成组织的使命②,三个维度缺一不可。政府对"海上游天涯"的整治过程,主要分为前后两

①　王学军,张弘.公共价值的研究路径与前沿问题[J].公共管理学报,2013,10(2):126-136,144.
②　王锐.马克·穆尔公共价值理论思想研究[D].吉林大学,2019.

个阶段。

第一阶段为 2013 年彻底收船整治前。从价值目标上说,此阶段政府的价值目标重点在于清除"海上游天涯"非法经营、维护三亚旅游形象、保障游客旅游安全。从合法性和支持上说,取缔和打击行动受到了村民、船队、非法拉客司机等利益主体的反对,未取得利益主体的支持。从运作能力上说,政府的行动方式以取缔、打击等自上而下的单一、硬性的手段为主,且部门间条块分割,相互推诿,未能形成工作合力。从整治结果来说,整治在整体上是失败的,政府的公共价值目标并未能实现——船队数量猛增,非法运营仍在持续,国家、景区、游客利益继续受损,且村民、船队与政府、景区间的关系也持续恶化。

第二阶段为 2013 年彻底收船整治后。从价值目标上说,此阶段政府的价值目标进一步整合了更多利益主体的合理诉求,将对"海上游天涯"非法经营的旅游乱象整治与游客利益、景区利益、村民利益相结合,追求各方利益的平衡,实现多方共赢。从合法性和支持上说,政府通过和景区、村民、船队等多方利益主体进行积极协商,主动调整价值目标,追求最大化的公共价值,从而获得了利益主体的支持。从运作能力上说,政府通过转变治理思路和手段,进一步提升了自身能力,实现整治方式的多样化,刚柔并济。从整治结果来说,整治获得了成功,政府顺利实现最初确定的公共价值,形成了共建共治共享的治理格局。

对比两个阶段的整治行动,不难看出,在战略三角模型下,相较于第一阶段的整治失败,第二阶段政府在公共价值确定、合法性和支持、运作能力三方面都有了较大的转变,使三个维度得以相互契合、相互满足,因此才能最终实现公共价值目标。进一步地,从对案例的深入剖析,可以看到政府是如何通过具体的行动去实现和满足这三个维度的。

表 1　基于战略三角模型的"海上游天涯"前后整治阶段分析

	价　值	合法性、支持	运　作　能　力	结　果
收船整治前	对"海上游天涯"非法经营进行整治,维护游客利益、景区利益,未考虑村民这一主体的利益	未充分采用沟通、协商等措施来获得村民的支持	1. 采用强制取缔、打击等自上而下的、缺乏沟通互动的单一、硬性手段进行整治 2. 各部门间条块分割,相互推诿,取缔决心不强;部门间各自整治各自条线,未能形成合力	1. 整治失败 2. 船队数量和治理难度猛增

续　表

	价　值	合法性、支持	运 作 能 力	结　果
收船整治后	从单一的价值目标向多元的价值目标平衡转变,实现公共价值最大化: 将对"海上游天涯"非法经营的旅游乱象整治与游客利益、景区利益、村民利益相结合,追求各方利益的平衡,实现多方共赢	通过多种方式获得行动合法性和村民、景区支持: 1. 制定相关文件,作为联合行动协调依据 2. 通过协商、对话、主动让利的方式获取村民支持	构建共建共治共享的治理格局: 1. 通过组建公司,完善公司架构,保证正常运营和长期发展;与旅行社合作,保证景区客源和营收 2. 通过村民入股、主动让利、加强社会保障、打造民宿等方式帮助村民解决生计、就业等刚需 3. 政府创新机制,成立领导小组,明确各部门职责,形成合力	1. 村民有稳定的收入和就业保障 2. 景区消除安全隐患,营收上升 3. 政府成功收船,树立良好城市旅游形象 4. 形成共建共治共享的格局

（1）构建和创造合理的公共价值。

随着民主政治的建设发展,公民的民主意识和参与意识增强,对公共部门回应公众需求的呼声高涨[①]。在创造公共价值的过程中,参与者的不同利益诉求构成了管理者决策的基本要素[②]。"海上游天涯"非法运营的成功整治,离不开合理的公共价值的创造和构建。公共价值的确立是政府行动的关键和根本出发点,要想实现公共价值的最大化,必须构建一个基于各价值主体认可的、实现最广大公众的需求和公众的长远需求的公共价值。为了实现这一目标,政府在明确价值主体、准确界定合理价值需求、整合与平衡各价值主体间的利益三方面采取了行动。

一是明确价值主体及其利益诉求。穆尔在其《创造公共价值:政府战略管理》一书中指出,如果公共管理者希望长期创造价值,那么指导一个组织活动的政策需反映公民及其代表的正当利益和要求[③]。因此,管理者不得不考虑公众、客户群体、受益人及其他利益相关者的感受,不得不思考决策本身是

①　马克·穆尔.创造公共价值:政府战略管理[M].北京:商务印书馆,2016:20.
②　王锐.马克·穆尔公共价值理论思想研究[D].吉林大学,2019.
③　马克·穆尔.创造公共价值:政府战略管理[M].北京:商务印书馆,2016:76.

否体现了公民真实的愿望与需求①。在本案例对"海上游天涯"非法经营的整治行动中,涉及的价值主体主要包括政府、景区、马岭村村民、船队、非法拉客的司机和导游等。这些价值主体有着各自不同的利益诉求。

中国公共治理实践案例：实现公共价值

表 2　"海上游天涯"整治行动中涉及的价值主体及其利益诉求

价 值 主 体	利 益 诉 求
政府	1. 取缔非法经营,收船、维护游客生命财产安全 2. 树立三亚市良好的旅游形象
景区	1. 避免因非法船队经营而导致巨额门票损失 2. 规范景区秩序
马岭村村民、船队	1. 需要稳定的收入来维持生活 2. 不愿放弃经营非法船队带来的高额利益
非法拉客的司机和导游	不愿放弃非法拉客带来的收入

二是准确界定合理的价值需求。一方面,从案例中可以看到,各价值主体的诉求并非都是合理的利益诉求。如村民、船队、非法拉客的司机与导游想要继续违法行为,维护其既得利益,这就不是一个合理且合法的利益诉求。而村民和船队需要稳定的收入来维持生活保障,显然是合理且合法的诉求。另一方面,部分利益诉求并非是真实的民意。正如雅各布斯所指出的,相对少数的人能够对公共信念、公共政策和政府选择施加不均衡的影响②,这使得强大的利益集团主导了公共价值的确立,真正的公共价值目标无法实现。在此案例中,船老大作为所有船员和村民的代表与政府进行谈判,其主张利益时会更倾向于维护自己既得的、短期的经济利益,而村民真实的利益诉求无法得到表达、长远利益得不到实现。对此,在行动中政府并没有被"民意"裹挟,完全听任并采纳各价值主体所提出的所有需求,而是对这些价值需求进行筛选、界定出合理的价值需求。

三是整合各价值主体间的利益,构建公共价值。贝宁顿和穆尔在《公共价值：理论与实践》一书中指出,可以从"公民重视什么""为什么为公共领域增

① 马亭亭,唐兴霖. 公共价值管理：西方公共行政学理论的新发展[J]. 行政论坛,2014,21(6)：100 - 106.

② Lawrence R J. The Contested Politics of Public Value[J]. Public Administration Review, 2014, 74(4)：480 - 494.

加了价值"这两个层面去理解公共价值。但是"公民重视什么"代表公民个体的意愿与需求,源于私人的价值偏好和价值选择,代表了"私人"。"什么为公共领域增加了价值"代表公众需要的结果,着眼于更广泛的、长期的公共利益,代表了"公共"①。在前文的分析中,可以得知本案例中涉及的利益主体较为复杂,其各自的诉求有相互一致的地方,也有各不相同甚至相互矛盾之处,如何整合与平衡各价值主体间的利益是构建和创造公共价值的重要议题。穆尔认为,想要构建令人信服的公共价值,必须将"私人"和"公共"两个维度进行结合,通过正式的决策程序将不同的利益和价值观念进行整合来探寻特定问题的最佳解决方案。在此案例整治的过程中,政府组织召开了多次与船队、景区的谈判和协调会议,通过对话、协商、互动的方式来构建各价值主体都认可的公共价值(见图 2)。在谈判中,为了最大限度地满足村民和船队的价值目标,景区主动向村民让利,政府动用财政资金为村民增加社会保障,同时坚守收船底线,达成了各方价值利益的整合,最终构建了停止非法经营、规范旅游,保障村民生计和保障景区必要收入的公共价值。

(2) 获得合法性和支持。

一是通过发文、组建领导小组的方式强化各部门对整治行动的支持。在天涯海角的前期整治行动中,相关职能部门各自管理自己的事务,形成了条块分割的局面,导致各部门在整治行动中互相推诿拖延。具体来说,天涯海角作为一个景区,属于旅游部门管理;作为一个国企,由国资委管理;公交车、出租车与"船主"勾结欺诈游客并从中分成的问题由公安和交通部门管理;无证船舶在海上航行的安全问题由海洋和海事部门管理;利用船舶拉客"非法运营"问题由交通部门管理;海上游天涯项目存在的安全隐患由安监部门管理;引起的旅游投诉由旅游部门管理;村民的生计问题和管理过程中企业和村民因为利益问题造成的不稳定因素属于镇政府要综合考虑的事项。而在收船整治行动前,政府颁布了相应的文件,对整治行动中各部门的职能有了明确的分工,同时明确了整治行动的目标。因此,各部门在收船行动中互相配合,师出有名,形成了合力。

二是通过多种途径获得村民和船队对整治行动的支持。穆尔指出,利益团体是否支持公共部门管理者,关键在于两者目标的一致程度②。社会冲突

---

① Benington J, Moore M H. Public value: theory and practice[M]. Palgrave Macmillan, 2011: 42-43.

② 马克·穆尔. 创造公共价值:政府战略管理[M]. 商务印书馆,2016:166.

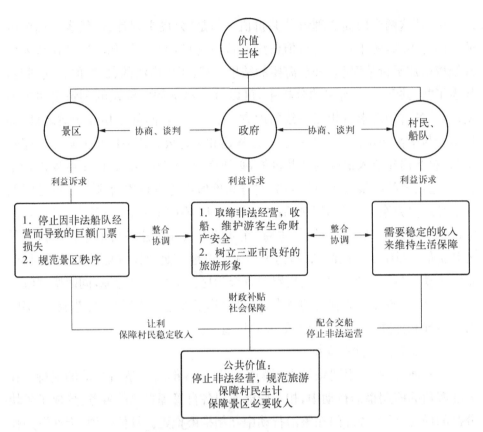

图 2　整合多方利益、构建公共价值

的目的是为了获得利益。利益冲突是人类社会一切冲突的根源,也是所有社会冲突的实质,一些利益主体感受到自己实际获得的利益与期望应得利益差距较大时,便会与其他利益主体产生矛盾、冲突。这在本案例中得到了充分的体现,在对"海上游天涯"的初期整治中,政府屡屡遭到村民的激烈反对,其根本原因是村民为了维护自身利益而采取集体行动。对此,政府通过多种途径来获取村民的支持。一方面是根据利益诉求整合公共价值目标。这与前文提到的政府调整和整合村民和政府双方"私"与"公"的利益,构建了能够满足双方利益的公共价值不谋而合。另一方面,赵景华等指出,要充分利用支持者的资源和影响力为组织战略服务、应加强与中立者的沟通,争取他们的理解和支持、针对反对者制定实施恰当的应对策略,避免或减轻其对组织战略的不利影响[①]。本案例中,政府抓住了船队老板、村委会干部等支持者,通过走访调查、

---

① 赵景华,李代民. 政府战略管理三角模型评析与创新[J]. 中国行政管理,2009(6):47-49.

宣传教育的方式,使船员和村民了解政府收船整治的决心,同时宣传收船后合资入股、福利保障等与村民生活切身相关的政策,使其免除对收船后生计的后顾之忧,从而支持政府的整治行动。针对带头闹事的村民,也采用了法律和行政的手段使其配合。

(3) 提升运作能力。

党的十九大提出要"加强社会治理制度建设,完善党委领导、政府负责、社会协同、公众参与、法治保障的社会治理体制",党的十九届四中全会通过《中共中央关于坚持和完善中国特色社会主义制度、推进国家治理体系和治理能力现代化若干重大问题的决定》(以下简称《决定》),提出了"坚持和完善共建共治共享的社会治理制度",强调新阶段加强和创新社会治理的时代需要。确定价值目标后的实现程度如何,依赖于政府运行条件和能力的高低[1]。"海上游天涯"整治行动由失败走向成功的过程,也是政府治理能力逐步提升,由自上而下的管理向合作治理转变,从而得以适应和实现公共价值的过程。

一是贯彻了"以人为本"的治理理念。当前我国社会正处于转型关键期,原有利益格局已经被打破,新的利益格局尚未建立,很多群体对社会治理都从自身角度提出了利益诉求,要求社会治理充分考虑并予以满足[2],这就对社会治理中的"以人为本"提出了更高的要求。以人为本强调执政者要以民众的利益和需求为前提来谋划思路和开展工作[3],强调一切工作都要为了人民,依靠人民。在"海上游天涯"收船整治行动中,政府将"以人为本"作为根本治理理念,将村民和船队的利益诉求纳入构建公共价值的考虑中,这使得政府的整治行动能够满足村民和船队的利益,获取他们对行动的支持。

二是治理重心由科层结构转向多中心的治理网络。合作治理强调多元主体的合作与参与,以更为合作、互动性更强的方式,形成相对更为持续、更为稳定的关系,通过不同主体来共享、动员和聚合分散的资源,协调利益和行动。正如德国当代行政法学家阿斯曼教授所言:"只有利害相关人共同承担责任并

---

① 陈兰杰,李婷.基于战略三角模型的开放政府数据公共价值实现机制研究[J].情报探索,2021(9):1-7.

② 薛天,孙秀芳.社会治理重在"以人为本"[J].人民论坛,2017(23):112-113.

③ 董松娥.浅谈社会治理中以人为本的问题[J].甘肃农业,2019(1):108-110.

共同参与，在个人自由与社会需求之间，才能有平衡的关系。"①本案例中天涯海角景区与马岭居委会签订了《海上游天涯合作合同书》，合同按照市委市政府"让利于民，合作共赢"的原则，采取了"景区＋社区＋居民"的合作运营模式，由天涯海角公司（景区）与马岭社区居委会共同合作成立三亚天岭海上旅游服务有限公司，在天涯海角游览区及周边海域经营海上娱乐项目，通过合作治理的方式，实现了三方共赢。

（4）实现公共价值最大化。

穆尔认为，公共部门的决策者在公共价值的指引下制定和实施公共政策的过程中，最具有挑战性的工作就是使上述三者有机地结合起来。通过对本案例"海上游天涯"整治行动中公共价值、合法性和支持、运作能力三点的分析，不难看出这三者彼此互相影响，想要实现公共价值最大化有赖于三者间互相契合匹配。

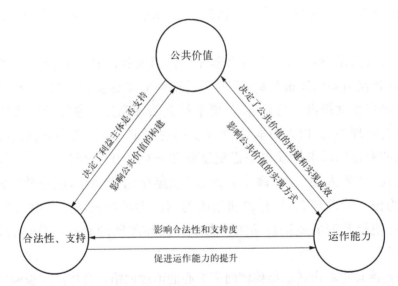

图 3　战略三角模型中三个维度的互相影响

从公共价值与合法性、支持间互相影响的维度来看，本案例中，正是由于第一阶段整治时，政府在构建公共价值时忽略了村民和船队的利益，故而遭到了船队、村民的强烈反对，因此公共价值能否被正确地构建决定了各价值利益主体能否给予行动支持。反过来看，正是由于村民、船队不支持，因此第二阶

---

① 宋华琳. 论政府规制中的合作治理[J]. 政治与法律，2016(8)：14-23.

段的整治中,为了获得支持,政府主动听取和吸纳了其价值需求,并通过整合构建了新的公共价值。

从公共价值与运作能力间相互影响的维度来看,公共价值很大程度上决定了政府通过什么样的方式去实现它。在本案例前期整治行动中,由于政府的目标重在打击非法营运船只和非法拉客,因此政府在操作时是自上而下的;而后期,由于公共价值考虑了多方利益,也需要多方参与才能够实现,因此政府由管理向合作治理转变。反过来说,政府的运作能力也决定了它能否整合各利益主体的利益需求,构建出合理的公共价值。

从合法性、支持与运作能力间相互影响的维度来看,运作能力能够对公共价值的合法性和支持产生影响。就本案例来说,前期政府采用自上而下的方式进行整治,因此无法取得船员和村民的支持;而后期政府提升了运作能力,通过合作治理取得了船员与村民的支持。反过来说,合法性和支持也能够促进政府运作能力的提升。正是由于政府未能取得村民的支持,遭到了群体性抵制,才促使其改进工作方式,去适应环境,更好地实现公共价值。

2."海上游天涯"事件折射共建共治共享的中国之道

(1)以人民为中心,满足人民对美好生活的追求。

社会治理的各参与方、利益相关方在参与事件解决进程中都存在一个站在自身立场思考问题、表达诉求的过程,政府在处理此类问题时,应由原来的解决管理问题提升为解决社会问题,从仅仅站在政府的立场变为多站在老百姓和行业发展的立场,多用共治共享的理念,少用管制强制的思维,让问题真正得到解决。让问题得到解决不仅仅是化解,而是通过创新路径,将多方诉求整合为利益共同体,实现多方共赢,让三亚的旅游以新的治理模式获得持久的生命力。

(2)坚持党的领导,发挥"领导小组"中国特色治理组织形态的优势。

在党委领导下,履职的前提是权责清晰。在传统的政府运行模式中,各职能部门之间的责任是法定的,但协同治理中的各方应承担怎样的责任呢?一是通过加大机构整合力度,探索实行职能有机统一的大部门体制,健全部门间协调配合机制,比如现在推行的自然资源部以及在基层探索的执法权统一等。二是针对大部制还无法解决的抗解性问题,成立"领导小组",充分发挥领导小组对公共资源的整合能力、对社会资源的调动能力、对事情根源的分析能力来进行解决。在解决问题的过程中,关注原来相互独立行事的多元部门在解决抗解问题上的连贯性,通过多元协作的治理网络实现部门内与部门间影响力的相互增强,通过多方利益主体的相互赋能构建治理机制。问题解决后,通过总结经验,反过来完善现有的法定职责,进而不断完善我们的治理体系,提高我们的治理能力。

(3) 法治化手段是现代社会治理格局的核心准则。

公共事务治理的最大难题是集体行动困境,因为很多时候难以将参与方搭便车行为排除在外。实际上在治理时,各方的参与是必然的选择,但是"参与"经常存在失控的局面。参与的各方权力、资源、话语等经常不对等,因而会发生各种博弈策略使"合作治理"走向误区。这里突出表现为非法既得利益群体聚集闹事。一方面,这些利益垄断者试图捆绑当地居民,鼓动居民上街游行并为其提供一定资源,但抗争的"胜利"果实大多落入这些人之手。另一方面,他们利用地方政府"怕出事"的逻辑进行非法抗争,用民意绑架地方政府的合理正当行为。在破解这一类问题时,政府当然应该站在人民的立场为他们设身处地地考虑,但同时,也应该通过法治化、制度化的手段来引导整个互动和交流的方向,从而引导问题的解决向法治化下的合作共赢发展。换言之,"共建"的基础是法治,共治的依据是法治,而共享的成果同样需要依靠法治来保障。

(4) 坚持政府负责下的合作共治路径创新。

海上游天涯项目的破解之道主要在于多中心框架下的合作治理,多主体共同参与进入与退出、利益分享、责任共担、问题协商等规则的制定,合作生产,共同有序开发公共资源,遏制个体的私利冲动破坏整个公共池塘资源和治理秩序的行为。同时,中国的特殊产权结构和政府在社会中的角色,决定了政府既可以是人民利益的代表者,同时也可以是规则的制定者,还可以是合作的发起者。因此,中国政府引导下的合作治理既能够实现多主体参与共治,也能为合作的有序进行和制度的实施背书。中国政府引导下的合作治理同样能够走出特色道路,其基本理念和方法就是构建一个共建、共治、共享的新治理格局来解决各类公共事务难题。

五、理论依据资料

(一) 战略三角模型

公共价值的概念最早出现在穆尔提出的公共部门战略三角模型中。作为哈佛大学肯尼迪政府学院公务员培训项目的核心成果,战略三角模型的主要目标是为公共部门管理者构建一个战略管理框架。战略三角模型主要包括价值、合法性和支持、运作能力三个维度。其中,价值指向引导组织的价值目标,强调价值目标对公共领域的重要性以及对公民期望的表达;合法性和支持指向公共价值实现的合法性来源,称之为"授权环境",强调政治支持和其他利益相关者的认同;运作能力指向达成价值目标的能力,强调资源可得性和管理运作能力对于价值目标实现的重要性[①]。

穆尔认为,战略三角模型的三个维度对分析公共价值问题具有重要的现实作用。公共部门在进行相关活动时,首先要认知所处的宏观、微观环境,充分审视内部、外部环境对工作带来的影响,并将自身的终极目的确定为"为社会创造公共价值"。为了实现这一最终目的,政府部门管理者要培养战略思维、拓宽战略视野、提高战略意识、强化战略管理在日常生活中的作用。通过对组织职能的精确定位、整合内外资源和组织运作方式的创新来实现组织创造公共价值效应最大化[②]。

(二) 合作治理理论

20 世纪后期以来,许多国家的社会都呈现出多元化的趋势,甚至在社会生活的任何一个层面上,都朝着多元化的方向运动。在社会治理的领域中,不仅治理方式趋于多元化,而且社会治理的主体也打破了原先政府垄断的状况,出现了治理主体的多元化。因而,一个多元因素共存的社会已经显露了出来。多元共存的社会在运行机制和社会构成方式上必然是合作制的,只有在合作的原则下,人们之间的交往行为才不是矛盾的和冲突的[③]。

张康之认为,合作治理理论从根本上排除了任何政府中心主义取向,不仅拒绝统治型的集权主义的政府中心主义取向,也不赞成旨在稀释集权的民主参与型的政府中心主义取向。合作治理理论把社会自我治理这一新兴现象放在与政府平等合作的位置上来加以考察。可以说,合作治理在行为模式上超越了政府过程的公众参与,它以平等主体的自愿行为打破了公众参与政府过程的中心主义结构[④]。

① 王学军,张弘. 公共价值的研究路径与前沿问题[J]. 公共管理学报,2013,10(2):126-136,144.
② 师攀. 战略三角模型视角下中国食品安全监管问题及优化研究[D]. 首都经济贸易大学,2019.
③ 汪锦军. 合作治理的构建:政府与社会良性互动的生成机制[J]. 政治学研究,2015(4):98-105.
④ 张康之. 论参与治理、社会自治与合作治理[J]. 行政论坛,2008(6):1-6.

与一般简单的吸纳公民参与不同,合作治理理论并不指望政府教育公民去如何做好公民,或者说,这种理论既不刻意追求通过公民权的制度安排去提高公民政治和道德的责任感,养成公民美德,也不会极力强调政府培养公民价值观、理想和信念的职责,而是着力探讨合作治理的结构和制度模式,期冀着通过这一探讨所取得的成果把全体社会成员塑造成合作社会中的自主的合作主体。

显然,政府、社会组织、市场主体、个人、社群等在特定情境下进行有效合作是破解集体行动困境、公共服务供给障碍、公地悲剧难题等的基本思路和方法,但是在实践中合作并不那么容易获得成功。国外有学者统计,超过50%的政府与社会组织的合作事项是失败的,因此怎样开展合作将变得尤为关键。

蒂伯特、詹森和奥斯特罗姆在 2010 年的著作中指出,在社会困境下,微观情景中的以下属性影响了参与者所达成的合作水平：① 参与者在场的情况下沟通是可行的。在面对面交流的时候,参与者可以使用面部表情、肢体动作以及语言上的表达去判断其他人是否可信。② 参与者的信誉度是已知的。知晓在互动之前并不认识的其他参与者的过往经历,会增加合作的可能性。③ 高边际人均回报率。当回报率高的时候,参与者可以知道自己的付出会实现更大的影响,同时其他人也更可能认清这种关系。④ 进入和退出的能力。如果参与者可以以较低代价离开,这就给予了他们脱离的机会,同时其他人也会意识到如果无法达成互惠的话,他们的合作者可能会离开。⑤ 更长的时间范围。参与者能够期待长期合作比短期合作的回报更丰厚。⑥ 商定制裁的能力。外部或强加的制裁系统可能会减损合作,但是当参与者本身同意制裁体系时,他们往往不常需要使用此制裁体系,而且净收益会大大提升[①]。

尽管合作治理体系下的具体治理者及其行为可能是任务导向的,但这种任务绝不是急功近利的任务。相反,在具体的任务中是包含着合作治理体系的总体性的。所以,它不仅需要社会治理者的能力和技术的支持,而且需要由社会治理者的服务理念和服务热情来提供保证。

---

① 埃莉诺·奥斯特罗姆."超越市场与政府：复杂经济系统的多中心治理",该文为 2009 年奥斯特诺姆在瑞典斯德哥尔摩所做的诺贝尔讲座的中译稿,摘自王亚华. 奥斯特罗姆学术探微与应用[M].清华大学出版社,2017：3 - 36.

六、主要参考文献

［1］Hardin G. The Tragedy of the Commons［J］. Science，1969，162 (5364)：1243 - 1248.

［2］池静，崔凤军. 乡村旅游地发展过程中的"公地悲剧"研究——以杭州梅家坞、龙坞茶村、山沟沟景区为例［J］. 旅游学刊，2006(7)：17 - 23.

［3］汪锦军. 合作治理的构建：政府与和设计良性互动的生成机制［J］. 政治学研究，2015(4).

［4］张康之. 论参与治理、社会自治与合作治理［J］. 行政论坛，2008(6)：1 - 6.

［5］卡尔·马克思. 马克思恩格斯全集(第一卷)［M］. 北京：人民出版社，1956.

案例六

赋权实现社区公共价值
——古北市民中心发展之路

摘　要： 相比快速发展的经济建设,滞后的社会建设导致我国在推动现代社区治理行动中面临一系列困境。上海古北居住区是因上海虹桥经济技术开发区而生的涉外配套居住区。古北居住区的居民来源多样,居民需求也不断升级和变化。在这样的背景下,古北居住区的管理者,为应对古北居住区内缺乏社区生活、缺乏公共文化活动空间、无法充分满足居民多样化需求的问题,开始了古北市民中心的建设。市民中心的建设和运行过程虽然经历了一波三折,但在曲折探索中走出一条社会主义国家国际社区"共建、共治、共享"的中国化基层治理道路,既充裕了本国居民的"延展区",又打造了外国友人的"舒适区"。古北市民中心的成长之路丰富了我国社区治理迈向治理能力现代化的基层实践,赋权社区、赋权社会组织成为实现社区公共价值的重要路径。

关键词： 赋权；古北市民中心；国际社区；基层治理

一、案例正文

(一) 古北：上海第一个国际化社区的诞生

说起上海的"古北",老上海人都会泛起一丝对奋斗年代的回忆以及对高档涉外区的神秘好感。这种好感来自上海在改革中的勇立潮头,也来自上海城市文化中对中西交融的理解力和熟悉感。

"古北"指的是上海市长宁区的一片特定的综合住宅区,因古北路贯穿南北而得名。古北住宅区毗邻上海虹桥经济技术开发区,建设初始主要为应对开发区的生活居住配套而生。作为国务院首批成立的 14 个沿海经济技术开发区,虹桥经济技术开发区的建设始于 1984 年。经过长期的发展,目前已按规划形成了以展览展示、外贸交易、领事活动为核心特征的现代服务业业态。长宁区委书记王为人在 2020 年 7 月 29 日召开的新闻发布会上介绍,0.65 平方公里的"袖珍"园区面积虽小,能级很高,商贸、会展、商业等功能突出,年地区生产总值约为 153 亿元①。在开发区注册的企业 1 200 余家,外商投资企业有 500 余家,入驻开发区的中外客商和贸易机构达 2 700 多家②,并设有日本、新加坡、韩国、澳大利亚、泰国等多国领馆。虹桥经济技术开发区的建设不仅带来了相关产业的集聚,也逐步推动了周边城市化的进程,开发区相关的生活服务配套需求随之而来。在这些需求中,又以涉外的商品房、社区开发为核心。自然而然地,《古北新区开发规划》被提上议程。该规划拟将原古北地区遍布农田村舍的土地以自筹资金、共筹资金联建参建的形式打造为以住宅、旅馆、领事馆、办公综合楼为主的涉外综合居住区。1986 年 2 月,《古北新区详细规划》编制完成,计划建成 I、II、III 三个区域,共24 个街坊,总规划用地面积 136.6 万平方米,总建筑面积 300 万平方米,I 区以高层公寓、办公综合楼、展馆为主,II 区为住宅区,III 区为领馆别墅、商品住宅综合区。

　　1995 年,古北一期工程全面建成交付使用,完整的街区形态逐步显现。古北一期的居住者以虹桥经济技术开发区相关的外籍工作人员及其家属、未拆迁地段的原有居民为主。至 1996 年古北一期全部开发完毕,古北居住区已形成了以外籍人士、上海本地居民、落户上海的外省人为主的基本人口结构。其中外籍人士又以欧美人士为主,非外籍人士以上海本地居民为主。自此,上海第一个涉外居住区初步建成。

　　2007 年、2013 年古北二期、三期工程先后完工,古北居住区接轨国际的街区建设思维得到完整实现:新区内功能配置较为完善,空间上也具备较为明确的边界要素,住宅与底层商业、商务与文化娱乐、干道与步道相得益彰。

　　截至 2020 年 5 月,经过二十多年的建设与变迁,古北地区目前已拥有 42个自然小区,吸引了全球 50 多个国家和地区的海外人士来此居住。现有居民

---

①　上海虹桥经济技术开发区年地区生产总值达 153 亿元,http://finance.eastmoney.com/a/202007291573805797.html。

②　虹桥开发区创造多个奇迹,https://www.yicai.com/news/5433975.html。

约 1.2 万户共 3.3 万余人。其中，日韩籍人士约占外籍人士整体的 50%。其他来自新加坡、印度、土耳其、英国等国的外籍人士占 20%。外籍人士多、华侨华裔多、留学归国人员多、新社会阶层人士多、租赁比例超 60%，成为古北居住区居民构成的主要特点。

（二）传统居民区工作法的古北困境

1996 年，随着古北新区一期工程的完工，首批居民的入住，成立古北地区社区基层自治组织的需要越来越迫切。同年 6 月，长宁区民政局根据上海市城区工作会议提出的"消除居委会空白点"精神，成立了荣华居民委员会及荣华居民区党支部。荣华居委会成立之初，连第一任党支部书记沈绿萍在内仅有 3 位工作人员。经过二十多年的摸索发展，荣华居委会目前已形成"一居三站"的工作格局，其下辖的三个社区工作站共 22 名工作人员，其中 35 岁以下年轻人占比近 60%。

传统社区工作强调在党和政府的领导下，依靠社区力量、利用社区资源来推进社区的建设、完善社区的功能、解决社区的问题、提升社区的生活质量。在这一目标下，以居委会为代表的基层管理者摸索出一套"走街串巷"的工作法以有效促进居民间的沟通、协调。但传统社区工作法在面对一个从未出现过的、近乎围合式的国际化社区时，却遭遇了不小的困境。

1."疏于来往"：相对隔绝的居民生活

古北一期建成以后，外籍居民主要为虹桥经济技术开发区的外籍职工及其家属，中国居民主要为古北地区原居民及少量的外省购房者。外籍居民的居住需要通常来自短期工作的需要。因而，古北居住区对外籍居民来说更像一个离工作地不远的大型旅馆。由于语言、文化、习俗上的隔阂，外籍居民与中国籍居民、外籍居民与外籍居民间的交流很少。外籍居民相关的工作签证办理、教育医疗等需要也主要依赖其公司资源或者其他第三方资源解决。传统社区中的社群化活动在这样一个特殊的现代化社区中并不多见，社区内成员的交互鲜有所见。古北居住区虽然是上海第一个涉外居住区，但社区生活方面相对长宁周边其他的传统社区还是显得十分匮乏。

2."有些门都进不去"：非典型的居民区工作环境

现任荣华居委会党支部书记盛弘坦言，古北社区工作的难点首先在于"居民区的'四重门'——小区门、楼栋门、电梯门、住家门不好进"。古北居住区中的居民来自几十个不同国家,国际化程度高,相对隐私观念、维权意识都比较强。居委会的社区工作者,想要走入居民家中进行沟通,首先是要能进小区门。古北小区的物业管理相对较为"封闭",时常是进小区保安查验或刷卡、进电梯上楼层刷卡,在第一步就将社区工作"挡"在了大门外。外籍居民的隐私观念比较强,通常并不愿意有"陌生人"进入或者接近自己的住所,相关的信息沟通、登记等工作更可能会由于误解而招致反感。居委会与居民之间的语言隔阂更是在各方面都制约着双方沟通的开展。于是,居民与居民之间、居委会与居民之间由于文化背景不同、语言不通,导致了沟通成本上升甚至矛盾冲突发生。此外,居民文化背景不同也会导致居民对居住服务的需求各异,如:中国居民可能有在晨练时播放音乐的需要,而外籍居民有夜间活动的习惯;英国居民有外国人工作证本地办理的需要,而归国华裔人才有幼儿看护的需求。各异的居住需求增加了古北居住区社区管理的客观复杂性,使得古北的社区工作推进相比其他传统社区要更加难以开展。

传统社区工作法同样会遭遇人力资源结构不合理的问题。传统社区通常以行政主导型社区居多,社区治理主体较单一,一般以社区居委会为主。这就导致了社区治理对行政力量的依赖度较高,居委会承担了大量的社区管理事务。荣华居委会早期也通过社区工作人员的耐心、勤勉,为古北地区来自几十个国家的居民调解矛盾、维护权益、提供各类服务。但随着居民人数的增多、居民背景的复杂化、居民需求的多样化,能用外语沟通、会事务办理、知各国文化的人才需求给居委会出了难题。在"两级政府、三级管理、四级网络"的基层治理实践中,居委会实际承担的工作不仅来自对接的居住区,也来自相应街道、区委的条线部门。以荣华居委会为例,22 位工作人员,平均每位工作人员就要对接古北新区近 1 500 位居民,受到工作量与工作内容的双重压力。

3."没有地方去":缺失的公共文化活动空间

早在古北居住区规划时,开发商曾提出两种公共空间的规划提案,其一是通过拿出商品房中的部分面积作为公建配套的公共活动空间,另一种是通过给政府上交相应费用作为公共活动空间租赁费来满足居民的公共活动空间需求。在当时的历史背景下,考虑到人口的迁入和公共活动的需求都是逐步增长的,当时的古北选择了第二种方案。选择第二种方案之后,短时间之内,由于人口总数有限、社区生活氛围尚未形成,少部分对公共文化活动有需求的古北居住区居民只能去周边的相关文化单位。随着人口的逐步迁入,古北居住区如今已有1.1万户居民,整个古北居住区公共文化活动空间缺失的问题就显得突出起来。

古北居住区本就没有大型公园、大型绿地、大型体育场、大型剧场,除了商业消费场所,居民在闲暇时刻并无太多公共活动场所可去。场地的缺乏加剧了社区活动的匮乏程度,居民与居民之间更加缺少交流,老人与孩子面临除了商场、商店就无处可外出的窘境。居民对于文化活动和社区交往的急切需要,甚至会演变为居民间的冲突。

居住方面硬件一流的古北居住区,因特殊的居民构成、非典型的社区工作背景、缺失的公共文化活动空间,更像是都市中一座缺少社区生活的孤岛。

(三) 主动探索：规划古北市民中心1.0(2007—2012)

相对隔绝的社群交流、非典型的社区环境、缺失的公共文化空间以及有限的基层自治力量,制约了古北地区社区治理工作的进一步发展。如何破局,成为摆在古北居住区管理者桌上的一道题。其中,针对公共文化活动空间缺失的改革尝试成了最初的突破口。

1. "没有地方去,那就建一个"

2007年,古北新区建设促进委员会成立,居民代表与社区单位共治的序幕被拉开。委员会提出古北居住区由于建设的推进、人口的迁入,居民对文化活动空间的需求也逐渐强烈。应结合居民服务需求的提升,设立相关活动空间。同年,在荣华居委会二期地址的地下室,由居委会成立了最初的古北市民中心。

2. "现实很骨感"：角落里的古北市民中心运营惨淡

初版"古北市民中心"成立之时,更像一个设在居民区的活动室,但设有一定的居委业务受理、办理的功能。由于整体空间的限制、运维的局限性,早期古北市民中心没有突破荣华居委会原有的功能格局,也未在公共文化服务方面变成古北市民出门就能想到的"第三空间"。在宣传上的相对乏力(尤其是对外籍人士的吸引力不足),导致了初版古北市民中心在古北的知名度不高,日常管理方面也高度依赖居委会,无形中甚至增加了原本就忙碌的居委会工作人员的压力。少量能走进初代古北市民中心的居民也以中国籍居民为主,居民活动也仅偏重于舞蹈、合唱等常规居民活动,在事务办理方面实现的功能和成效并不多。古北居民区社区生活孤岛的状况并未发生改变。

(四)困境求变:升级古北市民中心 2.0(2013—2014)

1. 首战失败后走上求变之路

2012年,由于原古北市民中心的运行情况并未达到其建设期望,古北新区建设促进委员会总结其中原因,将古北市民中心改造升级方案提交给了长宁区虹桥街道。

报告提出,要将古北市民中心升级成以"管理、服务、融合"为核心运行理念,包含事务受理、生活服务、文化交流、社区共治四大功能板块的社区内综合体,从而适应古北社区居民对公共文化活动、居民服务等公共产品的需要。报告还提出,在管理机制方面,由长宁区虹桥街道负责古北市民中心的整体管理。在人事机制方面,市民中心的工作人员由荣华居委会具体负责安排和委任。在财政保障方面,长宁区财政负责古北市民中心新址的装修改造及日常运行费用。在得到长宁区有关部门肯定的批复后,新古北市民中心的建设正式开启。

2. 完成空间与功能的突破:闲置售楼处里建设新古北市民中心

新古北市民中心正式选址为富贵东道99号,原为该地址所在小区的售楼处,几经周折处于空置状态。经街道、居委会与业主进行沟通谈判后,以政府出资低价租赁该物业的形式启用,作为新古北市民中心的所在地。新址原有建筑面积1700多平方米,经申请后扩建至2500平方米。相关装修改造工程由虹桥街道牵头招投标和实施完成。正式施工自2012年年末开始,2013年年初主体装修改造工程结束并进入软装和功能入驻阶段。在改造的同时,古北市民中心以"上海虹桥古北文化交流俱乐部"为名正式注册成为虹桥街道所管辖的社会组织。

在古北市民中心的功能规划与建设方面,区别于以往的闭门建设,长宁区虹桥街道组织了古北居住区的社区居民、物业公司代表、拟入驻市民中心的社会组织代表、社区民警等共同会商古北市民中心应该怎么办。古北居民和相关人士在这次座谈中提出了很多询问和建议,比如居民方耀民就提出中心未来的定位问题。新中心到底是公益平台还是政府办事机构,还是商业机构?

引进的机构是否会涉及重复建设？引进的项目是否能满足居民需要？又比如来自土耳其的居民诺扬就提出希望中心能整合古北资源，为居住区提供更多文化活动，开设各类专业性的、文化性的讲座，增强居民的归属感。对新古北市民中心的建设来说，这次对话是社区共商共建的一次对话，也为未来古北市民中心的运营定下了基调。

同年 7 月，古北市民中心正式迁入新址并对外试运行。9 月，新古北市民中心正式对市民开放，吸引了数百位古北居民区的居民前来参加活动。

3. 诸般努力仍遭冷遇：究竟错在哪儿？

更大的公共文化活动空间、更贴近居民的地段、更好的硬件装修条件、更大力度的街道支持、更多的居民需求调研、更强的新闻宣传力度、更隆重的启动活动，新古北市民中心看上去似乎即将成功成为古北居住区最核心、最热闹的社区文化活动平台。但开张之后，随之而来的却是令所有人都始料未及的近半年的冷冷清清……

当回忆起这段经历时，时任新古北市民中心主任的成丽娴脸上仍带着不可思议的神情："政府建了这么好的一个地方、这么好的资源，但居民还是不知道。信息不对称，最终还是要靠群众，靠地推、靠基层干部的口口相传。"初期的冷冷清清让荣华居委会、虹桥街道坐不住了，只能想办法去分析原因，摸索对策。基于对古北居住区居民重视节庆文化的初步判断，古北市民中心的运行者决心从居民中的一类"关键人群"下手以打开局面，那就是社区中的小朋友们。社区中的小朋友们掌握好了，家长也就来了，而家里的老人也会跟着来照顾。于是，逢节假日，古北市民中心的工作人员，无论平日里是"主任"还是"副主任"，都沉到社区、街道开展市民中心的地推活动。比如，万圣节在黄金城道（富贵东街附近的主商业道）扮成女巫给小朋友发糖并邀请他们来古北市民中心参加活动。又比如，通过邮政给居民寄送古北市民中心的介绍和活动计划。但通常这种寄送都会被古北各高品质小区的物业保安当做广告"拦截"下来，于是古北市民中心工作人员又改为同各小区物业打好招呼，所有工作人员得以在进入小区后，通过挨家挨户地邮箱投递，将古北市民中心的介绍和活动安排信息送到居民信箱中。再比如，在原居委会的工作基础上，发动基层干部的个人社交魅力，进行口碑化宣传。另外，工作人员也尝试通过短信、微信公众号等现代化传播手段向居民广播市民中心的运营信息。在这样全方位、立体式的投递和宣传下，古北市民中心的人流量逐步增多，并通过中心的功能定位满足古北居民的办事需要、生活需要、文化需要,不仅是将居民吸引进来,并且使居民产生信任和依赖,从而形成"用户黏性"。稳定"客流量"的古北市民中心,每月约有 6 000 多的人流量,切实成为古北居民区重要的社区文化活动平台。

(五) 精益求精: 打造多功能古北市民中心 3.0(2015—2019)

古北的居民进来了,靠什么吸引住他们? 靠什么服务他们? 靠什么将这种吸引和服务内化为促进社区协调发展的助力剂? 又成了接下来摆在古北市民中心管理者面前的问题。

荣华居委会通过每一年的居民需求调查问卷发现,古北居民在政府办事和生活服务方面的需求通常都较为急迫。如,外籍人士涉及出入境管理的工作证、居住证办理、信息采集等事务;社区居民需要的司法、婚姻、幼儿托管、子女教育、医疗和社会保障服务等。此类事务和服务都涉及诸多政府管理部门和地点,且不同领域的相关政策宣传、服务申请的繁复程度各不相同。为了避免居民多方奔走,使居民能在社区方便地办理相关事务,享受相关服务,荣华居委会决定将"事务办理"方面作为切入点,引导居民走出"四扇门"、走进并了解古北市民中心;通过中心"生活服务""文化交流"的功能爱上古北市民中心;透过中心激活居民对古北居住区的认同感、归属感、责任感。

1. 提升公共服务效能,事务受理精准化

为提升事务受理版块的功能,古北市民中心设立虹桥海外人才荟(古北市民中心站),这是长宁区虹桥一站式人才服务中心在社区的延伸窗口,是首家在社区设立的由社会组织参与运行的海外人才服务平台,也是集工作、生活、融入等服务功能为一体的海外人才综合服务枢纽。

2018 年 10 月 27 日,以"荟聚国际社区、融情助力进博"为主题的虹桥海外人才荟(古北市民中心站)启动仪式在古北市民中心举行。虹桥地区高岛屋、世贸商城、上海国际舞蹈中心等 8 家涉外企业,美国商会、日本商会等 6 家涉外社团以及长宁国际学校、耀中国际学校等 7 家涉外学校的代表参加了启动仪式。

虹桥海外人才荟(古北市民中心站)构建了多领域、多层次、多渠道的海外人才生活服务联盟,内容涉及法律咨询、子女就学、安居保障、健康医疗、家政服务、学习培训、旅游咨询、走访慰问等。该站设立专属服务窗口,可以开展外国人来华工作许可受理咨询、华人华侨事务咨询、海外人才居住证办理咨询、出入境证件办理咨询、台胞服务及外事业务等。此外，古北市民中心引入了海外人才最关心的外国人来华工作许可受理业务，为境外人士提供"家门口"交材料、双语引导等贴心服务，实现了"在最熟悉的区域办理最重要的证件"。

长宁区人社局方面介绍，"虹桥（海外）人才荟"服务分中心（联系点）聚焦区内社区、园区、楼宇党建服务中心、白领中心等存量场地资源，通过引入虹桥海外人才一站式服务中心、区人才服务中心等区级服务功能打造便利性强、可达性高的综合服务平台。"虹桥人才荟"首批试点包括新华街道、江苏街道、天山街道、虹桥街道以及程家桥街道，基层根据区域人才特色在现有的楼宇、社区中叠加人才服务功能，实现资源的聚合。

虹桥街道的"人才荟"三处布点分别位于虹桥白领中心、世贸商城和古北市民中心，分别位于古北商务区、虹桥经济开发区核心地块和古北国际社区，三处地点相距不超过1公里，实现了基层人才服务窗口向社区、园区和商区"三区"的延伸。

事实上，被盘活的"存量资源"不仅有楼宇空间，还有人。在古北市民中心站点的咨询区，还专门设立了海外志愿者招募窗口。在古北居住、工作的境外人士如想参与街道、居民区的志愿服务，就能在这里进行咨询登记，然后披上上海社区志愿者们标志性的"黄马甲""绿马甲"，成为社区风景线的一员。

2. 引育社会力量共建美好生活服务站，准确响应居民需要

古北市民中心通过引进社会组织和市场化运作机制来共同构建古北市民中心的"生活服务"和"文化交流"板块。但新古北市民中心在这方面的探索并不是一帆风顺和一蹴而就的。2013年刚搬入新址的古北市民中心在中心运维方面还有一段插曲。面对一个全新的公共服务提供平台，其组织形式、组织目标、组织业务等都没有可以参照的案例。虹桥街道作为直接主管部门，也只能是与荣华居委会一起商议应该如何开展后续具体运维的问题。鉴于过往市民中心在地下室的运营经验，新古北市民中心为避免街道、居委会没有足够的力量来管理市民中心，打算采用广泛社会合作的形式开展运营，政府仅作为一个"搭台者"。

生活服务版块一直是市民中心的短板，升级后的市民中心打破原有各服务主体各自为政的格局。美好生活服务站依托专业化的社会组织，引入了上海喜雅爱心社区服务中心、夕悦老年服务中心等社会组织，为居民提供健康生

活、创意生活、便利生活、法制生活等服务项目。同时，站点还兼具社区垃圾分类积分兑换点功能，向中外居民宣传"绿色家园携手共创"的环保理念。

社会组织作为公共服务的补充提供者，相比政府组织拥有更强的市场活力，但在社会资源的整合能力上不如政府一类的纯公共部门。古北市民中心在与社会组织的合作中，也摸索出一套"行政引导搭建平台，社会组织竞聘参与，市场化运作考核"的组织经验，立足于提供社区需要的公共服务，既看重社会效益，又保障运营活力。

古北市民中心通过规划联系、组织试运行、签订合同、绩效考核等方式方法先后引入了 23 家社会组织，涵盖了中心各大板块。其中既包括"政府主导模式"的虹桥街道社区文化活动中心古北分中心、虹桥街道社区（老年）学校古北分校，开设英语、对外汉语、舞蹈、瑜伽、香道等课程；也包括"政府购买公共服务模式"的昆腔京韵俱乐部、虹桥画院以及"市场合作模式"的飞尔魔幻厨房、熙香颐享西餐等。

> 在熙香餐厅前，盛弘①介绍道："'熙香'这家人家是做为老餐服务，拿空间出来其实是优先给本身的古北居民，再来服务大家。他的老板其实是古北的居民，他自己创业了，是社会组织。而且他每天的营养配餐都有营养师配餐，所以也符合古北这边的要求。供不应求，到居委会登记，每个月他要办一个月卡，然后登记完了之后提前一天预约。第二天他会有A、B菜单，因为要考虑我们这边有少数民族不吃猪肉，然后包括有各种口味的，有些吃肉、吃鱼，所以每天菜单是A、B款。微信群里面先买卡入会了之后，然后在微信群里面有我们后台的工作人员每天登记第二天有多少份。60 岁以下 35 元，60 岁以上一餐 20 元，政府补贴 15 元。这个名字带着文化内涵，因为'熙香'是来自《西厢记》的谐音②。"

除了"引"，古北市民中心 3.0 阶段也开始重视对社会组织的"育"。虹桥街道社会组织服务中心成立于 2011 年 4 月，近几年随着古北市民中心引进、培育和孵化的社会组织数量不断增加，越来越多的社会组织参与了国际社区治理。为更好地为社会组织提供培育孵化、资源对接、风采展示等专业服务，

---

① 盛弘，荣华居委会党支部书记。
② 根据 2019 年 8 月 7 日与盛弘的实地访谈。

街道党工委直接把虹桥街道社会组织服务中心迁入古北市民中心,通过整合社区各项资源,提供供需对接平台,激发社会组织活力。

　　谈到社会组织,盛弘说道:"我们跟 23 家社会组织合作,有很多的空间是共享的,是利用社会化的运作和项目化的方式去做好居民的服务工作。"

彩虹之桥志愿服务中心是最早一批进入市民中心的机构。为加强资源使用的合理性和有效性,虹桥街道把志愿服务中心和社会组织指导中心进行整合,将两大中心与古北市民中心合署办公和运行,最大限度整合三个中心的资源,搭建集居民需求收集、服务项目发布、社区资源整合、群众团队培育、社会组织孵化为一体的枢纽平台。

　　3. 创新"融情"路径,促进多元文化交流

新古北市民中心建成以后,委托了一家社会组织负责古北市民中心在"生活服务""文化交流"两个板块的相关运营工作,并负责这两个板块的具体服务构建、其他公共组织引入等具体运维事项。但是在初期试水的过程中,市民中心管理者很快发现这种全托管模式的弊端。社会组织由于其自身管理水平的限制及其自身发展的利益需要,采用了对代引入的服务项目、文化项目征收管理费的模式。10%的管理费对社会组织来说已是不小的支出压力,从而只能将运维的成本转嫁到学费、材料费等费用上,相当于将运维的成本变相转嫁给老百姓。另外,全托管模式下,负责管理的社会组织在两大板块建设思路上与公共服务的公共性要求尚有较大差距,也导致了古北市民中心两大板块建设成果的偏离。而偏离导致的问题就是在中心工作人员全力地将居民"引进门"后,居民却发现相关的生活、文化服务并不是其想要的。负责两个板块整体运营的社会组织,实际成了古北市民中心的"二房东"。针对这种情况,中心管理者果断踩下了刹车,与"二房东"坚决停止了相关合作。市民中心的管理者很快调整策略,将这两个板块的建设及社会组织的引进主导权都收回到自己手里。用成丽娴的话说,就是"非全托管的话,自己工作人员累一点,但是总体来讲老百姓的受益比较多。"中心管理者接回这两个板块后,一方面是坚持公共需要的建设方向,另一方面是以市场化的方式引入社会组织。在引入方面,着重强调社会组织的价值取向是否符合古北居民的实际需要,是否是普及性的、

普惠性的公众需要。在社会组织运行方面，市民中心建立了一整套机制。在这套机制中，社会组织除了需要满足上述公益需要，还要接受洽谈、体验、试运行、签约、计划上报、考核等市场化运营考验。中心在社会组织运营过程中，也设立了相应的过程管理机制，定期开展社会组织运营相关会议以总结经验教训，分享成功经验，以期在古北市民中心的社会组织能形成公众受益和组织成长的良性循环。

市民中心为社会组织的活动运行设立了书画教室、音乐教室、健体房（舞蹈教室）、昆曲澎派艺术研习中心、小型用餐点等功能空间，为这些社会组织开展服务和活动创造条件。通过与社会组织的合作，从市民中心走出了许多受到古北居住区好评和欢迎的服务或活动，如，为孤寡老人送餐；开展英语、对外汉语、舞蹈、瑜伽、香道等居民喜闻乐见的课程；组织"志愿者精神无国界""洋啄木鸟寻访团""小清新垃圾分类""爱心助残""爱心帮困""慈善义卖"等公益活动；开展节庆文化，如在中国传统佳节、国外重要节日开展家庭联谊、对春联、包饺子、下汤圆、包粽子、圣诞餐、啤酒节等，增进文化间的相互理解；在志趣文化方面，通过编织、插花、书法、绘画、舞蹈、传统戏曲相关的课程、群团组织来增进居民间的友谊，提升居民的文化涵养。此外，古北市民中心还通过设立虹桥街道社区文化活动中心古北分中心，定期引入各类演出、讲座、体验、分享会、展览、电影展映等活动，丰富居民文化活动内容和类型。截至 2019 年8 月，古北市民中心已经累计开设各类文化课程 870 多项，举办活动 110 多场。

文化交流版块中的融情展厅一直是市民中心的亮点，这是中外文化交融、艺术人文展示的平台，西班牙居民的古地图展、德国居民的丝绸展以及中国居民的书法、编织、手工艺展都曾掀起热潮。

我们在昆曲澎派艺术研习中心（海外孔子学院实践基地）遇到了正在排演昆曲的赵老师与居民。盛弘告诉我们："昆曲是百戏之祖，在推广中国传统文化当中其实在基层也做了很多的工作。古北市民中心的赵津羽老师（上海昆曲澎派艺术研习中心主任）使昆曲从束之高阁的舞台文化走进了生活当中。包括他带着很多徒弟，现在很多都是创业的。其中一位弟子开创了'熙香'，一位开创了'互联网＋AI＋生活服务'，然后另外一位女弟子开创了一个叫'蟠桃仙子'的农产品。"

中心还通过开展口述虹桥、漫步虹桥、光影虹桥等系列展览活动，让更多的人了解虹桥、古北的发展，构建一个富有温度的国际社区人文空间。

例如，"融情"客厅就是由闲置区域改造的公共文化活动区。通过整合虹桥、古北地区的名人资源以及虹桥时尚创意产业联盟单位资源，用以定期举办彩虹艺术课堂和阅读虹桥等活动，促进居民间文化交流。

融情家园展示墙以世界地图为主体，标注出了古北居民的国籍，展现古北作为精品国际社区"融聚中外、海纳百川"的人文环境。融情古北天空书苑作为虹桥街道图书馆分馆，与上海市图书馆形成了通借通还模式。为了丰富"融之情"文化品牌的内涵，该中心与三联书店合作，通过打造阅读世界、阅读中国、阅读上海三个主题精品书架，打造有内涵的国际社区无人值守图书馆。截至 2019 年 8 月，古北市民中心已经累计开设各类文化课程 870 多项，举办活动 110 多场。

4. 建设对话平台与机制，营造共同家园

涉外居住区由于其居民结构的特殊性，在居民文化背景各异的情况下，社区的协商与自治、社工与社会组织都相对独立和薄弱。居民之间、居民与社区组织之间的陌生感很强，矛盾冲突的可能性并不低于传统社区。古北地区的社区治理也主要以行政主导、行政引导两种类型为主，呈现出一种强行政力量、弱社会力量的形态。

在"事务受理""生活服务""文化交流"方面实现逐步稳定后，古北市民中心已具备了"平台"的属性，显现出作为共治中心点的特征。2014 年 5 月，在充分听取各方意见后，荣华居民区党总支牵头搭建了古北市民议事厅体系。议事厅体系以荣华居委会为主体，联合了古北地区各社区社委会，形成了三级议事制度。第一层级，依托社区居民和小区议事员形成社区治理、文化文明、生活服务三类议题。议题通过征询会、听证会进行固化、确认，并通过公示保障相关利益群体的知晓权。第二层级，通过小区议事会、首问接待制、线上议事会、团队议事组等初步议事形式，将议题提交给区块议事会，其中区块议事会由水城南路区域、伊犁南路区域、古北路区域三个议事区块的议事员组成。第三层级，将超越区块的整体性议题，由区块议事会提交给市民议事厅，在荣华居委会指导和主持下，由核心议事员按照市民议事厅议事规则（参照罗伯特议事规则）进行决议，决议提交荣华居民区党总支进行批复和整体实施协调。

在三级议事的议事过程中，"议事"和"监督"均充分发动社区主体力量参与。"议事"过程中，议事员通过民主恳谈会、协调会、责任制等方式为议事增加信息丰富度、透明度，并联合社区所在单位、专业力量提供专业方面的意见。

在"监督"过程中,居民、社区内自治组织可对相关议题工作发起监督评议。

　　在市民议事厅内,盛弘介绍道:"古北市民议事厅议事流程分为三个层级,核心议事员有9人,其中4人为外籍人士。共42个小区,分为3个区块,水城南路区域、伊犁南路区域和古北路区域。服务的人群辐射度很广,第二个层级就是在区块里面,水城南路区域中市川智美是日本人。有一些是党员,有一些是非党员,也有民主党派,兼容各个群体。第三个层级里每个小区都有一个议事员。两个自下而上的机制一体形成,包括工作评价那一块,这个只是我们在党总支的领导下整个市民议事厅的一个议事环节。在'提'的方面属于需求导向,在'议'的方面属于多元主体共同参与。所以也有社区单位包括专业力量,其中也有高校,如市委党校,复旦研究院等等,都是跟我们日常合作的。"

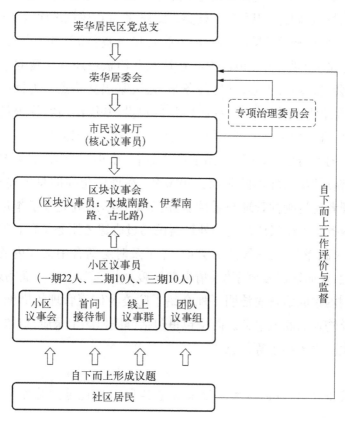

图1　古北市民议事厅议事流程图

在议事员的推选过程中，荣华居民区党总支也充分考虑到涉外居住区的实际情况：一方面，外籍居民在古北居住区的居民中超过半数，是社区生活的重要参与主体，对社区自治的过程和结果均有客观实在的参与需要。另一方面，外籍居民在中国虽享有基本人权，但无参政权，故外籍居民参与居委会选举，入选成为社区自治的新力量尚有法律上的巨大争议。通过古北议事厅，吸纳外籍居民作为议事员，既可以调动外籍居民参与社区生活的积极性，又可以为外籍居民提供协商民主的平台。相关议题的决议方案、公约通过居委会进行评估和实施协调，合理规避了外籍居民参与居委会的法律困境，同时又充分考虑到社区治理的实际需要。

古北市民议事厅设立以后，大幅度增强了古北居住区内多元共治的活力，先后完成了"文明养宠并加入居民公约""银珠路—玛瑙路双向行车安全改造""广场舞扰民""社区物业费涨价""不同社区共同区域的停车协调""开设市民微展厅""富贵东道垃圾偷倒问题""街坊道路停车管理问题""广播信息发射台占地使用问题""推进小区垃圾分类工作"等重大议题的协商，形成了一定的共治实践经验，增强了古北居民的社区认同感、归属感、责任感。此外，古北市民议事厅因其直接调研和传达居民对立法的相关意见，成为上海市首批10家基层立法联系点之一。

除了古北议事厅，古北市民中心在社区共治板块还逐步建立了志愿者服务中心、社会组织培育中心、党群服务站、人大基层立法点。为社区内的志愿者服务、社会组织力量的培育、社区内党群建设、基层法治实施提供了一个综合性的平台，进一步丰富了古北居住区社区自治的实践路径。

多元化的参与形式，甚至帮助了这个有着"小小联合国"别称的混居社区顺利度过"新冠"疫情肆虐的时期。2020年，在疫情防控的总体要求下，古北新区的管理者通过刚性管理与柔性服务保障并重，顺利完成了本地区各类人员的防控服务。不少汉语流利的外籍居民通过志愿者服务平台自愿担当疫情防控的"临时翻译"。在居民服务方面，除了及时更新含中文在内的多国语言防疫宣传栏，还向居民发放了"融情卡""防疫融情包"，卡片一面写着中文，另一面用不同国家的语言简洁明了地介绍了防疫及健康管理的措施，并附上属地居委会及物业的联系电话。防疫包里包括健康监测记录册、口罩、消毒片和疫情期间生活服务贴士等信息。

疫情期间，我们再次电话采访盛弘①时，她说道："对外籍居民而言，

---

① 2020年7月2日，与荣华居委会党支部书记盛弘的电话访谈。

相比挨家挨户上门做工作，把写着自己母语的'融情卡'带回家贴在冰箱上，让一家人传阅，更符合外籍人士的生活习惯。'融情卡'在疫情防控工作中屡获居民点赞①。"

2016年7月，由于古北社区在基层协商民主方面有所作为，全国人大常委会法工委宣布上海市长宁区虹桥街道古北市民中心成为全国人大基层立法联系点，这也使古北市民中心成为在立法层面传达社情民意的窗口之一。

谈到市民普法教育，盛弘讲到基层立法点："这里我们还设立了一个立法角，居民经常会来这边交流想法，不少中院的法官以及律师也会一同参与进来。上次这边人大常委会副委员长来的时候，也觉得基层立法民主非常重要，包括跟我们强调结合涉外情况制作法律一本通，包括中英日韩四种语言版本，每年需要更新。"

为保障立法试点工作的开展，虹桥街道搭建了以信息员为主体，以顾问单位和专业人才库为两翼的"一体两翼"的组织构架。具体而言，"一体"，即将街道所属的16个居民区全部纳入信息采集点，由居民区党总支书记作为联络员，并在各居民区推荐90名信息员。同时，在社区范围内选择50家成员单位，各确立1名联络员及2名信息员。"两翼"，则由区人大、区司法局、市第一中级人民法院等八家顾问单位以及由高校专家组成的专业人才库构成。

一年来，街道基层立法联系点已完成《反家庭暴力法（草案）》《慈善法（草案）》等4批次7部法律的意见征询工作，归纳整理各类意见建议100余条。经比对，其中多条修改意见，如《反家庭暴力法》中"保护令的申请主体扩大到基层组织""关注对老年人群体相应权益保护"等建议都已被采纳。自古北市民中心基层立法点设立以来，共有1800多人次先后参与立法意见征询。

随着基层立法联系点的设立，"议事员"不但要议事，还要议法。他们不但

---

① 文汇报.虹桥街道："小小联合国"织牢全程闭环 http://www. whb. cn/zhuzhan/cs/20200317/333747. html.

要为自己的小区"发声"，还要为整个城市的法治建设"发声"①。

（六）结束语

上海是中国最大的经济中心城市，长期以来作为中国人口资源等生产要素集聚配置的焦点地区，在中国经济社会发展过程中发挥着举足轻重的作用。上海的外籍人口总数呈现出逐年快速增长的趋势，并且伴随着上海"两个中心"的建设，外籍人口以及国际社区的持续增加成为必然趋势，这势必会对外籍人口的管理以及国际社区的建设提出更高的要求。

古北居住区作为因改革发展而生的现代化国际社区，是我国城市高速发展的一个掠影。它的居民来源趋于复杂，它的街区文化并不稳固，它的各类资源同样有限，它的居民需求不断升级和变化。随着改革的深入，经济的发展以及对外交往的扩大，我国城市居民区的原有居民结构还将进一步改变。在这样的背景下，古北居住区的管理者在建立和运行古北市民中心的曲折探索中坚持"民有所呼，我有所应"，坚持将中国化社区治理融入国际社区，坚持推进事务办理便民化，坚持生活文化服务精细化，坚持丰富和发展社区共治这一基层民主形式，是我国的城市管理者结合社区实际走共建、共治、共享道路的典型案例，丰富了在国家治理体系创新和治理能力现代化建设方面的基层实践。

思考题

1. 古北作为国际社区，其治理取得的成效对于基层治理而言有哪些意义？
2. 政府建设社会与社会建设社会存在哪些差异？
3. 政府赋权社会需要哪些条件？
4. 政府有序赋权社会的路径有哪些？
5. 在社区公共价值实现中，政府与社会的权力/权利与责任各有哪些？

---

① 中国人大网.上海人大充分发挥基层立法联系点的桥梁作用，推进科学立法、民主立法基层立法联系点发挥大作用 http://www. npc. gov. cn/npc/c30834/201910/e642f18debae43fa962743 ecf1f97a08. shtml.

二、案例使用说明书

（一）课前准备

在上课前，若条件允许，可印发纸质版案例（或分享电子版案例资料）。在多媒体教室，最好是桌椅可以移动的教室授课，方便学生分组讨论。针对MPA学生上课时间集中但学生精力难以集中的特点，在发放纸质版案例的同时展示配套PPT图片或播放相关视频（网上有视频片段），以更直观、更有冲击力的方式在课堂上充分展示案例。因此应在课前将相关图片制作成PPT并筛选与该案例相关的代表性视频，按照教学计划提示本案例的具体使用时间，以引起学生关注。

（二）适用对象

本案例适用于公共管理、政治学专业的本科生、学术型硕士生和专业硕士MPA学生，另外在干部进修或培训的教学中同样可以使用。

该案例适用于《公共管理学》《城市治理》《政治学》及《中国政府与政治》等课程的教学。

三、案例目标定位

（一）本案例的核心教学目标

（1）了解政府与社会在社区治理中的互动关系；

（2）理解如何在现代社区治理结构中运用赋权理论；

（3）了解实现社区有序治理的条件；

（4）知晓社区治理多主体参与何以可能；

（5）明确社区多主体参与治理的权责利划分；

（6）展望政府与社会双向重构的前景。

(二) 掌握的知识点

(1) 政府与社会的互动关系；

(2) 政府与社会的双向重构；

(3) 政府赋权社会；

(4) 社会成长机制；

(5) 建设社会与社会建设的内涵差异；

(6) 共建共治共享在国际社区的体现。

(三) 思维养成和观念转变

(1) 国际社区的治理经验可为提升其他类型的社区的治理水平提供借鉴；

(2) 政府须开启社会成长的有序模式；

(3) 政府与社会的关系始终处于动态平衡；

(4) 政府治理现代化既要因地制宜又要持续发展。

(四) 能力提升

(1) 提升凝聚复杂社区的居民的诉求的能力；

(2) 提升调动和培育社会成长的能力；

(3) 提升使用公共管理手段回应社区需求的调适能力；

(4) 提升整合社会资源实现社区公共价值的能力。

四、教学内容与要点分析

(一) 案例导入性问题

(1) 如何理解政府与社会的关系？

(2) 政府建设社会的优势与局限各有哪些？

(3) 政府赋权社会需要满足哪些条件？

(4) 社会的自组织能力与局限有哪些？

(5) 政府与社会良性互动的机制有哪些？

（6）请描述强政府，强社会的图景。

（二）案例讨论要点

政府（国家）与社会的关系是任何一个国家在现代化进程中必须面对的基本问题。由传统社会管理模式向新型社会管理模式（社会治理）的转型，既是我国民主政治发展的内在要求，也是我国现代化进路的重要环节。而供给与需求的天然矛盾，注定了政府与社会间的关系的调整是一项长期的任务[①]。

本文根据竺乾威的政府与社会互动模型，对古北社区发展变革过程进行了梳理。在政府与社会之间的动态互动和调试过程中，古北社区逐渐找到了政府与社会互动的平衡点，最终成为共治国际社区。

表1　政府与社会互动模型下古北社区的发展历程分析

	环　境	行　动　者	结　果
1.0：缺乏社会参与的政府全能主义管理	社会逐步从"单位制"向"社区制"转变。古北社区外籍居民多，居民背景复杂，内部差异巨大。社区宣传相对乏力。	"强政府—弱社会"，政府自上而下进行社区管理，居委会包办社区的管理和服务功能，与社会间互动缺失。	传统社区工作方法得不到居民理解、居委会承担巨大的管理和服务压力、社区内矛盾增多、市民中心知名度不高、传统的政府全能主义管理模式无法契合古北社区居民的需求。未能改变社区生活孤岛困境。
2.0：政府部分放权，社会参与管理	各地政府在社区管理中更加注重以居民的需求为导向。互联网在中国的迅速发展，为公共行政提供了更方便的手段。	政府全托管，将部分公共服务职能转移给社会，鼓励广泛的社会合作。政府与社会的互动仍然较少。	居民对市民中心知晓度仍然偏低。市民中心遭到冷遇。公共服务外包偏离预期。未完全实现治理目标。
3.0：政府与社会形成互动、合作的治理	治理的兴起、社会组织的迅速发展、古北社区内居民结构的转变。	"强政府—强社会"，政府作为引导者、监督者，而社会作为积极参与者。政府与社会的关系从上下关系转变为服务提供中的平等关系。政府与社会积极互动。	形成较为成熟的政社互动机制，推动共治国际社区的建立。

[①]　曹鹏飞.我国政府与社会关系转型及其趋势[J].天津社会科学,2010,174(5)：17-21.

1. 古北市民中心 1.0 时期：政府全能主义管理陷入困境

1986 年,民政部首次提出了"社区"这一概念。2000 年,国务院颁布了《关于在全国推进城市社区建设的意见》标志着社区制建设正式启动①。在此之前,中国大部分社区仍保留了单位制的一些特点。传统走街串巷的社区管理方式带有计划经济时期"单位"管理的全能性特点,居委会是基层政权的具体执行机构,是国家对社区渗透的主要方式②。虽然法律明确规定社区居民委员会是基层群众性自治性组织,但在实际运作中,居委会是上级街道办事处的"下级",承担着大量行政事务,使得居委会的管理功能强于服务功能,行政属性强于社会属性。另一方面,随着基层流动人口的增加,基层"熟人社会"淡化演变为"半熟人社会"甚至"陌生人社会",对基层社会传统的管理方式提出了挑战③。

在古北社区建成之初,居委会试图用行政力量解决社区内的各类需求,最为突出的特征表现为居委会包揽了社区管理和服务在内的所有工作。在这样一种政府全能主义管理模式下,政府与社会的关系集中体现为政府中心主义,这是一种政府为公众生产和提供信息的单向关系。政府是社会管理的主体,主导社区事务的决策并负责具体政策的实施,社会只是政府管理的对象和客体。政府与社会间彼此隔离,几乎没有互动。

社区公共事务具有复杂性、分散性和多样性的特征,国家和社会任何一方都无法包揽所有的公共事务。尤其荣华社区与传统的居民区有较为明显的差异,荣华社区内外籍居民多,居民背景复杂,居民间内部差异巨大,居民的需求也较一般社区更为多样化。同时,基层政府的手伸得越大、越长,居民主动建设社区、参与社区治理的空间就越狭窄。这使得传统管理的自上而下的全能主义管理模式更加无法应对古北这个新型国际社区内的居民的各类需求。

在这样的环境和政社互动模式下,居委会遭遇了传统社区工作方法得不到居民理解、居委会承担巨大的管理和服务压力、社区内矛盾增多等一系列困境,这使基层组织开始尝试通过主动求变来化解这些困难。

---

① 孙铁坤.我国社区管理模式研究综述[J].经济师,2016,324(2)：63 - 64.
② 刘娴静.城市社区治理模式的比较及中国的选择[J].社会主义研究,2006(2)：59 - 61.
③ 杨开峰等.中国之治：国家治理体系和治理能力现代化十五讲[M].中国人民大学出版社,2020：141.

2. 古北市民中心 2.0 时期：政府大胆放权，仍遭挫折

2007 年，古北新区建设促进委员会成立。在委员会的推动下，荣华居委会成立了最初的古北市民中心。但是市民中心受到种种限制，并没有打破原来行政主导的管理模式。其日常管理主要依靠居委会，更像是基层政府的附属机构，缺乏对居民的吸引力。有鉴于古北市民中心 1.0 时期政府全能主义管理模式的失效，政府进一步尝试改变社区管理的模式。2012 年，建设新的古北市民中心提上日程，古北市民中心 2.0 时期也随之到来。

（1）政府和社会的互动环境。

从制度方面来说，自改革开放后，我国以精兵简政，转变职能为主线，以加快向服务型政府转变为目标，经历了多次改革。2012 年，党的十八大提出"改进政府提供公共服务方式，加强基层社会管理和服务体系建设，增强城乡社区服务功能，充分发挥群众参与社会管理的基础作用。"这推动各地政府在社区管理中更加注重以居民需求为导向，也为古北社区治理模式的发展与变革指明了方向。

从技术方面来说，随着当时互联网在中国的迅速发展，为公共行政提供了更为方便的途径和手段。以政务微博为例，自 2009 年首个政务微博出现以来，政务微博的数量如雨后春笋般增长。截至 2011 年 12 月 10 日，在新浪网、腾讯网、人民网、新华网四家微博网站上认证的党政机构微博就有 32 358 个。

制度（社区治理方向的明确）与技术（互联网的兴起）要素的变化使政府和社会互动的环境发生了较大的转变，而这种转变进一步影响了古北社区 2.0 的政府与社会的互动方式以及二者间的关系。古北社区吸取了 1.0 时期的管理经验和政社互动结果，根据社区之前管理过程中面临的居民公共文化服务短缺、居民间隔阂较大、居民急需的事务办理功能缺失等困境，结合政府与社会互动环境的转变，新建的古北市民中心确立了将"管理、服务、融合"作为核心运行理念，成为一个包含事务受理、生活服务、文化交流、社区共治四大功能板的社区内综合体，从而适应古北地区居民对公共文化活动、居民服务等公共产品的需要。与此同时，基层政府对于市民中心的运营，建立了一整套机制，确保市民中心在管理、人事、财政等方面得到切实保障。此外，荣华居委会不仅在规划期间邀请社区居民等相关人士进行座谈收集建议，还在具体的运营中探索并引入了社会组织对市民中心的部分功能进行管理。

（2）政府和社会的互动关系。

环境的变化带动了古北社区政府与社会互动方式和关系的转变。新的市

民中心也意味着全新的管理方式，打破政府主导的局面，引入社会力量和居民参与是社区治理改革迈入新阶段的基调。这一转变主要体现在以下几方面。

一是政府打破自上而下的管理僵局，主动与社会进行沟通。一方面，鉴于之前 1.0 时期市民中心成立后，参与市民中心活动的居民以中国籍居民为主，居民活动也仅偏重于舞蹈、合唱等常规居民活动，在事务办理方面实现的功能和成效并不多的困境。政府主动求变，主动听取了社区内相关人员在新市民中心功能规划与建设方面提出的意见和建议。为了能够更加契合居民的需求，长宁区虹桥街道组织了社区居民、物业公司、拟入驻市民中心的社会组织代表等共同商量古北市民中心应该怎么办，听取其建议，为未来古北市民中心的运营定下了基调。另一方面，政府主动对古北市民中心服务内容和宣传手段进行改进，以达到吸引居民参与的目的。在服务内容方面，社区找准居民特征，从社区内的老人和孩子入手，组织一系列活动吸引居民参与。宣传方面，除利用传统的新闻媒体宣传外，还尝试通过短信、微信公众平台等宣传手段加大宣传力度。

二是政府打破全能包办的管理模式，主动放权社会。根据过往市民中心 1.0 的运营经验，政府意识到单凭政府的力量不仅难以完成社会公共事务的高效管理，也无法满足社会日益多元化的利益诉求。在此环境下，引导社会力量参与社会管理就成为历史的必然。因此，为避免街道和居委会都没有足够的力量来管理市民中心，新的市民中心采用了广泛社会合作的形式开展运营，政府仅作为一个"搭台者"。新古北市民中心建成以后，委托了一家社会组织负责古北市民中心在"生活服务""文化交流"两个板块的相关运营工作，并负责这两个板块的具体服务构建、其他公共组织引入等具体运维事项。政府将市民中心的部分运营全权交给了社会组织，标志着政府全能管理模式的转变和政社合作关系的开始。

竺乾威指出，政府与社会行动的过程分为三个阶段，即信息、协商和积极参与。从古北社区政府与社会互动过程看，有较为明显的从信息阶段（政府为公众生产和提供信息的单向关系）向协商阶段（公众给政府提供反馈信息的双向关系）的转变的征兆。古北市民中心 1.0 时期，政府与公众几乎不存在交流互动，而是根据政府对社区需求的理解进行市民中心服务内容的规划，社区居民处于被动接受的状态。到了市民中心 2.0 时期，政府逐步重视与社区居民间的互动，根据社区居民的反馈信息对自身的服务进行更新，是一种双向的互动关系。

但是,在古北市民中心 2.0 的政社关系中,不难看出政府仍然占据主导地位,虽然政府部分赋权于给社会,但是在这段行动者之间的互动关系中,政府与社会仍然没有找到关系的平衡点。这主要体现在以下两点:一是社会缺乏主动参与互动的渠道,处于互动关系的被动方。如在市民中心规划时,是政府组织居民讨论、听取居民意见,互动是否发起取决于政府。二是政府与社会间权责未理清。如政府将部分运营权完全交给社会组织后,未能承担起其应有的指导和监督责任。这样的互动关系在古北社区的实践中,虽然取得了相较于 1.0 时期更好的成效,但是仍然未能实现真正的"共建共治共享"的社区治理目标。

(3) 2.0 时期政府与社会互动的结果。

古北市民中心总结吸取政府全能管理阶段的经验后,在新古北市民中心的建设及运营中主动打破僵局,将社会带动到政社互动的关系中,取得了一定的成果。市民中心通过功能定位满足古北居民的办事需要、生活需要、文化需要,不仅将居民吸引进来,而且使居民产生信任和依赖,从而形成"用户黏性"。稳定"客流量"的古北市民中心,每月约有 6 000 多的人流量,切实成了古北居民区重要的社区文化活动平台。

但是,古北市民中心 2.0 的政府部分托管模式仍然遇到了困境。市民中心在和社会组织合作的过程中大胆授权,将部分运营统一移交给社会组织进行管理。郑安兴指出,在实际发展过程中,各地纷纷走出了所谓"以营利性服务养公益性、福利性服务"的路子,导致营利性服务发展膨胀、公益性服务严重不足,偏离了社区服务福利性、公益性的初衷[①]。古北市民中心同样遭遇了类似的困境。在实际操作中社会组织由于其自身管理水平的限制及其自身发展的利益需要,采用了对代引入的服务项目、文化项目征收管理费的模式,最终将运维的成本变相转嫁给老百姓。另外,负责管理的公共组织在建设思路上与政府预想的公共服务的公共性要求尚有较大差距,也导致了古北市民中心两大板块建设成果的偏离。而偏离导致的问题就是在中心工作人员全力地将居民"引进门"后,居民却发现相关的生活、文化服务并不是其想要的。负责两个整体板块运营的社会组织实际成了古北市民中心的"二房东",令居民产生了质疑。显然,古北市民中心 2.0 的政府与社会的互动结果也并不理想。

---

① 郑安兴.中国城市社区治理现代化:逻辑分析与路径选择[D].吉林大学,2018.

3. 古北市民中心 3.0 时期：政社良性互动，形成治理格局

继古北市民中心 1.0、2.0 的探索后，古北市民中心不断摸索创新，形成了古北市民中心 3.0。古北市民中心 3.0 更加注重与居民和社会组织的互动，以"事务办理"为切入点，引导居民走进古北市民中心，进而了解古北市民中心。通过设立虹桥海外人才荟、引育社会组织、搭建古北市民议事厅、成立人大基层立法点等方式，激活居民对古北居住区的认同感、归属感、责任感，实现了政府治理和社会调节、居民自治良性互动，创造了多元主体参与社会治理新格局。

（1）政府和社会的互动环境。

党的十八届三中全会召开之后，古北社区的政府和社会互动环境有了明显的变化。主要体现在以下几方面。

一是"管理"向"治理"的转变。党的十八届三中全会首次提出创新社会治理体制，旨在"完善和发展中国特色社会主义制度，推进国家治理体系和治理能力的现代化"。十八届三中全会公报中多次提及"治理"的概念，"治理"逐步取代"管理"，体现了中国共产党执政理念的根本转变。从管理到治理，其内涵发生了深刻变革。一方面，领导方式由刚性转向柔性。社会管理是刚性的、静态的、被动的管控，而社会治理则是柔性的、动态的、主动的治理[①]。它绝不是实施控制，而是通过榜样、说服、鼓励或授权来实施领导[②]。另一方面，运作机制由管控转向合作。管理一般是政府自上而下行政式的管理，而治理强调政府与社会共同管理社会事务的过程，强调多元主体之间的协商与合作。总体上看，社会治理强调"赋权于民""多元主体良性互动""在公正基础上追求效率""服务型政府"。

二是社会组织的迅速发展。改革开放 40 年来，随着社会的变革，凭借政府的力量已经难以满足公众对于公共产品日益增长的需求。在此情形下，政府出台了一系列政策对社会组织的定位进行调整。2006 年，《关于构建社会主义和谐社会若干问题的重大决议》出台，明确提出"健全社会组织，增强服务社会功能。坚持培育发展和管理监督并重，完善培育扶持和依法管理社会组织的政策"。2012 年党的十八大召开后，党和政府对社会组织的定位进一步

① 陈盛兰. 中国社会治理发展历程_经验与推进路径[J]. 福州党校学报，2019，181(6)：36-40.
② 竺乾威. 理解公共行政的新维度：政府与社会的互动[J]. 中国行政管理，2020，417(3)：45-51.

明确。十八届三中全会报告中提出,要改进社会治理方式,激发社会组织活力。十八届四中全会提出"加强社会组织立法,规范和引导各类社会组织健康发展"。一系列政策说明国家在实践层面对社会组织的治理取向从"限制竞争、抑制发展"开始转向"培育和服务"①。近年来,政府购买社会组织服务力度加大,将一些民生类服务项目打包向社会组织招标购买,进一步激发了社会组织的活力。随着"三社联动"的推进,社会组织在社区治理中的作用日趋凸显,逐步形成"党委领导、政府负责、社会协同、公众参与"的社会治理格局。

三是古北社区内居民结构的转变。经过 20 多年的建设与变迁,境外居民相比社区建立之初,除原有的虹桥经济技术开发区相关的外籍工作人员及其家属外,进一步吸引了更多外籍人士居住,且日韩籍人士比例迅速增加。古北地区目前已拥有 42 个自然小区,吸引了全球 50 多个国家和地区的海外人士来此居住。现有居民约 1.2 万户共 3.3 万余人。外籍人士多、华侨华裔多、留学归国人员多、新社会阶层人士多、租赁比例超 60%,成为古北居住区居民构成的主要特点。

(2) 政府和社会的互动关系。

进入 21 世纪后,国家面对的形势和任务都发生了巨大的改变,促使国家在试错过程中寻找着最佳的治理方式。竺乾威认为,意向、工具和行动是影响互动治理过程的三个组成要素。意向是指多方行动者凝聚愿景、信念、价值观以达成共同努力的目标。工具则是指多元行动者所拥有的资源以及他们共享的规范和共建的制度②。政府与行政或公共服务相关者就共同的目标形成新的规范、政策或制度,并运用各自或互补的资源通过合作的方式来达到这些目标。

从意向的角度来看,对于居民来说,自己的行动能否带来预期的收益和产出将影响到居民的参与热情。对于社会组织来说,其自身的价值取向决定了社会组织提供公共服务的质量。从工具的角度来看,政府与社会互动治理需要一定的制度来保障。对于居民来说,在古北市民中心 2.0 的阶段,尽管政府在前期组织了座谈会,但是居民、社会组织处于被动的局面,且这种形式影响力有限,政府与社会间的互动没有常态化机制、缺乏面对面的对话平台,导致了前期古北市民中心提供的服务不契合居民需求,居民与政府互动意向降低;

---

① 丁惠平.依附、发轫与同构:当代中国社会组织发展历程[J].学习与探索,2019,291(10):30 - 37,191.

② 竺乾威.理解公共行政的新维度:政府与社会的互动[J].中国行政管理,2020,417(3):45 - 51.

对于社会组织来说,尽管政府将运营权给了它,但是却没有提供应有的指导和应有的公共资源的保障,导致了前期社会组织运营的失范。

古北市民中心进一步吸取 2.0 时期的成功经验以及初期与社会组织合作的失败教训,转变政府与社会的互动关系和社区治理模式,在新形势、新环境下建成了古北市民中心 3.0,具体转变体现在以下两方面。

一是明确政社角色定位,完善社会组织培育、监督、评价机制。竺乾威指出,政府与社会互动的过程与以往的不同之处就在于新的评价机制的产生。前期古北市民中心完全托管给社会组织的运营方式暴露了不少的问题,社会组织在缺少政府监管和指导的状态下,成了古北市民中心的"二房东",偏离了公共服务应有的目的。邓正来指出,政府要将一部分权力赋权给社会,同时又要避免在这一过程中权威的流失及社会的失范。古北社区的实践也表明社会组织在管理能力、专业化程度以及社会信任方面确实存在一些需要解决的问题①。为此,政府需要发挥引导者和监督者的角色,对于社会组织,不能只提供支持和资源而忽略监督。在古北市民中心 3.0 时期,虹桥街道结束了"全托管"模式,对引入的社会组织亲自把关,并完善了引入机制、考核机制和监督机制。在这套机制中,社会组织除了需要满足上述公益需要,还要接受洽谈、体验、试运行、签约、计划上报、考核等多种市场化运营考验。中心在社会组织运营过程中,也设置了相应的过程化管理,定期开展社会组织运营相关会议以总结经验教训,分享成功经验。透明的规则和市场化的运作方式规范了社会组织的行动,激发了社会组织的动力,居民的满意度和参与程度都有所提升,使市民中心逐渐走上了良性发展的轨道,实现了政府、居民和社会组织"多赢"的局面。

二是完善政社互动机制,建立社区自治共治平台。十八届三中全会后,社区治理实践不断发展。荣华居委会总结分析之前的经验,于 2014 年 5 月牵头搭建了古北市民议事厅体系。议事厅体系以荣华居委会为主体,联合了古北地区各社区社委会,形成了三级议事制度,通过"议事"和"监督"充分发动社区主体力量积极参与。"议事"过程中,议事员通过民主恳谈会、协调会、责任制等方式为议事增加信息丰富度、透明度,并联合社区所在单位、专业力量提供专业方面的意见。在"监督"过程中,居民、社区内自治组织可对相关议题工作发起监督评议。另外,荣华居民区还成为基层立法联系点,使古北市民中心成

---

① 张利萍. 地方治理中的协同及其机制构建[D]. 浙江大学,2013.

为在立法层面传达社情民意的窗口之一。在古北社区中,居民通过自治共治,先后完成一系列与自身利益相关的社区重大议题的协商,形成了一定的自治共治实践经验,增强了古北居民的社区认同感、归属感、责任感。这种自治共治活动还成为政社间常态化的互动治理工具,打通了社会参与的渠道。最终推动了社区治理向居民自治、多元共治发展。

古北市民中心 3.0 时期,政府与社会间的互动再次发生了较为明显的变化。区别于 2.0 时期的协商阶段,3.0 时期行动者互动的过程明显进入了积极参与阶段。在这一阶段,社会与政府建立起以合作为基础的关系。在这种关系中,公众积极地参与到政策议程当中。它承认公众在议程的建立、政策选择的拟定以及政策对话的形成中具有平等的地位。如通过人大基层立法点,完成各类草案的意见征询工作;通过古北市民议事厅,对社区内重大议题进行协商共治等。另外,在 3.0 时期,政府与社会组织互动双方的身份发生变化。政府公共服务的购买外包在今天已成为一个普遍现象。这使政府与社会组织的关系从某种程度上变成了委托人和代理人的关系。

(3) 3.0 时期政府与社会的互动结果。

经过不断地改进与修正,古北社区逐渐形成了较为成熟的政社互动机制,也取得了阶段性的社区治理成效。古北社区形成的"行政引导搭建平台,社会组织竞聘参与,市场化运作考核"的组织经验,立足于提供社区需要的公共服务,既保障了社会效益,又保障了运营活力,使古北市民中心在服务社区需要、以文化促进社区生活交流的效果大幅提升。截至 2019 年 8 月,古北市民中心已经累计开设各类文化课程 870 多项,举办活动 110 多场。依托市民议事厅和基层立法点,古北社区居民自治共治能力得到显著提升。自古北市民中心基层立法点设立以来,共有 1 800 多人次先后参与立法意见征询。

(三)经验与启示

现代国家治理的实质是要建构一种现代化的国家和社会关系格局。当前,中国社会面临着深刻的变革,只有打破政府主导的全能主义管理模式,协调好政府与社会间的关系,坚持以公共价值为导向,充分发挥各治理主体的积极作用,才能从容应对治理现代化过程中的各类挑战,实现中国之治。综观古北居住区从社区管理向社区治理转型的过程,政府与社会间的关系随着环境和互动结果在不断变化调试。本文运用竺乾威的政府与社会互动模型,剖析了古北社区成长之路中政府与社会关系转变的动因、逻辑及其演进路径,从而

中国公共治理实践案例：实现公共价值

为今后我国政府探索治理现代化提供一定借鉴。

1. 政府要赋权社会,培育一个强社会

政府与社会共享治理社会的权力是政府与社会关系发展的基本趋势[①]。赵欣认为,必须要赋予社会以充足的治理权,壮大社会力量,从而真正地与国家强强联手[②]。政府要赋权并培育一个强社会,从而使社会组织有能力承担部分由政府分化出的职能。徐长福倡导国家与社会关系构建中的社会化取向,即把先前政府包揽的部分中适于分散或要求效率的事务交由社会自行决定。从古北社区的实践中可知,政府作为一种"公共产品与服务"的供应者应该有自己清晰的职能范围,不是做得越多、揽得越多、管得越多的政府就是好政府。要明确基层政府在社区治理中的职责,改变缺位、越位、错位的状态,政府通过机构调整和职能改革转型为"服务型政府",政府转变职能表现为立足社区,重心下沉。政府部门转变职能的首要任务是将城市治理的重心和配套资源向街道社区下沉,做到工作人员配置到社区,工作任务落实到社区,服务承诺到社区,考评监督到社区,工作经费划拨到社区,加强社区治理的基石。为社会力量的发展提供必要的空间。

2. 政府与社会间必须保持必要的平衡和制约

就政府与社会的关系而言,社会获得的权力可以制约政府掌控的权力,避免政府公共权力运行的偏失,而政府保留的权力又可以规范与调控社会力量之间的关系,防止其为攫取权力而转嫁责任。如案例中,古北市民中心运营初期,政府将部分运营权交由一家社会组织进行管理,但是必要的政府引导与监督考核机制的缺失却导致了该社会组织在公共服务提供中偏离了治理的目标。因此,政府在与社会的互动中应该加强对社会组织的引导,从宏观和总体方向把握治理的方向以及目标,制定相关的法律法规和透明的政策规则等等;政府应充分发挥其治理协调和监督职能,监督各参与主体功能的发挥并确保制度执行的有效性,与社会间保持必要的平衡和制约,不能只授权而不监管。

---

① 严仍昱. 从社会管理到社会治理：政府与社会关系变革的历史与逻辑[J]. 当代世界与社会主义,2015,113(1)：165-170.

② 赵欣,胡涵锦. 基于国家与社会关系视角的国家治理现代化研究[J]. 蚌埠党校学报,2014,18(3)：24-26.

3. 要充分调动社区治理中的居民参与

居民是社区治理中不可或缺的行为主体,也是社区公共服务的主要服务对象。在古北社区发展初期,居民缺乏参与的途径、话语权也较弱,导致政府遇到了即使作出不少努力却仍然无法吸引居民的困境。但在后期,政府打通了居民参与治理的渠道,政府与公众间的对话逐渐走向平等,不仅激发了居民的互动热情,还使社会组织提供的公共服务更加契合社区需求,进一步推动了政府与社会间的良性互动。因此,必须充分调动社区治理中的居民参与,构建一系列参与和互动机制,将居民带入到政府与社会互动的过程中,促成治理主体的功能互补、行动协调和资源整合,才能使公共服务最大限度地满足社区居民的需求,提升社区治理的成效。

4. 要以公共价值为导向,实现政社良性互动

打造共建共治共享的社会治理格局是我国近年来加强和创新社会治理的主要方向①。竺乾威构建的政府与社会互动模型中,互动结果为环境以及政府和社会间的互动的改进和完善提供输入来源,并不断循环整个过程,直至相对理想的结果出现。从本案例中不难看出,这样的互动结果很大程度上是基于公共价值评价的。公共价值是公众的共同偏好和期望,是公共价值生产者、使用者集体协商的结果。案例中,古北市民中心 1.0 与 2.0 时期,政府与社会间互动较少,导致古北市民中心的各项服务不契合社区居民的集体偏好,因此遇到了不少困境与挫折。古北市民中心发展后期,通过建立参与平台和机制,将社区居民以及社区内相关成员纳入政社互动中,使其能够不断反馈自身需求,从而使社区内的公共管理和公共服务更加满足社区居民的集体偏好,最终达到实现公共价值的目标。公共价值创造的过程本身便是多元主体共同参与的过程。因此,古北社区治理模式不断完善、政府与社会互动的过程,也是政府与社会实现公共价值的过程。事实证明,在推进社区治理的过程中,要推动社区公众与基层政府、自治组织在协商、互动中共同建构创造公共价值,以公共价值为导向,通过共同合作、充分互动,实现"共治"并最终达到"善治"。

---

① 徐顽强,李敏.基于公共价值导向的城市社区治理架构研究[J].宁夏社会科学,2019,214(2):129-137.

五、理论依据资料

（一）我国政府与社会关系的历史发展形态

政府（国家）与社会的关系是任何一个国家在现代化进程中必须面对的基本问题。由传统社会管理模式向新型社会管理模式（社会治理）的转型，既是我国民主政治发展的内在要求，也是我国现代化进路的重要环节。而供给与需求的天然矛盾，注定了政府与社会间的关系的调整是一项长期的任务①。

新中国成立初期，面对千疮百孔、百废待兴的局面，想要巩固新生的社会主义政权并在短期内恢复国民经济，我国采取了高度集权的管理模式，依靠国家的力量进行社会整合和政治动员。政府包揽一切公共事务，并通过自上而下高度组织化的方式将社会纳入国家行政体系中，建立起强大的权威体系②。在这一阶段，政府是社会管理的主体，社会是政府管理的对象和客体，处于"大政府—小社会"的管理模式。虽然这种管理模式在社会主义建设初期发挥了很大的作用，但是却存在政府效能偏低、行政管理成本过高、政府组织冗余、职能混乱等问题，逐渐无法满足我国社会的发展和需求。

十一届三中全会后，我国行政体制改革得到了稳步推进，社会主义市场经济得以迅速发展，传统社会发生了结构性变迁，经济、社会、政治的重大变化使原有的政治权力和利益格局遭受剧烈冲击。这样的变化推动我国政府管理模式逐渐发生转变，变革势在必行。随着政府逐步放权，社会参与公共事务的管理，激发了政府与社会双向活力与潜能③。在这一阶段，国家仍在社会管理中发挥着主导作用，但随着公民政治参与和管理意识的不断增强，一些自组织力量也开始参与治理，有效弥补了国家在一些领域中的空白④。虽然社会开始参与公共事务的管理，但是由于政府长期垄断社会公共事务产生的惯性，政府

---

① 曹鹏飞. 我国政府与社会关系转型及其趋势[J]. 天津社会科学, 2010, 174(5): 17 - 21.

② 赵欣, 胡涵锦. 基于国家与社会关系视角的国家治理现代化研究[J]. 蚌埠党校学报, 2014, 18(3): 24 - 26.

③ 严仍昱. 从社会管理到社会治理——政府与社会关系变革的历史与逻辑[J]. 当代世界与社会主义, 2015, 113(1): 165 - 170.

④ 赵欣, 胡涵锦. 基于国家与社会关系视角的国家治理现代化研究[J]. 蚌埠党校学报, 2014, 18(3): 24 - 26.

仍然在社会管理中处于绝对支配地位。行政力量过于强大阻碍了公民对于公共事务的管理,社会从属于政府并在政府支配下发挥着有限的自我管理功能。这已经成为抑制社会活力、束缚社会发展的重要因素,对其进行改革已经成为现实的迫切要求。

(二) 社会治理中政府与社会的关系

面对日益复杂的社会问题和政府资金短缺、能力不足所带来的挑战,近年来我国不断探索政府与企业、非政府组织、公民之间跨部门互动的相关实践,从而更好、更高效地提供公共服务。我国政府与社会关系的调整,正逐渐从改革初期简单的放权向打造公共服务型政府转变。党的十八大报告中提出,"加快形成科学有效的社会管理体制"。时隔一年后,党的十八届三中全会提出了"推进国家治理体系和治理能力现代化",并将其作为全面深化改革的总目标。刘涛认为,国家治理改革的重心与关键环节是政府与市场、社会相互之间职权、责任的调整与重新分配①。从社会管理到社会治理,变革的不仅仅是理念和方式,更重要的是体现了政府与社会关系变革的历史与逻辑的统一。

全球治理委员会将"治理"定义为"各种公共的或私人的个人和机构管理其共同事务的诸多方式的总和。"从社会管理到社会治理,治理主体多元化、社会化的进程正是政府与社会关系发展变化的过程,反映和体现了政府与社会关系发展的必然趋势。

社会治理模式下,治理主体由单中心向多中心转变,政府与社会间的双向互动增强,治理过程呈现非中心和行政、市场、社群机制的互补的特点。竺乾威认为,治理涉及正式机构和民间社会机构之间的互动。治理的出现意味着公共行政模式从"以政府为中心"的管理模式转向"以公众为中心"的管理模式②。赵欣认为,"治理"不同于传统的自上而下的"管理",是一种国家自上而下的决策与社会自下而上的反馈间双向联动、互动沟通的过程。在这个过程中,各治理主体平等协商,合作共享取代了国家对社会传达执行的治理模式③。

① 刘涛,闫彩霞. 政府与社会关系深化改革的转型路径——以政府治理创新为视阈[J]. 内蒙古大学学报(哲学社会科学版),2015,47(5): 33-38.
② 竺乾威. 理解公共行政的新维度:政府与社会的互动[J]. 中国行政管理,2020(3).
③ 赵欣,胡涵锦. 基于国家与社会关系视角的国家治理现代化研究[J]. 蚌埠党校学报,2014,18(3): 24-26.

（三）政府与社会互动的分析框架

对于这种以公众为中心的政府和社会互动治理的新行政模式,竺乾威建立了一个简略的分析框架。这一框架旨在表明,任何行动者的行为和治理的过程首先都是在一定的环境中发生的(比如新公共管理的产生首先来自政府财政拮据对福利体制的冲击),环境影响了行动者以及他们之间的互动行为,这一行为过程通过结果的形式再度影响环境和行动者的互动过程,直至好的结果(比如新的制度和运作方式的建立,旧的制度或运作方式的修正、改变或抛弃)出现并趋于稳定。当稳定被打破时,影响的过程便会再次出现①。

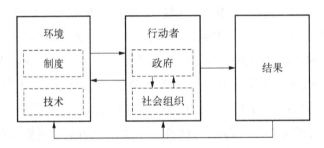

图 2　政府和社会互动的分析框架

1. 环境

环境中有制度和技术两个主要变量。

既定的制度框架规定了行政的各种关系和行动者的行为,制度架构至少包括宪法和基本法律以及政府制定的规章制度。其中,宪法的功能在于保护公众权利与限制公权力,且有相对稳定的特点。与宪法相比,政府制定的规章制度一般为政府颁布的各项命令、公告和公共政策,主要涉及管制和服务两大方面的内容。政府制定的规章制度具有变动性,会随着情况的变化而变化。这些变化反映着鲜活的行政实践。

环境的另一个构成要素是技术。竺乾威指出,互联网技术至少在两个方面对公共行政产生了巨大的影响。一是它改变了政府的运作方式。以网络状形式出现的政府与社会各组织的合作或互动改变了以往自上而下的运作方式。菲利普·库珀指出,"今天的公共管理者是在垂直的权威模式和平行的协

---

① 竺乾威. 理解公共行政的新维度：政府与社会的互动[J]. 中国行政管理,2020(3).

商模式相互交叉的情况下运作的。垂直模式的权威、资源和影响力来自治理核心的宪政过程。平行关系建立在合同概念之上。"①二是互联网技术为民众对公共行政的参与提供了更方便的途径和手段。当前公共部门组织和管理变革大多是围绕着信息技术的变革和信息系统的变化而进行的②。

2. 行动者

行动者涉及政府和各类社会组织(也包括企业)两大类。行动者互动的过程实质就是一个合作参与(合作更多指公共服务的提供,参与更多指对政府政策过程的介入)的过程③。经济合作与发展组织将这样的过程归纳为信息、协商和积极参与三个阶段,对应了传统行政到治理的变化。在信息阶段,政府单向地为公众生产和提供信息。它既包括获取关于公众需求的信息的"被动"渠道又包括政府成本信息的"积极"办法④。在协商阶段,行动者间是一种公众给政府提供反馈信息的双向关系。在积极参与阶段,行动者间则是以与政府合作为基础的关系,公众积极地参与到政策制定的过程中。尽管最终决策或政策阐述的职责归于政府,但它承认公众在议程的建立、政策选择的拟定以及政策对话的形成中具有平等的地位。

竺乾威认为,这样的一个互动过程涉及的内容,其实质是以参与和合作协商的形式表现出的政府与社会组织的互动。这种互动过程有三个组成要素,即意向、工具和行动。意向是指多方行动者共同努力的目标;工具则是多方行动者所拥有的资源以及他们共享的规范和共建的制度;行动则是多方行动者运用工具将意向现实化。这样的过程可以简单地表述为政府与行政或公共服务相关者就共同的目标形成新的规范、政策或制度,并运用各自或互补的资源通过合作的方式来达到这些目标。

这样的互动过程区别于以往之处在于以下几点。一是互动双方身份的变化。政府与社会的关系从官民关系转变为委托代理关系,政府与社会不再是传统意义上的单向领导,而是基于共同价值的领导。二是政府与社会组织在资源上的相互依赖程度更高。三是新的评价机制的产生。新的评价机制不再

---

① 菲利普·库珀. 合同制治理[M]. 竺乾威译,上海:复旦大学出版社,2007:2.
② 竺乾威. 理解公共行政的新维度:政府与社会的互动[J]. 中国行政管理,2020(3).
③ 竺乾威. 理解公共行政的新维度:政府与社会的互动[J]. 中国行政管理,2020(3).
④ 珍妮特·登哈特,罗伯特·登哈特. 新公共服务[M]. 丁煌译,北京:中国人民大学出版社,2004:146-149,94.

局限于政府内部评价,相关方或第三方的评价弥补了原有评价体系的不足。

3. 结果

对于互动的结果,竺乾威认为:"互动的结果作为一种产出经评价对环境中的制度和技术的修正或改进以及对政府和社会组织之间的互动的改进和完善提供输入的来源,这是一个不断循环的过程,直至理想结果(当然也是相对的)的出现,并将其制度化。"①

六、主要参考文献

[1] 菲利普·库珀. 合同制治理[M]. 竺乾威译,上海：复旦大学出版社,2007：2.

[2] 珍妮特·登哈特,罗伯特·登哈特. 新公共服务[M]. 丁煌译,北京：中国人民大学出版社,2004：146-149,94.

[3] 曹鹏飞. 我国政府与社会关系转型及其趋势[J]. 天津社会科学,2010,174(5)：17-21.

[4] 陈盛兰. 中国社会治理发展历程：经验与推进路径[J]. 福州党校学报,2019,181(6)：36-40.

[5] 刘涛,闫彩霞. 政府与社会关系深化改革的转型路径——以政府治理创新为视阈[J]. 内蒙古大学学报(哲学社会科学版),2015,47(5)：33-38.

[6] 刘娴静. 城市社区治理模式的比较及中国的选择[J]. 社会主义研究,2006(2)：59-61.

[7] 宋道雷. 共生型国家社会关系：社会治理中的政社互动视角研究[J]. 马克思主义与现实,2018,154(3)：196-202.

[8] 孙铁坤. 我国社区管理模式研究综述[J]. 经济师,2016,324(2)：63-64.

[9] 徐顽强,李敏. 基于公共价值导向的城市社区治理架构研究[J]. 宁夏社会科学,2019,214(2)：129-137.

[10] 严仍昱. 从社会管理到社会治理：政府与社会关系变革的历史与逻辑[J]. 当代世界与社会主义,2015,113(1)：165-170.

---

① 竺乾威. 理解公共行政的新维度：政府与社会的互动[J]. 中国行政管理,2020(3).

[11] 杨开峰等.中国之治：国家治理体系和治理能力现代化十五讲[M].北京：中国人民大学出版社,2020：141.

[12] 张利萍.地方治理中的协同及其机制构建[D].浙江大学,2013.

[13] 赵欣,胡涵锦.基于国家与社会关系视角的国家治理现代化研究[J].蚌埠党校学报,2014,18(3)：24-26.

[14] 郑安兴.中国城市社区治理现代化：逻辑分析与路径选择[D].吉林大学,2018.

[15] 竺乾威.理解公共行政的新维度：政府与社会的互动[J].中国行政管理,2020,417(3)：45-51.

创新公共服务平台实现公共价值
——"邻里汇"汇邻里

摘　要：政府创造公共价值旨在回应社会的需求，切实可行的公共价值实现路径是满足社会需求的关键一环。在上海市老龄化进程加快，社区居民组成层次多样，居民对社区服务要求多元化的背景下，为进一步落实市政府"创新社会治理，加强基层建设"的要求，徐汇区于 2016 年决定在全区试点推广以"邻里汇"为统一名称，涵盖生活服务、为老服务、健康服务、文体服务、法律服务、亲子服务、教育服务、志愿服务等新型邻里服务的公共服务载体。本案例说明了"邻里汇"的建设背景与发展历程，描述了邻里汇的现状与功能特点，总结邻里汇的运营模式，并从公共服务平台创新推进社会共同体形成、公共价值实现的视角对邻里汇进行分析，尝试对我国特色的社区"邻里汇"公共服务供给如何持续助推社区共同体发展、如何实现公共价值进行探索。

关键词：公共服务平台；社区新型共同体；邻里汇；公共价值

一、案例正文

(一) 引言

在上海市徐汇区，近年来陆续出现了许多橙色外观的小楼栋。在这里，有老人们在喝茶、聊天；有全职妈妈带孩子参加亲子读书活动；有儿童在志愿者的辅导下写植物生长日记等。原已被逐渐淡忘的邻里情谊在这里重新凝结，而这一场所逐渐成为上海市徐汇区的一个重要的公共服务平台，用以增加徐汇区居民的生活活动空间、提升民众幸福感、建设百姓生活圈子，成为徐汇区专门便民的公共服务载体。这就是被居民们称呼为"公共客厅"的"邻里汇"。

"邻里汇"作为新兴的公共服务供给载体，是一项具有中国特色的公共服务供给模式，是政府职能分工、分散主体压力、追求现代服务供给专业化与个性化的体现之一。邻里汇不但是城市居民所享受的公共生活服务供给平台，同时也体现了中国特色的政府公共服务模式，展现出社会主义特色的政府与社会的关系，通过公共服务供给建设、社会性基础设施建设提升人民的生活水平和获得感。

（二）邻里汇缘起：居民需求　政府创新

随着社会变迁和城市化的发展，越来越多的流动人口涌入大城市，存在着"定居但不融入"的社会问题。社会流动性的增强，人与人之间变得日益陌生，邻里相互之间不认识，人际关系十分松散。由于相互之间缺乏沟通和情感交流，邻里之间发生摩擦时容易发生言语甚至肢体上的冲突，带来一系列社会不稳定因素。

与此同时，大城市的房价居高不下，居民的居住空间狭窄，以上海徐家汇的南丹南村小区为例，此小区多层楼房最小单元的建筑面积18平方米，人均居住面积仅4平方米，人口密度接近每平方公里17万人。老居民们形容自己家："仿佛'下了床就出了门'，没有人愿意待在家里，一起床，就想往外走。"居民都强烈渴望一个好品质的公共空间。

面对"陌生人社会"所带来的一系列问题和居民的活动诉求，如何打造一个供居民交流活动的共享平台，以促进友好和谐的邻里关系、提高社区活力和凝聚力，成为社区管理者的新挑战。陌生人社会和公共空间稀缺所带来的一系列问题促使政府在公共服务上做文章。同时，社会老龄化和养老空间设施不足的矛盾在上海现代大都市日益显著。上海全市的老龄化比例为34.4%，而徐汇区的老龄化程度在2019年达34.7%，也就是说徐汇92万居民中有32万老年人。另外，徐汇区的高龄老人（80岁以上）的人口占比更是达到了18.7%，每五个老人之中就有一个高龄老人。数据显示，截至2018年，徐汇区的养老机构有30家，能提供的床位只有3701张，机构养老供给明显不足，这造成了社会对养老需求的极大缺口，政府迫切需要缓解这一问题。

2014年初，上海市委启动"一号课题"，时任上海市委书记韩正担任课题组组长。他带头深入区县、街道、居村调查研究，广泛听取基层干部群众的意见建议。整个调研历时一年，并于2015年初正式形成"6＋1"文件。其中，"1"是《关于进一步创新社会治理加强基层建设的意见》，"6"是《深化街道体制改革》《完善居民区治理体系》《完善村级治理体系》《深化拓展网格化管理提升城市综合管理效能》《组织引导社会力量参与社区治理》《社区工作者管理办法》6个配套文件。文件中进一步明确基层党组织在社会治理中的重要作用，指出要把上海全市街道工作重心转到管理和服务上来，强调"对下负责"。徐汇区政府积极响应号召，推进和落实基层治理并深化社区服务，决定将社区作为基层治理最基本的单元，打造十五分钟生活圈、服务圈。推进社区精细化治理，提供更加便民的公共服务，解决"最后一公里"难题，作为社区管理体制创新的"邻里汇"呼之欲出。

（三）"邻里汇"发展：根生社区兴于政府

1. 源于邻里需求

与其说"邻里汇"是一个政府主导建设的项目，不如说是一个居民自主创设的项目，"邻里汇"的雏形可以追溯到十年之前。

就像上述背景所提到的那样，上海老龄化日益严重，政府和街道目前所能提供的服务远远不能满足居民的生活需求。政府基层治理往往停留在街道层面，街道作为一个中心点，在覆盖面和可及性方面都存在不足，服务没有真正下沉到社区和居民区，居民的生活存在着很多不便。斜土街道江南新村是一个很典型的区域，江南新村是一个有着将近70年历史的老小区，住在这里的居民大多是原来江南造船厂的老员工，社区整体老龄化问题非常严重。2007年，江南新村只有两个非常小的卫生站服务点，根本满足不了居民的卫生医疗需求。政府没有解决这个问题，居民就自己尝试去解决。在居民多次反映下，居委会和卫生服务站点的医生一致决定，医生定期到各个小区老百姓聚集的地方巡诊，为居民提供医疗服务，这一巡就巡了三年。直到2010年，小区空出来一个三室一厅的场地，居委会便将它当作了一个便民点，把老百姓集中到那里就医。后来这个地方人去的比较多，异常热闹，社区慢慢地也开始在那里解决一些青年人和小孩的问题。这个便民点在自我发展过程中逐渐增加了服务功能，成为"邻里汇"的雏形。

2. 政府响应邻里需求

民有所呼,我有所应,"邻里汇"便应运而生了。徐汇区于 2016 年提出"邻里汇"这一概念,在全区试点推广,涵盖生活服务、为老服务、健康服务、文体服务、法律服务、亲子服务、教育服务、志愿服务等新类型的邻里服务。以民政局为牵头单位的政府部门就想在社区治理的过程中将触角更多地向基层延伸。但如何制定规则,满足居民需求,对基层建设者来说仍是一个巨大的挑战。"邻里汇"模式是社区基层治理的一个创新型模式,没有成熟的理论和实践基础,一切都处于"摸着石头过河"的探索阶段。

冲破阻力,推进试点。刚开始提出要在社区里建"邻里汇",很多居民都不看好甚至出现抵触、反对的情绪。因为很多老小区面积较为狭窄,还要单独划出一个地方来建设邻里汇,居民怕它不仅不能提高生活质量,反而侵占了他们现有的居住活动空间。为了让邻里汇能够真正深入民心,在设计邻里汇的过程中,政府邀请当地居民代表一起开会,向他们说明"邻里汇"开展的目的,积极采纳居民的想法和意见。以徐汇区政府推广的第一个"邻里汇"试点——南丹邻里汇为例,在设计之初,区政府举办了南丹小区居民互动日,通过展览、调查、问卷、访谈等多种方式了解社区居民实际需求,完成调查问卷 100 份,收集、整理了居民意见碎片信息近百条,切实了解居民需求,为南丹邻里汇服务工作的顺利开展奠定了基础。

确定理念,多元发展。"邻里汇"最初的理念就是要建设一个开放式的共享空间,后期的建设都是围绕着"共享"的主题。因为"邻里汇"的服务都是面向社区居民,经过广泛地征询意见后设定的,而不是政府自上而下定的,所以都体现各自的特色,可谓是因地制宜。华泾镇望月苑邻里汇以亲子服务为主,田林街道文定汇邻里汇以助餐和党建服务为主,天平街道创邑邻里汇以社会组织服务和党建服务为主,龙华街道怡乐家园邻里汇以养老服务为主,枫林街道枫林路邻里汇以拉动大单位和国企融入社区,区域大党建服务为主,各显神通。"邻里汇"的服务内容并非千篇一律,但都有一个"共享"的理念。社区是居民生活的一个共同体,"邻里汇"在建设之初考虑的最大问题就是怎么将社区服务送到居民的家门口,提高居民的满足感、幸福感和归属感。

3. 制度化推进"邻里汇"建设

2017 年 9 月 13 日,徐汇区民政局出台《徐汇区"邻里汇"建设管理工作方案》，第一次为"邻里汇"制定了一个具体的建设实施方案。在方案中，提出了关于建设"邻里汇"的总体要求。

"邻里汇"是由政府主办，以街镇为依托，多元主体参与的社区服务和社区治理共享空间。徐汇区政府致力于将"邻里汇"打造成社区坚持党建引领、开展自治共治、提供法律保障的平台；成为营造社区文化、荟萃社区精神、增进邻里和睦的客厅；成为汇聚生活服务、为老服务、健康服务以及其他服务的集合体。形成"一汇多点、一体多元、一网覆盖，全时响应、全区联动"的徐汇社区服务新模式。

在方案中，"邻里汇"建设以坚持党建引领，资源共享、坚持需求导向，因地制宜、坚持服务至上，增进福祉、坚持自治共治，社会参与为四项基本原则，以"构建家庭生活的服务圈、建设友好和睦的邻里圈、塑造社区治理的生态圈、形成信息互联的智慧圈"为主要目标。以上原则和目标对邻里汇的功能定位，运行机制以及组织保障做了具体的要求。以规划为引领，以整合为前提，以需求为导向，因地制宜布点。前期原则上每个街镇设置 1—2 个"邻里汇"，到目前为止徐汇区已建成邻里汇 16 家，总面积约为两万平方米，服务活动受益群众达到数十万人次。

几个海归青年设计了"邻里汇"的统一标识。随后，统一设置，统一形象的橙黄色艺术字体出现在每一个邻里汇。

4."邻里汇"网络体系建立

经历了一年多的建设过程，2018 年 12 月 18 日，徐汇区民政局又颁布了《关于深化邻里汇品牌建设构建徐汇美好生活共同体的实施办法》的通知，进一步深化邻里汇建设和管理。此办法从以下五点出发：明确总体要求，探索社区治理服务新模式；坚持服务为先，打造社区服务连锁品牌；坚持治理为本，打造基层社区治理平台；坚持社会参与，打造三社联动实践基地；加强统筹协调，完善建设运营保障体系，提出切实可行的建设治理方案。此文件为接下来邻里汇的发展指明了方向。

构建三级联动新体系。坚持规划引领，加强顶层设计，突出需求导向，引入专业参与，依托现有资源，选择居民集中、交通便利的场所，注重内外环境的协调统一和形态空间的整体设计，因地制宜建设"1+13+X"三级邻里汇网络体系。以 15 分钟生活圈为半径，在每个街镇建成 1—2 个邻里汇的基础上，做好两端延伸，向上延伸建设 1 个区级邻里汇，发挥好引领示范和统筹指导作用，打造邻里汇"旗舰店"；向下以 5 分钟生活圈为半径，用 2—3 年时间，分批建好 304 个居民区邻里汇,2018 年完成 98 家,2019 年完成 190 家,2020 年完成剩余 16 家,力求覆盖小区、辐射周边,既有"颜值"又有"温度",形成"一体多元、一网覆盖、全时响应、全区联动"的社区治理服务新体系。

该实施办法为邻里汇的发展方向、发展目标、服务内容、运营规范和推进战略等作出了全方位的指导,是现在邻里汇发展建设的基本大纲。该实施办法提出,争取到 2020 年,基本建成体现徐汇高品质生活的服务连锁品牌、基层治理平台、三社联动基地,使得社区治理更智慧、更生态、更幸福。

目前徐汇区已在 12 个街道建成邻里汇共 16 家,分别是华泾镇华济苑邻里汇、华泾镇望月邻里汇、长桥街道生态家园邻里汇、凌云街道松风花园邻里汇、康健街道丁香园邻里汇、康健街道寿昌坊邻里汇、漕河泾街道薛家宅邻里汇、虹梅街道华悦家园邻里汇、龙华街道怡乐家园邻里汇、田林街道田林十三村邻里汇、田林街道文定汇邻里汇、徐家汇街道南丹邻里汇、枫林街道枫林路邻里汇、天平街道创邑邻里汇、湖南街道湖南路邻里汇、湖南街道长乐路邻里汇,总面积约两万平方米,服务活动受益群众达数十万人次。这些邻里汇多数位于小区内部,大部分设施为 2—3 层的低层建筑,建筑面积多数在 1 000 到 2 000 平方米之间。此外,还围绕每个邻里汇建成若干邻里小汇,作为其他功能的补充。

作为服务社区的共同体品牌,一座座散落在各个街道的邻里汇将整个徐汇区联结成一个大网络,一个关乎民生、温暖基层的幸福网络。

邻里汇从开始建设至今,完全是源自社会底层的自发性,基于群众的需要建立的。邻里汇的建设过程就是一个参与式、凝聚民心、集中民意的过程,让民众共同参与,解决政府决策难下手、存矛盾的局面,提高政府的公信力的过程。它作为上海市社会基层治理的一个创新型模式,经过基层工作者的不断努力和探索,如今,徐汇邻里汇逐渐为居民群众所熟知。去邻里汇逛一逛,已成为一种新的生活方式。

(四)"邻里汇"服务功能凝聚社区共同体

表 1　各邻里汇的功能汇总

项　　目	老人日托	老人全托	幼儿早教	幼儿晚托	便民服务	慈善超市	体验课程	双拥优抚	医疗服务	咨询讲座	助餐服务	党建
华泾镇华济苑邻里汇		√			√		√					
华泾镇望月邻里汇					√		√	√	√			√

项　　目	老人日托	老人全托	幼儿早教	幼儿晚托	便民服务	慈善超市	体验课程	双拥优抚	医疗服务	咨询讲座	助餐服务	党建
长桥街道生态家园邻里汇	✓	✓	✓	✓	✓	✓	✓		✓	✓		✓
凌云街道松风花园邻里汇	✓	✓			✓				✓		✓	
康健街道丁香园邻里汇	✓		✓	✓	✓		✓	✓		✓	✓	✓
康健街道寿昌坊邻里汇	✓	✓			✓		✓		✓		✓	
漕河泾街道薛家宅邻里汇	✓			✓	✓		✓		✓	✓		
虹梅街道华悦家园邻里汇	✓	✓	✓	✓	✓	✓	✓	✓				
龙华街道怡乐家园邻里汇		✓		✓	✓				✓			
田林街道田林十三村邻里汇	✓	✓	✓		✓							
田林街道文定邻里汇	✓	✓		✓			✓				✓	✓
徐家汇街道南丹邻里汇	✓	✓				✓	✓		✓		✓	
枫林街道枫林路邻里汇					✓		✓	✓	✓	✓		✓
天平街道创邑邻里汇										✓		
湖南街道湖南路邻里汇		✓									✓	
湖南街道长乐路邻里汇											✓	

1. 党建服务站引领社区共同体精神

家门口的"党群站"。邻里汇坚持党建引领把方向。基层党组织在邻里汇建设及运营中发挥了领导核心作用,坚持以党建带群建促社建,依托区域化党建"区、街、居"三级联动的组织优势,充分发挥党员先锋模范作用。同时,邻里汇也成为在职党员和区域单位党组织的社区报到地、志愿服务地和活动参与地,平日里也会面向居民举办红色观影活动。邻里汇建设和住宅小区综合治理工作也是紧密结合起来的,群众工作贯穿始终,基层党组织在办社区实事项目的过程中也切实增强了居民的获得感和满意度。可以说,邻里汇为党建工作加强基层建设搭建了一个很好的平台。通过党建引领来把控方向运营的邻里汇,始终不忘初心,坚持发挥基层党组织在邻里汇建设及运营中的领导核心作用。

邻里汇注重切实关注每一个群体,这也使之成为政府贯彻双拥优抚工作的"实践地"。在虹梅街道现有 5 支双拥共建部队,依托华悦家园邻里汇的平台,对包含了烈士烈属、病故军人家属、伤残军人、回乡复员军人在内的 25 个对象开展优抚工作。虹梅街道紧紧围绕军地发展大局和军民融合要求,扎实开展双拥工作,巩固军政军民团结协作,为优抚对象谋福利,营造拥军优属的浓厚氛围,努力扩大双拥工作队伍,将双拥工作向园区、社区渗透,让这一群体充分享受到社会福利,提高归属感。

2. 家门口的"会客厅""社交场"融汇社区共同体情感

邻里汇提供一个开放的服务空间,居民将其称为"公共客厅"。这也是在共享经济时代共享理念的一个体现,社区成员既可以在这共享空间里开展文化艺术交流活动,也可以进行公共事务商议和社区事宜讨论,如果存在邻里纠纷问题,还可以在此进行邻里关系的协调或是法律服务的对接。邻里汇希望提供一个平台供大家互动,开心的事儿一起聊,烦恼的事儿说出来想办法解决,邻里关系也是社会关系中很重要的一部分,其乐融融的氛围需要大家共同打造。

邻里汇为居民提供了丰富多样的活动和便民服务。徐汇区政府建立面向全区的"菜单式"服务项目配送机制,以"项目包"和"大篷车"形式,将生活健康、文体休闲、科普法律、家政亲子等各类便民服务和专业服务派送至邻里汇。邻里汇是食药品科普站、双拥优抚之家、慈善超市、社区活动等满足多元需求的社区服务载体,很多社区活动和居民之间的交流互动都可以借助邻里汇的空间。同时其内部设置的图书角、放映厅、舞蹈室等空间设施也为居民提供了休闲娱乐和交流互动的场所,丰富居民的业余生活,促进了居民之间的情感交流。邻里汇也是社会组织的服务平台,通过与社会组织的合作,为社区提供了多种多样的活动和课程服务,例如:家居收纳课、快乐说英语课、瑜伽课、烘焙课,还有心理科普、趣味折纸、做手账、酵素手工皂、黏土 DIY 等,极大地提高了居民的满意度和幸福度。邻里汇也是便民服务站点,设置了理发、家电维修、家政服务、辅具租赁等多种便民服务,在各方面满足了居民的生活需求。

3. 家门口的"托老所"为社区共同体提供托底保障

邻里汇提供就近便利的养老服务,推行嵌入式医养结合的社区养老服务理念,因地制宜地设置社区综合为老服务中心、长者照护之家、日间照护机构、社区食堂(助餐服务点)等社区为老服务设施。通过政府购买服务,邻里汇积极引入专业机构和力量,为社区老年人提供了就近、便利、优质的社区居家养老服务。

把人民生命安全和身体健康放在第一位。在社区居民构成中,老年群体的生活需求和幸福感需求与每个家庭息息相关。鉴于此,养老功能成了大部分邻里汇都具备且发展相对完善成熟的功能。养老功能主要以组织适合老年人参与的活动以及提供老人日托和老人全托服务的形式体现。在参与活动方面,我们会经常发现,老年群体是邻里汇活动参与人员的主力。在子女上班,孩子上学的家庭中,爷爷奶奶们在家里难免会感到无聊和孤独,往常他们会选择待在家里百无聊赖,或者提前好几个小时赶到学校边等孩子们放学,但现在他们又多了一个选择,那就是前往邻里汇。在邻里汇,附近小区的老人们聚在一起,没固定活动时就在会客厅喝茶聊天读报或是在花园健身下棋晒太阳,有固定活动时,就一起积极参与诸如刮痧、包饺子、做糕点等有益身心健康的项目。邻里汇让家里面的老人走了出来,又自发地相聚在一起,其乐融融,给老年生活带来更多的烟火气儿和人情味儿。在提供老人日托及全托服务方面,邻里汇也是绝对专业的,提供服务的机构都是政府补贴授权的专业养老机构,譬如康健街道的寿昌坊邻里汇就是选择了佰仁堂经营的长者照护之家来提供服务。这些服务可不比养老院质量差,相比起来,反而更加方便、便宜且有针对性。邻里汇离家近,出行方便而且熟人也多,活动丰富也更贴近生活,因此由其提供的养老服务也得到了广大居民的肯定。

4. 家门口的"幼儿园"父母放心孩子开心的乐园

在我们现代社会的家庭结构中,年龄最小的孩子往往是家庭的核心。30

岁左右的夫妇为了承担好家庭责任,经常是夫妇俩同时在职场奋斗,这时候怎么照顾好孩子是每对夫妇需要直面的问题。平日里要上班,加班也是常态,本来都身心俱疲了,但照顾孩子,特别是学龄前儿童,往往也顾不上,交给保姆或者父母也是不放心,交给专门的服务机构又会产生一笔不小的生活开销。这时候,邻里汇又给了这些努力且富有责任感的父母一个靠谱的选择。和养老功能类似,托幼功能也是大多数邻里汇都具备的相对成熟的功能。

托幼功能主要以两种形式体现,提供幼儿早教服务和幼儿晚托服务。同样地,这些服务也都是政府出资购买,由专业的社会机构提供的。譬如,位于田林街道的田林十三村邻里汇的三楼是专门用来提供幼儿早教服务的,里面有金芒果、宝宝乐等针对幼儿群体的服务机构。这些机构都有着相当的运营经验,提供精细化、满足市场标准的幼儿服务。金芒果是一家有政府补贴并与政府合作的私营机构,收费标准较其他私营早教机构要更低,老师的培养流程很专业,提供的服务也很有质量,比如他们会根据不同年龄的小朋友精力不同排课(年龄越小排课越早)。附近的小朋友来参与早教的人数一年比一年多(从七十人到两三百人),且九成以上小朋友是在祖父母陪同下参与。幼儿晚托服务也同样受到欢迎,邻里汇能让低头不见抬头见的邻家小朋友们有更好的互动,不仅让父母们放心,也有益于孩子身心的健康成长。

5. 医疗服务保障社区共同体成为健康家园

众所周知,看病难也是一大民生问题。作为一个社区机构,邻里汇为我们解决此类问题提供了一个很好的思路,那就是让更专业、更有针对性的医疗服务走近家门口。

在不同的邻里汇,医疗功能的体现方式有很多,比如体检服务、健康顾问、门诊以及售药服务。很多邻里汇都有专门开设健康咨询的房间,方便居民一对一询问情况,提供这些服务的都是专业的医护人员,有些街道甚至安排了人民医院的医生值班驻点。在龙华街道怡乐家园邻里汇,医疗服务在以创新的形式渗透进社区。这里不仅有由卫生站开设的药房,还提供"1+1+1"管理模式的家庭医生服务。该服务面向人群涵盖了老年人(60岁以上)、0—6岁儿童、孕产妇、各种常见疾病患者、残疾人、贫困人员等。诚如怡乐家园邻里汇里"我承诺,我服务,共筑邻里健康行"的标语所言,邻里汇的存在就是要让社区里每个居民切切实实地感受到,你的个人健康我们都在关心,保持健康不仅是个人的责任,也是整个邻里汇共同的责任和追求。

6. 日常便民服务保障社区共同体成为温暖家园

邻里汇希望从每个生活的细节中渗透进对社区居民们无微不至的关心，而便民功能的完善和贴心则充分反映了邻里汇的诚意。同样，在不同邻里汇中，便民功能也有着多元化的体现方式，除了理发、助浴、就餐等常规功能外，不同邻里汇也琢磨着新的花样。有的邻里汇为了方便出行不便的老人买药，提供代购药品的跑腿服务，有的邻里汇会定期招募志愿者向居民开展公益活动，有的邻里汇考虑到残障人士的生活需求开设了慈善超市，有的邻里汇为了满足更多居民的就餐需要专门开设邻里小汇为居民带来更实惠的自助餐……

中午十二点左右，湖南路街道上人渐渐多了起来，陆续闪过饥肠辘辘的路人身影。在湖南路街道的一家邻里汇门口，不时能看到各式各样的行人行色匆匆地走进以及面带笑容地离开，原来这里就是一家自助餐就餐点。番茄炒蛋、素炒豇豆、肉末茄子、红烧肉等家常菜不断冒出扑鼻香气，蒸馒头、烤红薯等各类主食也是热气腾腾，迫不及待地想要犒劳这些已经工作半天的人们。这里不只有美味，还有实惠低廉的价格，大厅里渐渐满当的座位以及人们的好口碑，便是对此处最好的肯定。这只是便民服务的一个缩影，却反映出邻里汇建设的一个初衷，那就是多看到居民们朴实的笑容。

想民生之所想，急民生之所急。政府着力打造区域性社区服务品牌的综合社区服务机构，邻里汇担负着重任。要为社区服务什么以及怎么去服务，一直是政府不断探索的问题，而邻里汇就在这不断探索的过程中逐渐衍生出了丰富的服务功能，这些功能推动了社区共同体精神、社区文化、社区情感等社会资本的产生，大大提升了社区共同体的凝聚力。

（五）谁来运营社区中的"邻里汇"？

邻里汇作为一个由政府主导，第三方与街道合作创立的、面向所有居民的社区机构，有的邻里汇甚至还有社区居民自愿加入其日常运营当中，所以如何高效率、高质量地进行邻里汇的日常运营就成了街道需要考虑的一大难题。街道在其中应该扮演什么样的角色？如何充分地发挥社会组织在服务上的优势？街道如何与社会组织进行合作？社区居民如何参与？这些都是在邻里汇运营过程中必须考虑的问题。本小组的调研发现，邻里汇的运营方式没有固定的形式，而是依据当地的具体情况与街道的参与方式不同，形成了不同的运营模式。其主要路径分别是：将街道行政力量下沉到社区、将市场力量引入社区、将社会组织引进社区。

1. 将街道行政力量下沉到社区

邻里汇运营中的街道主管模式，是指由街道派出工作人员担任邻里汇的首要负责人，由负责人与街道进行沟通，根据社区居民的具体需要，通过定期购买项目的方式将课程、讲座等引入邻里汇，以达到丰富居民生活的目的。总之，街道主管模式就是由社会组织提供服务，由街道进行运营与管理的邻里汇运营模式。

在小组的调查过程中，最具代表性的街道主管型邻里汇莫过于长桥街道了。长桥街道地处上海中环以外，外环以内，街道的社区主要属于密集型社区，住宅也大多为老公房，居民主要是老上海的工薪阶层。故而长桥街道的老年人较多、残疾人较多，在社区长大的年轻人大多都去市中心或者外地谋生，造成该地人口老龄化程度较高，但是近几年外来人口逐渐融入社区，使得该地的人口老龄化程度得到一定的缓解。

长桥街道一共有四位街道派来的工作人员，其中的主管人员是一位从居委会升任，有多年长桥街道社区管理经验的中年人。通过他的介绍可知，长桥街道邻里汇与白玉兰组织、环境保护组织等都进行了合作，拥有为老服务、生态科普、烘焙教授等多种不同服务与活动。对于这些项目，邻里汇只会一次性提供购买的金额，并不会给项目中所配备的工作人员发放的额外工资，相当于一次性买断。例如，长桥街道邻里汇的长者照护就是由一个叫作"优护·花样年"的社会组织提供的，里面的看护也都是这个组织里的工作人员，工资也由该组织发放。同时，长桥邻里汇定期召开工作总结会议，邀请街道方面的人员对邻里汇项目进行评分，由于邻里汇的负责人与街道居民都很熟悉，所以不仅会邀请居民代表对已有的项目提供建议与意见，平时也会像唠家常一样了解居民对邻里汇的满意程度，了解社会组织提供服务真正的质量，对合作合同到期的社会组织依据合作时期的表现决定是否续期。

很显然，在长桥街道邻里汇的运营过程中，街道具有所有的决定权，由街道来全权决定与社会组织之间的合作，也由街道来判断社会组织提供项目的质量。这样的街道主管模式可以极大程度上保证邻里汇提供的服务与活动质量，为居民提供优质的社区活动空间。正是因为由街道人员管理，使得邻里汇更加适合街道特点，也有利于邻里汇长期扎根街道。

2. 将市场力量引入社区

邻里汇运营模式中的社会企业主管模式，是指政府购买社会企业的服务，具体服务项目由社会企业提供的模式。在该模式中，社会企业派出工作人员担任邻里汇的首要负责人，街道只负责定期监督，并不参与邻里汇的直接管理。由社会企业与社区居民进行直接沟通，了解居民需求后再主动提供服务，或者主动与其他社会组织合作，来达到丰富居民日常生活的目的。其实社会企业主管模式就是街道放权，由社会企业全权管理邻里汇。

位于徐汇区康健街道的寿昌坊邻里汇就是一家由街道引入专业养老服务公司——上海佰仁健康产业有限公司出资建设并委托管理的社区服务机构，之所以出现这样的运营模式，就要从这个邻里汇的前身说起了。这个邻里汇的前身是由佰仁堂经营的长者照护之家，类似于一个私立的小型养老院，后来由街道与佰仁堂合作后一起建立邻里汇。也正是由于邻里汇的前身是一家针对老人的服务机构，故而这个邻里汇主要针对的服务人群也就是老人，是一家提供老人短期住养、喘息、日间照料、康复、助餐、助浴等服务的为老服务中心。

根据负责人的描述，这个邻里汇不仅拥有佰仁堂所提供的一系列服务，还与很多公益组织有合作，比如小禾公益、剪爱公益等。邻里汇内的所有工作人员都属于上海佰仁健康产业有限公司，康健街道只会定期派遣工作人员来进行视察与审核，对于邻里汇的不足之处提出整改意见，并不会直接管理邻里汇。

从寿昌坊邻里汇的运营模式可以看出，社会力量全权负责邻里汇的日常管理，这种模式的优势在于将街道从繁复的行政事务中解脱出来，节省了行政管理人才，同时又增加了社会组织之间的联系，鼓励更多社会企业的建立，也利用了社会企业的优势，可以为社区居民提供更加专业化的服务。

3. 将社会组织力量引入社区

在这一模式下，街道将管理运营外包给社会组织，由社会组织派遣工作人员作为邻里汇的主要负责人。但是该社会组织并不为邻里汇提供任何服务或者活动，而是充当了枢纽角色，通过他们的考察和居民的实际需求为邻里汇购买其他组织的服务项目，街道并不直接管理邻里汇，但是主要的决策意见由街道提出，而实际的操作则由社会组织来执行。

位于枫林街道的邻里汇就是这样一个社会组织枢纽型的运营模式。枫林街道邻里汇是由一个叫作"胡同钥匙"的社会组织进行日常的运营管理的，但是这个社会组织并不提供邻里汇的服务或者活动，而是与其他社会组织签订项目合同，由他们来提供项目。例如由于枫林街道的老龄化程度较高，很多老人都喜欢来邻里汇聊聊天，于是胡同钥匙就顺势建立了一个养老大厅，邀请了专业的养老机构来经营，为社区的老人提供免费的简单体检服务。

2019年，"胡同钥匙"与其他八家社会组织合作，提出了"八面来枫"的项目计划，涉及邻里汇需要的亲子、党建、为老等八个方面。"胡同钥匙"提供了邻里汇的所有工作人员，与政府主管模式类似，组织需要的所有的资金都由街道一次性付清，包括所有工作人员的工资与邻里汇日常的开销，但是额外的项目、活动经费则由街道提供，并且邻里汇的物业费也由街道缴纳，使得胡同钥匙能够有资金运转，实现双方共赢的局面。很多时候都是由街道提出设想，社会组织进行实践，社会组织只能提供建设性的意见，最终的决定权还是掌握在街道的手中，保证了邻里汇不具有营利性质，免费为居民提供优质的服务。

从枫林街道的例子中可以看出，社会组织枢纽型的邻里汇为街道节省了大量繁杂的工作，节省了很多人力成本，同时又可以完全按照街道的意愿来对邻里汇进行建设，并且由于社会组织人员不受街道体制内的思维限制，很多想法都更加灵活，更加富有创新性，举办的活动也更加多彩多样，很受周边居民的欢迎。

总之，邻里汇的运营方式都离不开政府、市场与社会，无论是街道作为主要管理者承担大量的工作或是政府购买市场服务项目或者是政府购买社会组织服务项目，都是社区共同体建设的新经历。引入多方参与社区治理的创新，让社会组织能够发挥自己的专业性，让街道节省人力成本，让邻里汇能够从专业角度发展，真正了解群众所需，为社区居民提供更好更专业的服务。

（六）邻里汇能否持续深度助推社区共同体成长？

1. 社区共同体内生动力不足，缺乏造血功能

邻里汇是政府主导建设的社区共同体，其提供的各类活动都是公益性质的，基本不收取费用，处于零收益状态。政府需要购买各类社会服务来维持邻里汇的基本运营，这需要大量的资金注入。在目前政府可支配财政收入尚可的情况下，邻里汇的各类硬件条件和服务都可以得到有效的支持。但长此以往会给政府造成巨额的资金消耗，邻里汇自身也无法脱离政府而独立生存，一旦政府的财政状况出现波动，便很难保证邻里汇的正常运营。目前来看，政府

对邻里汇的运行投入过大，这将会带来可持续性差的风险。如何发掘社区共同体内生动力、培养每个社区邻里汇自身的造血功能，需要社会成长为真正的社区共同体，而不仅仅是生存或生活层面的社区共同体。

2."邻里汇"平台组织宣传力弱

"邻里汇"作为一种新兴的社会基层治理模式，是代表政府的街道牵头建立的。其宣传刚开始主要依靠居民之间的口口相传，很多当地的居民都不知道邻里汇的存在。同时，邻里汇由政府拨款建设，多建设在废弃或者闲置的公共建筑之中，导致很多邻里汇位置较为偏僻，居民无法方便地到访邻里汇或者了解邻里汇，非本社区居民更是无法知晓邻里汇。

部分邻里汇虽创建了自己的公众号，但受众面非常狭窄。很多来参加邻里汇活动的老年群体不能熟练使用网络获取信息，很多享受过邻里汇服务或者参加邻里汇活动的居民对邻里汇的了解大多是片面的，这导致邻里汇有些服务陷入一种无人问津的状态，资源无法得到充分利用。

3."邻里汇"凝聚社区居民不广泛

邻里汇最初建设的时候，主要服务对象便是老年群体。随着邻里汇进一步发展，其功能逐渐丰富，受众对象也慢慢扩大到各个年龄层次。但目前的调查结果表明，邻里汇的主要服务对象还是退休人士乃至耄耋之年的老人，青年群体与中年群体对邻里汇的活动与服务的参与度非常之低。

对于这个问题，除了中青年人白天需要工作这一局限外，我们发现几乎所有的邻里汇的营业时间都是周一至周五的上午至傍晚，而中青年人有时间进行活动的晚上与周末，邻里汇却不对外开放。作为联系社区共同体的机制，邻里汇目前欠缺了整合所有群体、全年龄段人群的特性，还没有构建起完善的社区互动机制。

思考题

1. 社区公共服务平台有哪些社会功能和政治功能？
2. 社区公共服务平台成立需要满足哪些条件？

3. 社区公共服务平台如何持续推动社区共同体发展？

4. 社区公共服务平台与社区共同体之间的双向依存关系是怎样的？

5. 共建共治共享的社区美好生活有哪些实现路径？

二、案例使用说明书

（一）课前准备

在上课前，若条件允许，可印发纸质版案例（或分享电子版案例资料）。在多媒体教室，最好是桌椅可以移动的教室授课，方便学生分组讨论。针对MPA学生上课时间集中但学生精力难以集中的特点，在发放纸质版案例的同时展示配套PPT图片或播放相关视频（网上有视频片段），以更直观、更有冲击力的方式在课堂上充分展示案例。因此应在课前将相关图片制作成PPT并筛选与该案例相关的代表性视频，按照教学计划提示本案例的具体使用时间，以引起学生关注。

（二）适用对象

本案例适用于公共管理、政治学专业的本科生、学术型硕士生和专业硕士MPA学生，另外在干部进修或培训的教学中同样可以使用。

该案例适用于《公共管理学》《城市治理》《政治学》及《中国政府与政治》等课程的教学。

三、案例目标定位

（一）本案例的核心教学目标

（1）知晓公共服务平台有哪些搭建者、运营者和绩效评估者；

(2) 掌握社区共同体的建设者有哪些类型以及他们的特征；

(3) 了解社区公共服务平台与社区共同体建设之间的关系。

(二) 掌握的知识点

(1) 社区公共服务的供给路径；

(2) 社区公共服务平台搭建的社会价值；

(3) 社区公共服务平台与社区共同体间的依存关系；

(4) 我国政府主导社区公共服务供给的制度优势；

(5) 中国城市社区之治的特色路径。

(三) 思维养成和观念转变

(1) 政府"搭台""唱戏"角色多元化；

(2) 政府兜底工程的尺度与能力；

(3) 建设社会向社会建设的转变；

(4) 政府建设向共治、自治的赋权转变；

(5) 共建共治共享社区的具体实现路径和条件。

(四) 能力提升

(1) 提升服务社区公众的微治理设计能力；

(2) 提升整合社会资源的能力；

(3) 提升洞察社会需求、整合公众意愿的能力；

(4) 提升社会福利保障资源向社会稳定绩效转化的能力；

(5) 提升地方政府社区创新治理能力。

四、教学内容及要点分析

(一) 案例导入性问题

(1) 邻里汇与之前的社区服务中心有何不同？

(2) 邻里汇建立的社会、经济、政治背景是什么？其成立有何必要性？

(3) 邻里汇的各种公共服务是否可持续？有哪些条件可确保其可持续性？

（4）邻里汇有哪些功能？这些功能又有怎样的政治、经济、社会价值？

（5）邻里汇的考核评价标准是什么？

（6）邻里汇有怎样的运行机制？其中区、街道、居委会的职责是什么？

（7）邻里汇能否成为社区共建共治共享共同体的建设切入点？

（二）案例讨论要点

党的十九届四中全会指出，必须加强和创新社会治理，完善党委领导、政府负责、民主协商、社会协同、公众参与、法治保障、科技支撑的社会治理体系，建设人人有责、人人尽责、人人享有的社会治理共同体，确保人民安居乐业、社会安定有序，建设更高水平的平安中国。

1. 以人民为本的服务型政府

服务型政府是指在人民本位、社会本位理念的指导下，在整个社会民主秩序的框架下，通过法定程序，按照公民意志建立起来的，将为人民服务作为宗旨并承担着服务责任的政府。作为一种新型的现代政府治理模式，服务型政府模式是对传统政府模式的一种反思，政府行使权力的目的不再只是为了管制，而是为公众提供更好的服务；治理方式也不再是大包大揽，而是充分调动社会主体参与其中，让社区治理更多元。服务型政府模式的优势与特征主要体现在两点：合理分权、价值共建。

合理分权。合理分权是完善政府治理、优化政府结构的一个重要内容，是建立服务型政府的重要手段。一般来说，分权的基本内容主要包括：政府内部各部门之间的分权；上下级之间的权力下放；政府与社会中介组织之间的权限划分；中央与地方政府之间的权限划分等。合理分权是现代政府的重要特征之一，是对传统政府治理模式中政府"大包大揽"行为以及单一主体结构的一种批判，其目的在于提高在提供公共物品过程中社会各主体的参与度以及提高政府工作效率，将政府从繁多冗杂的行政事务中适当解放出来。

价值共建也是服务型政府的核心竞争力所在。服务型政府致力于构建一个以公共利益为轴心的价值体系。在此多维的价值体系中，不同价值取向和目标需求的参与主体能在多样的需求中找到共同点，在充分考虑个体差异的过程中，努力求同存异，互相协商，这将大幅提升行政的效率以及各主体的满意度。服务型政府将"为人民提供公共服务"视为责任所在，在此过程，政府会以人民的共同利益为出发点,在经验的基础上探索出一套彼此互动的信息交流与反馈机制,政府需及时回应民众的需求并作出反馈,而民众也应站在公共利益的角度提出有建设性的意见或是表达自身诉求。在引入更多的社会主体(如民营机构、非营利组织)参与公共服务供给后,这种互动的机制将逐步延伸扩展,多方主体在共同利益的基础上,获得自身利益。

2. 作为公共服务供给平台的"邻里汇"

城市治理与社区建设涉及政府由上至下的权力转移及制度创新,是一种改变基层管理体制的过程。邻里汇这一案例不只是体现了政府在公共服务领域对社会的放权,更是对原有政府的基层管理体制进行创新,以基层行动来改善公共服务质量,解决社会矛盾与问题。其中,社区是服务型政府的转型依托,政府向社区延伸服务,下沉政府部门工作职能。同时,城市社区自治的特性,有利于社区在公共服务领域与政府各司其职,在范围内发挥相互帮助的作用。服务型政府在尝试以不同方式提供服务时,其实是在政府运行制度上形成倒逼机制,社区组织的自治特性使得政府自觉转变职能。向社会购买服务的方式也成为政府落实工作、达到绩效的另一种选择。但是,这种购买社会服务的方式,必然需要经过一定时间的试验阶段来检验其可行性。而政府必然需要作为监督者,确保服务供给的质量得到保证、服务供给得以持续。缩小观察范围,回归到邻里汇的观察中,购买社会服务是政府下放权力的一种形式。政府通过委托社会企业或是社会组织运营邻里汇机构,购买社会服务使得政府不需要完全靠自身力量来解决现有上海市各区内部的社区治理问题。邻里汇以政府主导或督导、社会运行的方式来提供服务,体现了服务型政府通过购买服务来缓解自身压力,提高行政效率的现代治理模式。

3. 邻里汇助推社区共同体形成

现代社区共同体不单单是社区居民的生活场域,更是其践行公共精神的场所。因此,我们所强调的社区共同体建构包含外在建构和内在建构。其中,外在建构表现为实际场所的搭建和社区制度的设计,而内在建构则是一种基于共同利益在潜移默化中形成共同情感,培养共有精神的过程,即共同体意识的建构。

现代社会已经步入了陌生人社会,来自各个地方毫无关系的人因为购买了同一个楼盘里的房子而居住在同一个社区,白天人们四散到各处上班,到了晚上又各自回到彼此的房子里。邻里之间缺乏交流,也缺少熟人社会中必不可少的互相关心。邻里之间迫切需要一个纽带将陌生的彼此联系在一起,让社区大众在公共场域中也有一个能够感受到温情与温暖的地方,正是这样的想法促使邻里汇的产生。加强邻里之间的关系,追求社区集体的温暖,这本就是社区共同体的内在含义。也正是源于这种追求,参与邻里汇活动的居民都会自发地形成一种社区认同感与归属感。根据现场调研时的观察可以发现,无论是前来做志愿者的年轻人还是前来就医的老人,邻里汇中的每一个人都处于一个轻松愉快的状态,总是面带笑容,这便是归属感与认同感的真实写照。参与机制即在社区共同体不断互动过程中培养成员们的"主人翁"意识,对此最有效的方法便是提升成员的参与感。参与机制的形式可以丰富多样,比如成都的村民议事会,北京东城区的"参与式协商"社区自治等模式。事实证明,利用协商民主等方式可以有效激励群众参与,增加成员间的互动,完善社区交往的网络,让群众意识到社区是共同的"大家",从而共同奠定社区发展的基石。

在现代社区建设中,建设机制的完善是基础所在,其中的关键就包括"依赖感"的形成。邻里汇作为一个社区共同体的服务载体,提供就近看病取药、便民理发等一系列服务,使得居民们对邻里汇产生一致认同。当大家意识到彼此对邻里汇有相同的需求后,就会产生对邻里汇的依赖感。同时,邻里汇对居民提出要求的积极反馈又进一步增加了居民对邻里汇的认可,使得邻里汇的存在更加具有合理性,这是邻里汇作为社区共同体存在的直接意义。

提高居民的参与感同样也是社区建设机制完善的重点。很多邻里汇设立意见箱或者建立微信群让居民们表达意见和感受,同时部分邻里汇会定期召开总结会议,会议上不仅会有参与邻里汇建设的政府单位与社会组织代表对运行情况做总结,也会邀请居民代表参加来表达居民的心声,这些行为都在努力提高居民的参与感和归属感,这是建设新型社区共同体的必要方式。这样的邻里汇不仅起到了提供日常生活服务的作用,同时也是陌生社会中人们的精神家园,让社区的人们能够彼此熟悉、彼此帮助、加强联系,也满足了人们处于陌生人社会中对集体温暖的期待。

社区共同体建设的核心就是培养居民的公共精神。同样,公共精神的建设也有赖于社区共同体作为培育的载体。邻里汇作为一个公共场所,本身就会对参与者提出公共精神的要求,倡导每一个参与者都能够彼此尊重,互帮互助。邻里汇所提供的课程也大多秉持这一思路,很多课程例如烘焙课、剪纸课都需要参与者彼此帮助才能够共同完成，也能够在一定程度上帮助居民培养公共精神。同时，公共精神也是社会主义建设的补充与体现，很多邻里汇不仅是居民的活动中心，也是党政基地，很多活动包括学习党章、观看红色影片等活动都在邻里汇举行。对邻里汇的居民进行红色教育，普及党的知识，将社会主义建设深入基层，为社会的发展不断积累资本，这也是公共精神在社会制度方面的体现。

4. 完善邻里汇的思考

增加邻里汇的造血功能。作为服务型政府模式下的产物，邻里汇本身就是由政府主导而建立的社区共同体，与许多社会组织都有着不同程度的合作。尤其是邻里汇的购买社会服务政策，是需要政府投入大量资金来支持的。但邻里汇所提供的课程、活动、讲座等都是公益性质的，基本不收取任何费用，这就导致了邻里汇本身的造血功能不足，无法脱离政府的资金供给而独立生存。长此以往，必然会造成当地政府资金的大量消耗，既不利于当地的进一步发展，也不利于邻里汇的长期生存。

增加邻里汇的造血功能是邻里汇目前发展工作的重中之重，能否解决好此问题是决定邻里汇能否持续经营的根本。我们团队建议邻里汇能够适当对一些项目收费，通过薄利多销的方式来获得一定的利润，为邻里汇的自身经营赚取资金。例如湖南街道的邻里汇开设了助餐点，通过销售低于市场均价的饭菜来获得利润。一时间，湖南街道的邻里汇因饭菜价格便宜受到居民们的青睐，一到饭点就会有大量的居民前来用餐，同时也可以通过这样的销售来维持邻里汇的长期生存。邻里汇可以对新开的课程进行低于市场价格的收费，这样可以避免人们对之前课程转而收费的抱怨，又可以为邻里汇的运营带来收入，增强邻里汇的造血功能。

增加邻里汇的知晓度。邻里汇作为一种新型的公共场所，是街道牵头而建立的，故而没有商业经营的概念，对居民的宣传也大多限于居民间的口口相传，很多当地居民并不了解本街道还有邻里汇。同时，邻里汇是政府进行拨款筹建的，很多邻里汇也处于之前的公用闲置建筑中，导致其地理位置较为偏僻，很多当地居民无法很好地了解邻里汇。有鉴于此，我们建议街道与合作的第三方进行沟通，采取一定的措施来进行宣传，例如在小区布告栏上张贴邻里汇的宣传海报，利用媒体力量进行系列报道，在小区人群聚集处进行宣传等。只有提高邻里汇的知名度，充分利用邻里汇的资源，避免邻里汇出现高投入但低参与的现象,尽量吸引更多的居民参与邻里汇的活动,才能为更多人的生活带来便利与快乐,才更加符合服务型政府理论对社区治理的要求。比如虹梅街道的邻里汇每个星期会举办四场小型活动和一场大型活动,其目的就是为了让更多的人参与邻里汇,加入邻里汇,也让邻里汇中的老人感受到了由社区居民带来的快乐。

提升邻里汇的人群覆盖面。经过调研,徐汇区的邻里汇几乎都有面向老人开展的活动,并且有专门的老人日托与全托服务,对社区的老人给予最大程度的照顾。邻里汇对于幼儿以及亲子关系也有着对应的活动,近乎一半的邻里汇有着幼儿早教的课程或者讲座,对于准妈妈也有知识普及的讲座。但是,邻里汇面向青年人的活动则较为匮乏,几乎没有专门的活动,邻里汇的大多数年轻人都是以志愿者的身份前来帮助老人或者幼儿。对此,政府与合作的社会组织应该注重关注邻里汇服务的群体构成。邻里汇应该按照"民意引领、邻里汇推动、居民参与、灵活化运作"的原则,来实现服务型政府给群众带来的效益,一方面依据群众反馈配合街道方针推动服务的供给侧改革,增加不同性质的服务的供给;另一方面探索多样化、受益面广的热门服务,使居民在体验邻里汇服务的过程中,增强周边社区居民对邻里汇的归属感与认知度。

我们建议邻里汇丰富活动类型,增加面向年轻人的活动,例如进行电影放映活动,也可以增加一些瑜伽课程、插花课程等能够吸引到年轻人的课程,并且课程的收费还低于市场价格。同时还要注意由于大部分年轻人上班时间都集中在白天,所以这些面对年轻人开放的活动可以尽量安排在晚上或者周末,这样年轻人活动的参与率就会大大增加,更加有利于提高邻里汇在居民中的普及率,使得更多年龄层次的居民能共同参与社区活动。

五、理论依据资料

(一)公共服务

公共服务是公共行政的核心概念,强调公民的权利,以合作为基础,强调政府的服务性。公共服务包括为社会公众参与社会经济、政治、文化活动等提供保障,发展教育、科技、文化、卫生、体育等公共事业,加强城乡公共设施建设,是公共行政和政府改革的核心理念。对公共服务内涵的界定、分类的标准在不同语境、不同标准下,具有不同的理解。

"公共服务"是从"公共物品"概念演变而来,许多学者基于萨缪尔森的公共物品理论,从广义上的公共产品的角度来解释公共服务概念,认为公共服务即公共产品,具备非竞争性和非排他性两个基本特征,并基于公共物品的基本属性,对公共服务做了大致相同的分类。如美国经济学家萨瓦斯依据物品的排他性和消费的共同性将物品分为个人物品、可收费物品、共用资源和集体物品。美国学者奥斯特罗姆夫妇则将物品分为私益物品、公益物品、公共池塘资源和收费物品[①]。

表2 公共产品的类型

物 品	可 竞 争 性	非 竞 争 性
可排他性	纯私人物品:如食物、衣服等各种日常消费品	准公共物品:学校、交通系统、社会保障、电影院、图书馆、收费公路、公园、公共游泳池等
非排他性	准公共物品:地表和地下水资源、地下石油和矿藏、福利房等公共产权资源	纯公共物品:国防、法律制度、社会治安、环境保护、消防、街道等

也有学者从满足公共需求的价值角度出发,将公共服务定义为"运用公共资源,根据权利、正义等公共价值,积极回应社会公共需要,为实现社会福利最大化而提供的社会产品和服务"。在此基础上,可将公共服务分为保障性公共服务和发展性公共服务。

表3 公共服务的分类(需求角度)

	保障性公共服务	发展性公共服务
主要内容	确保基本生存的公共服务	较高层次和水平的公共服务
基本属性	公共性、普惠性和公平性	某类群体的特定需求
需求层次	公民的基本需求及迫切需求	公民的较高需求及非迫切需求

---

① 吕娟. 我国公共服务供给机制研究——以南京市为例[D]. 南京大学,2016.

（二）公共服务供给机制

作为公共服务供给的提供方式和保障手段，供给机制的研究一直是学界极为关注的话题。所谓机制，是指系统内各子系统、各要素之间相互作用、相互联系、相互依存、相互制约的关系以及它们之间协调运转，针对系统外界环境变化，进行内部运作的方式。机制一词来源于希腊文，原指机器的构造、运作之理，此处引申为有机体的构造、功能、运行及相互关系。美国学者道格拉斯·诺斯指出："机制是一个社会的博弈规则，或者更规范一点说，它们是一些人为设计的、形塑人们互动关系的约束，并进而构建了人们政治、社会以及经济领域中交换的激励"。

在美国学者埃莉诺·奥斯特罗姆看来，公共服务供给机制是指通过集体机制对公共物品或公共服务的供给者、数量和质量、生产与融资方式、管制方式等问题作出决策，即对公共物品或服务的安排和监管。在城市公共服务供给机制中有三大要素，分别是消费者、生产者、安排。第一，消费者，就是直接获得或接受服务的主体，他们可以是个人、特定地理区域中的所有人、政府机构、私人组织、拥有共同特征的社会阶层或者获得辅助性服务的政府机构。第二，服务的生产者，他们直接生产或者直接向消费者提供服务。生产者可以是政府组织、特别行政区、市民的自愿组织、私营公司、非营利组织，或者是某种意义上的消费者本身。第三，安排，是一个对公共服务的安排，生产者生产的公共服务如何提供给消费者，消费者如何索求适合自己的公共服务的机制的安排，安排是公共服务流通运转的核心。

（三）搭建公共服务平台，实现公共价值

公共价值一词最早由马克·穆尔在其著作《创造公共价值：政府战略管理》中提出。穆尔认为，公共价值是公民对政府期望的集合[①]。公共价值作为一种框架，将"政府认为重要和需要资源的公共服务供给"与"公众认为重要的需求"连接起来。在《创造公共价值：政府战略管理》一书中，为了帮助管理者更好地实现和创造公共价值，穆尔为公共部门管理者构建了战略三角模型。战略三角模型主要包括价值、合法性和支持以及运作能力三个维度。对应这三个维度，要想做到公共服务的高效供给，实现公共价值，需要在公共服务供

---

① 王学军，张弘. 公共价值的研究路径与前沿问题[J]. 公共管理学报，2013，10(2)：126-136，144.

给中建立以下机制。

第一，以人民为中心的价值判断机制。价值判断是公共服务供给的首要环节，"其规定供给过程和最终产品的存在意义与利益导向"。人民立场是中国共产党的根本政治立场。习近平指出："人民对美好生活的向往就是我们的奋斗目标，增进民生福祉是我们党执政为民的使命。"①党的十九大明确提出要坚持"以人民为中心"的发展理念，将增进民生福祉作为发展的根本目的，强调在发展中补齐民生短板、促进社会公平正义，在幼有所育、学有所教、劳有所得、病有所医、老有所养、住有所居、弱有所扶上不断取得新进展，保证全体人民在共建共享发展中有更多获得感。因此，在构建公共服务供给机制时，应当将"人民利益"，即"集体偏好"而非个人偏好作为公共价值的主体目标，统一不同主体间的价值认知，坚持用"以人为本"思想构建机制的制度体系、支持环境与能力建设。

第二，以协商为基础的参与机制。在公共服务语境下，公共价值是社会有效供给与有效需求的平衡，政府和公众既是供给方，同时也是需求方，两者需要进行有效的协作，以此实现供给与需求的平衡。这意味着，公共服务的有效供给，要以精准获取供需信息为基础。一方面，政府需要定期了解公众的诉求和公共价值偏好，并使公众了解政府的实际供给能力。另一方面，公众应当寻求积极主动的参与，通过表达自身偏好促进有效的沟通，并就公共事务和公共活动提供必要的能力支持。建立以协商为基础的参与机制，是实现信息交换和共享的保障②。因此，要支持和鼓励公众主动表达个人需求、开展协商对话，积极组织协商、会谈等形式多样的活动，激发公众参与热情，就公共服务的需求表达、意愿整合、方案拟定和效果评价等问题展开充分沟通和协商。

第三，以合作为纽带的协同机制。公共价值目标的实现，仅仅依靠政府机构是极度低效的。根据公共经济学的理论，政府、市场和社会组织都存在"失灵"问题，城市社区公共服务的供给无法由单一主体独立完成，而需要不同主体之间的合作。因此，要正确认识政府、企业、社会组织等不同主体在公共服务供给中的角色和职能，促进政府、社会与市场三种力量的深度合作和持续互动，形成多元共治、合理分工、优势互补的公共服务供给体系。政府不再是传统意义上的"主管人"，而应当成为公共服务供给中的引导者和利益协调者；社

---

① 徐增阳，张磊. 公共服务精准化：城市社区治理机制创新[J]. 华中师范大学学报（人文社会科学版），2019，58（4）：19-27.

② 王学军. 价值共创：公共服务合作生产的新趋势[J]. 上海行政学院学报，2020，21（1）：23-32.

会团体不再是纯粹的"逐利者",而应当成为价值的创造者和共同受益者;公民(居民)也不再是单纯的"享受者",而应当成为公共价值的生产者和价值导向的"引导者"。将多元力量集中于目标实现的过程中,充分发挥多元主体的合力,以此提升公共服务供给质量。

本案例中,"邻里汇"是以满足居民日常生活需求为目的的一种多功能综合性服务设施,从性质上来说属于公共服务平台,满足了不同年龄段人群的多样化需求。我们可以从战略三角模型的视角对"邻里汇"进行解读,从价值目标上说,公共价值概念的核心内涵是政府的产出要满足公民的需要。"邻里汇"成立的初衷便是为了更好地满足社区居民对于公共服务的需求。从合法性和支持上说,政府建立了有效的参与机制,通过展览、调查、问卷、访谈等多种方式了解社区居民实际需求,这使"邻里汇"在建成后受益人群较广,成效比较显著。从运作能力上来说,"邻里汇"根据具体情况的不同,形成了多样化的运营模式。使其能够最大限度地获取社区需要的资源,实现公共服务高效供给。

六、主要参考文献

[1] 刁鹏飞,臧跃,李小永. 机构养老的现状、问题及对策——以上海市为例[J]. 城市发展研究,2019,26(8):98-103.

[2] 孙超,臧英杰. 加强服务型政府建设的几个切入点[J]. 辽宁经济,2019(9):31-33.

[3] 蓝茜. 协同治理:新时代服务型政府道路的探索[J]. 现代企业,2019(9):54-55.

[4] 邵岩. 运用整体性治理理念推进服务型政府建设[J]. 中国党政干部论坛,2019(9):71-73.

[5] 孟祥林. 我国社区治理的三个向度:制度创新、社会资本建构与社区共同体塑造[J]. 新疆财经,2019(4):47-60.

[6] 郑长忠. 社区生活共同体构建的共青团逻辑——上海静安区"青春社区"创建与城市基层团组织形态发展研究[J]. 中国青年研究,2019(6):46-53.

[7] 王巍,孟静. 社区教育视角下社区共同体意识的生成理路——基于四川

省 J 县的社区教育实践[J].西南石油大学学报(社会科学版),2019,21(3):37-45.

[8] 张承安,师晓倩.社区共同体建设中公共精神的六个维度[J].湘潭大学学报(哲学社会科学版),2019,43(2):34-38.

[9] 陈标,艾凌.社区共同体复兴中政府的效用与角色定位[J].安徽广播电视大学学报,2019(1):1-5.

[10] 潘时常,钟一军,潘文翔,孙雷,沈慧.新时代社区共同体重构的基本机制与政策取向[J].江南论坛,2019(2):33-35.

实现公共价值的人民路径
——子城遗址公园改造项目

摘　要：子城作为嘉兴古城重要的历史遗存，既是城市文化的重要组成部分，也是城市历史文化保护对象以及城市文化建设的重要内容。本案例聚焦子城遗址公园改造项目过程中出现的征收矛盾，讲述了在征收过程中，当地政府如何通过召开听证会、联合各相关部门、梳理利益关系等措施，解开百姓心结，破除征收矛盾，顺利推进项目实施；该项目建设在过程中如何发掘考古，还原历史，推进项目建设。通过对项目实施建设过程中政府执行过程的全景式展现，本案例希望描绘出子城遗址公园最终顺利建设并获得群众广泛认可背后所蕴含的治理之道的人民路径，为总结我国地方政府的治理智慧、提升未来政府社会治理能力提供有益思考。

关键词：人民路径；征收矛盾；利益关系；子城遗址公园

一、案 例 正 文

（一）子城：嘉兴的重要历史文化地标

"子城"，据著名建筑史学家郭湖生先生论述："子城聚一州之精华，军资、甲仗、钱帛、粮食、图书文献档案，皆聚于此。子城为一州政治核心，政府、廨舍、监狱皆设其间，子城鼓角楼司城市生活行止之节；建筑壮丽，为全城观瞻所系。"嘉兴子城位于嘉兴中心城区偏东南区域，自三国以来历经唐宋元明清，一直以来都被作为州、郡、府、军、安抚司等衙署的所在地。子城凭借地理上的居中核心地位,向南经壕股塔至南湖、向北经瓶山至月河历史文化街区,与这些"碎片化"的历史遗存共同构筑起嘉兴城市历史轴线[①]。子城中轴线的府治建筑是各朝变迁中最为稳定的要素,其所奠定的内外双重城的城市格局对嘉兴城市发展的影响延续至今。

嘉兴子城是嘉兴最早的城垣,始建于三国吴黄龙三年(公元231年),是全国为数不多至今仍保持基本格局未变的子城古遗址之一,是国内罕见的、保存完好的州府衙署遗址。子城是嘉兴国家历史文化名城的核心文化遗产,对研究中国古代城市制度和嘉兴的地方历史具有不可替代的重要价值。

1938年嘉兴为侵华日军占据,于子城内设"绥靖司令部",建造日式风格营房20余幢,现存4幢。2000年,嘉兴市委市政府第一次将嘉兴老城区的中心区域——子城、瓶山古城保护区改造工程建设提上议程;2005年,嘉兴子城遗址被列为省级文物保护单位;2018年,嘉兴子城遗址入选第二批浙江省级考古遗址公园;2019年,嘉兴子城遗址被国务院批准为第八批全国重点文物保护单位。子城的重要性不断提升,子城遗址改造的良机悄然来临。

(二) 项目源起:子城遗址改造迫在眉睫

1. 历史文化价值:子城遗址内珍贵文物有待开发保护

嘉兴子城遗址,城址周长约1.1千米,占地面积约7.5万平方米。文物构成包括地上、地下两部分:地上为清光绪重建谯楼与两翼城墙及日寇所建"绥靖司令部"营房四幢;地下遗存包括五代子城城墙基址及五代至明清时期甬道、仪门、戒石坊、大堂、二堂、架阁库等建构筑物遗迹。作为国内罕见的、保存完好、演变脉络清晰的州府子城衙署遗址,子城清晰地揭示出中国古代地方城市中子城的格局与形制、演变与发展以及与古代城市的关系,对认识和研究中国古代城市制度、政治史、行政建制史具有重要意义。

自2010年考古探查发现宋元衙署建筑遗址起,至2015—2017年正式考古发掘,嘉兴子城范围揭露出嘉兴最早的城垣——五代时期子城城墙、五代至民国时期子城中轴线及两侧区域建筑等大范围遗迹,被考古界多位专家学者认定为"国内罕见的、格局保存基本完好的州府子城衙署遗址"。中国人民大学教授、中国宋史研究会会长包伟民评价:"子城在全国来看,这么大面积能够

基本保存下来,绝无仅有。"北京大学考古文博学院院长、教授杭侃认为:"子城在南方曾经是个普遍的形态,先建小子城,再扩罗城,但目前看来只有这里保存下来了,非常难得。"嘉兴子城的历史文化价值不言而喻。

但是,随着时间的推移,在岁月的洗礼下,子城谯楼上的架梁、柱子等已经脱漆裂开,地面损坏严重,部分城墙段被蕨类植物和杂草遮挡,树木扎根对古城墙造成较大破坏,各种珍贵的遗迹、文物都需要尽快进行保护修缮。另外,子城作为国内罕见的、保存完好、演变脉络清晰的州府子城衙署遗址,却并不被人所知晓,甚至有些嘉兴本地人都对其知之甚少。子城重要的历史文化价值被掩埋了起来,无法发挥其应有的价值。

2. 社会经济效益：中心城区品质亟待提升

2016 年以来,中心城市改造和品质提升越来越受到人民群众的密切关注。2016—2018 年,嘉兴市建委办理人大代表和政协委员提案共 223 件,其中直接涉及中心城区品质提升的占 58.3%。并且,此类建议提案数量呈逐年上升态势,2016 年为 48.4%,2017 年为 60.2%,2018 年达 64.5%。随着时间越来越临近建党百年,人民群众对嘉兴中心城区品质提升的需求越发迫切。

子城遗址位于建设街道,属于嘉兴市中心城区。该区域周边历年来已完成部分建筑的房屋征收工作,整个地块的房屋基本建于 20 世纪七八十年代。子城遗址公园在建设前,当地地块环境差,品质低,且基础设施落后,部分住房甚至没有配备抽水马桶,房屋入住率极低,大部分房屋为出租或是空置房,被征收户总体生活质量较差,要求征迁改造的愿望日益强烈。

从 2020 年 6 月 3 日起,嘉兴市房屋征收部门广泛征求相关利益群体的意见,在做实做细征收补偿方案的基础上,多方宣传动员,在实施房屋征收前做好被征收户的思想工作。从民调结果看来,绝大多数被征收户同意征收。

3. 子城遗址公园改造被提上议程

事实上,子城遗址公园改造早已被提上议程(见表 1)。早在 2014 年 11 月,嘉兴市就已召开子城文化研讨会,讨论"子城地块怎样进行有机更新最科学"这一议题。2016 年,国务院发布的《关于进一步加强文物工作的指导意见》指出,文物是不可再生的珍贵文化资源,要加强大遗址保护和国家考古遗址公园建设,发挥文物资源在文化传承中的作用,彰显地域文化特色,发挥文物资源在促进地区经济社会发展、壮大旅游业中的重要作用①。与此同时,嘉兴市将全面提升中心城区品质和能级……围绕改善人居环境,完善基础设施,加快推进子城广场片区等城市有机更新工作②纳入"十三五"规划纲要中。在考古发掘成果与城市更新发展的合力助推下,《嘉兴子城考古遗址公园总体规划》于 2017 年正式启动。

表1　子城遗址公园改造项目相关政策

时　间	政　策　文　件	相　关　内　容
2012 年 8 月	中共嘉兴市委、嘉兴市人民政府《关于嘉兴市中心城区城市有机更新的实施意见》	以嘉兴市区二环以内及东栅老街区域为重点,对于集中成片的 14 个片区(包括南湖湖滨片区、子城广场片区、三塔路片区、博海路片区、文生修道院片区、火车站片区、城隍庙片区、人民剧院片区、杉青闸片区、城东路片区、城北路片区、民丰冶金片区、电控厂片区、东栅老街片区)的更新,由市政府统一组织,鼓励各方主体参与,通过项目化运作,实施成片推进
2016 年 9 月	《嘉兴市旅游业发展"十三五"规划》	充分挖掘子城片区历史文化内涵,保护水乡古城风貌,拓展旅游功能,打造子城历史文化商贸旅游区
2018 年 11 月	《嘉兴市加快中心城市品质提升打造国际化品质江南水乡名城的实施意见》	按照打造嘉兴城市会客厅的要求,与历史文化名城保护相协调,把握好"文化基因、公共空间、容量适度"原则,凸显老城建筑风貌特色,建成子城遗址公园和子城广场
2020 年 5 月	《嘉兴市中心城市有机更新规划》	文化复兴策略:重点推进禾城文化活化利用,以老城区为核心,以"月河—少年路—子城—壕股塔"历史文化中轴线为重点,统筹推进历史街区、历史建筑、历史古迹等历史文化遗存的恢复和保护利用。府南街片区有机更新:以文化复兴为导向,以子城遗址公园建设、天主教堂修缮、府南街区更新开发、原第一医院地块开发为重点,打造文商旅融合的高品质特色街区

　　2018 年 11 月 23 日,嘉兴市中心城市品质提升工作指挥部(下称"市品质办")成立,标志着中心城市品质提升工作全面启动,通过实施"百年百项"重大项目计划、嘉兴市区十大标志工程和"十大专项"行动,使城市以崭新的面貌迎接建党百年。在城市品质提升的契机下,嘉兴市政府将子城遗址公园改造项

① 国务院. 国务院关于进一步加强文物工作的指导意见[Z]. 2016 - 03 - 08.
② 《嘉兴市国民经济和社会发展第十三个五年规划纲要》

目列入嘉兴市"百年百项"工程计划,加强子城考古遗址公园的保护、利用和传承,并将其确定为嘉兴市区十大标志工程之一,致力于将其打造成国内有影响的城市文化名片,使之成为市民感知城市历史文脉的重要场所。

子城遗址公园的改造以遗址保护展示为核心,修缮利用地面文物建筑和其他保留建筑,设置中轴和城墙遗址保护展示和文创产业等空间。这将进一步完善老城区的城市功能,提升城市形象和品位,提高广大人民群众生活质量,改善城市生态环境和子城遗址公园周边环境,对于促进嘉兴经济、社会和文化旅游环境的协调发展都具有十分积极的作用和意义。

(三)项目纠纷:困难重重如何破

1. 利益相关:群情激烈如何疏导?

根据子城遗址公园改造规划,需要对子城遗址周围的社区进行房屋征收。2020 年 5 月,来自嘉兴南湖区人民政府的《房屋征收决定入户调查登记通知书》和《房屋征收补偿方案征求意见公告》出现在子城社区各相关小区公示栏前:"为了进一步完善城市功能,加快推进中心城市品质提升,提高广大人民群众生活质量,促进经济、社会和环境的协调发展。现依照相关法律、法规、规章和规范性文件的规定,对银建公寓、洲东湾、子城南侧等地块组织实施房屋征收工作……"

对于子城社区其他老旧小区的被征收户来说,这则消息无异于中了彩票大奖,可对于子城遗址公园正南方的银建公寓小区被征收户来说,可是一下子炸开了锅。银建公寓小区被征收户的反对意见主要有以下几点。

(1)寻找过渡住房成为难点。

2020 年全年,嘉兴市区征收项目共 34 个,共征收三四千户,由于市区征收政策并不鼓励征收安置产权调换,仅提供定向销售的期房,且期房要在两年后交付。因此,几乎在 1 000 户被征收户中只有 2 到 3 户选择产权调换。大量被征收户必须找到一个能够用以过渡的房源,来解决新旧房屋间的衔接问题。但是,这些被征收户面临购房和租房的困境。

一是房源稀少,房价猛涨,购房经济压力猛增。二手房方面,由于大量被征收户在短期内迅速涌入房产市场,尤其是可较快甚至直接入住的二手房产市场,相似房源迅速成为稀缺资源,二手房所有者和房产中介待价而沽,房产价格不断上涨。且随着近年来公共基础设施投入不断增加,相关配套建设不断完善,优质房源的房价本身也在不断上涨。一手房方面,虽然根据国家控制房价相关政策要求,嘉兴市对于土地拍卖价格设置了最高限价和熔断机制以控制房价快速上涨。可房地产商上有政策下有对策,销售一手房源时要求购房者在购房价格的基础上,必须要绑定购买一到两个地下停车位,而一个地下停车位在嘉兴却往往要卖到 30 万元的高价。

二是老人租房面临困难。租房市场出于对老人生病、死亡等方面的顾虑,对老人并不友好,很少会有房东愿意将房子租给高龄老人。老人的房屋被征收后若没有其他住房,想要在短期内通过租房实现过渡,是难以得到保障的。

(2) 现有生活受到影响,被征收户对政策不理解。

征收不仅对银建公寓被征收户原本的生活造成了巨大影响,且由于银建小区本身与周边其他被征收小区的条件差距较大,也使得小区被征收户对征收政策不理解,自然也不支持、不配合征收工作。

一是被征收户现有生活因征收受到影响。一方面,征收使他们的生活工作成本大幅提升。由于银建公寓本就是建设银行的福利分房,对于不少仍在职的建行职工而言,银建公寓距离建设银行营业部仅一两百米路远,且距离周边的小学、菜市场都很接近,上下学接送子女、买菜等都较为便利。而一旦征收,周边并没有相似的优质房源可以购买,其工作、学习、生活的相关时间精力成本一定会大幅提高。比如有被征收户提出:"我小孩在辅成小学上学,你们说征收就征收,我以后上下学接送孩子怎么办?"另一方面,征收扰乱了被征收户原来的规划。由于银建公寓设施条件较好、配套资源也很齐全,很多被征收户都是抱有长期居住于此的打算,征收直接打乱了部分被征收户的规划,也事实上造成了被征收户的利益损失。如有一对夫妻,购买银建公寓就是为了学区,他们的孩子两年后才入学,现在公寓一旦被征收,孩子的入学资格也会不再被保留,孩子的上学问题成为夫妻抗拒征收的主要原因。又比如有的被征收户为了今后长期居住,正在对房屋进行装修,现在房屋却要被征收了,已经投入的心血等于白白浪费,这也使其对征收非常抗拒。

二是被征收户难以理解银建公寓被征收。银建公寓作为子城社区内少有的封闭式管理小区,明显区别于其他老破小,整体建筑物偏新且维护良好,有较好的物业管理体系,内部和周边基础配套设施也都相对较为完善,整体环境较好,吸引了不少中产阶层的老年人将此处作为自己的养老居所。因此,少部分被征收户很难理解为何政府要将此处纳入征收范围,认为自己的房子住得好好的,也没有任何不方便,为什么要被征收?

（3）被征收户想要争取更大的经济利益。

部分被征收户想要借征收的机会争取更大的经济利益，具体表现如下。

一是不愿放弃银建公寓未来可能带来的巨大收益。随着中心城市品质提升初现成效，银建公寓地块周边环境得到逐步改善，银建公寓被征收户对未来房价的升值空间充满期望。虽然目前选择同意征收可以获得直接的利益补偿，但若是选择不同意征收却可能在未来获得更大的收益。因此，在银建公寓被征收户中不愿意征收搬离的情绪也日益明显。

二是历史遗留问题使被征收户认为自身利益受损。由于早年相关制度监管不严等原因，有不少房屋存在着房屋登记产证和实际面积出入较大的问题，例如房屋实际实用面积达 120 平方米，但房产证却为 100 平方米，产权人当年也是根据 100 平方米的价格购买并纳税。因此，在征收时，政府同样依据房产证面积赔偿而并非实际面积，不少被征收户觉得自己好像吃了亏，想要政府按照实际面积测量赔偿而不是根据房产证面积赔偿。

三是嘉兴市内外人员享受政策不一致造成不公平。为配合推进征收工作进行，税务部门对于征收房屋后再次购买商品房的契税予以一定免除，如征收赔偿款总额为 100 万元，即购买 1 套价值 100 万元以下的商品房契税全免，若购买超过价值 100 万元商品房，则只需对 100 万元以上部分金额上缴契税。然而，自 2016 年起，嘉兴市开始实行房屋限购政策，暂停向拥有 1 套及以上住房的非本市户籍被征收户家庭出售住房，包括新建商品住房和二手住房，而减免契税政策仅针对被征收户在省内购房有效，浙江省外税务部门并不参照执行。而随着调查深入，却发现在银建公寓地块产权人中，不乏拥有上海、北京户口乃至外国国籍的人员，嘉兴市外人员占比约 5％，而这些人在嘉兴大多也不止一套房屋，无法在嘉兴再购买房屋，也因此无法享受到该契税减免政策，与别人一对比，吃亏的心理便快速形成。

四是被征收户对赔偿标准不满意。除前两项原因外，被征收户普遍产生了待价而沽的心理，想要通过拖延、拒绝征收的方式迫使政府提高赔偿金额，认为越晚征收得利更多。还有更多的群众关注着赔偿款额，认为评估价格评定不合理、不透明，补偿太少。"嘉兴的子城，就像北京的天安门，你们要是赔得少了我们才不会同意征收！"

2. 团结对外：被征收户迅速形成攻守同盟

银建公寓，与周围 20 世纪七八十年代建设的老破小小区不同，于 1996 年

中国公共治理实践案例：实现公共价值

由中国建设银行嘉兴分行投资建设,房屋质量较高,配套设施完善。作为建行职工的福利分房,根据当时职位、级别、工龄等分配。银建公寓共 188 户住户,除去后来发生的二手房交易,大多数业主都曾是或者现在仍是中国建设银行的职工,或多或少都互相认识熟悉。因此,银建公寓业主们迅速地组建了银建公寓业主群,抱团形成了利益共同体和攻守同盟,其中个别人传递各类或真或假的政策或小道消息,更多的群众则或被蒙蔽,或者静待坐收渔翁之利,给征收服务工作人员建立信任、政策解释工作带来极大阻碍。

(四) 项目推进: 对症下药赢民心

1. 成立专项组,整合多方力量

在市品质办的统一协调下,市、区两级各相关部门联动,建设街道与征收中心共同成立专项组,整合街道、社区、征收公司三方力量,形成"1+3+6"的工作组架构和"政企合作、市区社联手"的征收模式,推动征收工作。其中,街道的各类资源相对较为丰富,更易于与公安、市场监管、税务等横向部门进行协调沟通。社区平时与小区被征收户联系较多,相互间较为熟悉,因此在群众基础上有较大优势。本案例中的征收公司已经参与过嘉兴多个征收项目,因此经验较为丰富、专业性较强。三者通过专项组的形式,形成了工作上的合力。

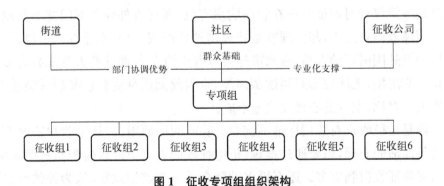

图 1　征收专项组组织架构

面对一线人员仅十余人的现实困难,专项组推行"班子领导带队、项目负责领班、业务骨干带头、全员参与冲刺"的工作模式,挂图作战,拧紧发条,铆足干劲,以超常规的工作节奏推进项目开展。

为了快速推进征收工作,专项组建立了每日例会制度。此外,专项组还增

加了夜会的频率,将夜会从原定的每周两次调整至每天开,讨论分析签约谈判过程中遇到的具体问题,并逐个进行专题研讨,谋划推进思路,制定解决方案,落实推进任务。因为征收户白天需要工作,所以工作人员的劝说工作往往要在夜晚进行。夜会往往要等走访劝说结束后,从晚上9、10点钟开始,开到第二天凌晨。

2. 广开言路,寻找症结所在

事实上,根据2020年5月30日对银建公寓的第一轮征询结果,被征收户同意改建的比例为94.5%,可见绝大部分被征收户对征收本身并不反对。为什么被征收户突然间形成攻守同盟? 面对被征收户的强烈反对,为最大限度地征求、汇总被征收人的意见建议,保障其合法权益,征收组广开言路,通过多种渠道收集整合被征收户的需求和意见,尝试找到被征收户反对征收的真正原因。

一是组织召开听证会议。由于银建公寓100多户被征收人书面提出了对补偿方案的意见和建议,2020年7月21日,南湖区政府组织相关部门,针对银建公寓房屋征收补偿方案是否符合国务院房屋征收补偿条例、浙江省房屋征收补偿条例召开听证会。10名被征收人代表、5名公众代表参加了听证会,邀请被征收户说出真实疑问和想法。会上,市、区两级相关部门针对被征收房屋面积问题、安置房源问题、补偿价格问题等广大被征收人普遍关心的问题逐一进行了答复和释疑。同时,也记录下了被征收户的具体诉求。二是入户调查全覆盖,征求被征收户意见。征收工作人员和评估公司共同前往被征收户家,一一向被征收户征求对于征收的意见。三是深入业主群,收集真实民意。银建公寓小区在征收前就已经建立了小区业主群,征收组通过进入业主群的方式,了解小区业主对于征收的真实民意,同时对事态发展能够有一定的把握与准备。

通过对群众意见的收集与归纳整理,总的来说,该小区被征收户对征收不配合的原因,主要有以下几点:第一,大部分原本同意征收的被征收户抱有拖得越晚、补偿越高的心理,实则是被征收户对征收公平性和政府能否依法征收存有质疑,怕自己同意的早了、闹的少了,反而会吃亏。第二,被征收户对于现有补偿方案不满意,认为补偿得少了。第三,不少被征收户属于随大流的心态,事实上并不能说出反对征收的具体诉求和原因。第四,确实有一部分被征收户因房屋被征收而产生了生活上的不便才拒绝征收。

3. 多措并举，针对性攻破难点

（1）坚持依法征收，打消被征收户争利心理。

在走访沟通中，征收组发现，有的被征收户对征收政策有误解，认为闹得厉害，拖到最后一定"有空可钻"。针对这些问题，征收组坚持依法、公开、透明征收，并通过各种途径向被征收户传达政府依法征收的决心。

一方面，刚柔并济，做通被征收户思想工作。为了快速推进征收工作，由于部分被征收户白天需要工作，因此专项组启动"5＋2""白＋黑"模式，利用晚上被征收户在家的时间对其开展上门走访，做被征收户的思想工作。在做工作过程中，专项组工作人员也反复申明征收底线、表达立场，绝对不会因为被征收人拒绝签约而提高补偿价格。市房屋征收服务中心副主任石留清表示，"我们要做的，就是坚持刚性原则的同时，做好不违反政策的柔性服务。"

另一方面，坚持透明公开，实现"阳光征收"。事实上，在银建公寓被征收前，嘉兴市当年度已有多个其他征收项目，所有征收项目的初次评估价格与最终签约评估价格都通过嘉兴市房屋征收信息公开系统和小区公示栏进行公示，并且被征收户能够自行登录网站进行查询。因此，嘉兴市在征收工作上本就是公开透明的。专项组发现，由于银建公寓住户间深厚的业缘关系，因此有喜欢相互比较征收赔偿的特点。抓住这种特点，专项组进一步引导被征收户通过信息公开平台查询房屋估价和签约公示，通过前后赔偿价格的比对，使被征收户明白政府在征收赔偿等方面，会坚持透明公开，不会因为拖延时间而增加补偿。

（2）动用民主决策，确保征收评估公平公正。

针对被征收户认为补偿价格偏低，评估公司评估不公正的心理，专项组从政策宣讲和民主决策两方面开展工作，确保依法征收，保证征收前后口径一致、公平公正。

一方面，对被征收户进行政策和流程宣讲。召开听证会时，不少被征收户认为征收补偿过低，从而反对征收。事实上，补偿价格是由评估机构以征收决定发布之日为时点，根据《国有土地上房屋征收评估办法》，结合当下房地产市场情况评估而来的。按照征收补偿的流程，银建公寓目前还没有选择评估机构，被征收户们对评估方面的诉求可以在评估机构入户评估时提出来。而且，根据征收补偿条例，即使在评估价格公布后，被征收户如果对评估价格有异议，可依法享有提出复核、鉴定的权利。显然，不少被征收户对此并不知晓。因此，专项组在听证会以及入户时向被征收户宣传相关评估政策，告知被征收户其可享受的权利以及维权的正当途径,使其了解政策,放下对征收价格的质疑。

另一方面,采用民主决策手段确定得到被征收户认可的评估公司。针对被征收户"评估公司都是听政府的"的偏见,专项组在充分尊重被征收户自身意愿的前提下,根据一户一票的原则,由被征收户投票选出杭州厦信房地产咨询评估有限公司对被征收房屋予以评估,而该公司此前从未在嘉兴市区进行过相关工作。这一举措得到了被征收户的普遍认可,充分显示了民主集中决策的优势。

(3)紧抓重点群体,打开工作突破口。

针对银建小区内被征收户形成的攻守同盟,专项组从重点人群入手,使其率先签订房屋征收补偿协议,从攻守同盟内部打开突破口。

一方面,动员党员干部、公职人员先行签约。专项组在对小区的摸底调查中发现,该小区中被征收户公职人员、党员多,遍布银行、学校、警察等各行各业。因此,专项组提请市品质办召集公安局、财政局、教育局、建设局、各级区县政府、各相关街道、建设银行等二十余家相关公共部门,认真分析情况,群策群力,合理分配任务,通力合作,协作攻坚。对于在这些部门内工作的党员干部、公职人员等,由单位包干,对其职工进行积极动员,使其发挥先锋模范作用,先行签订协议。

另一方面,优先劝说对社区较为信任、关系较好的被征收户签订协议。专项组发现银建公寓所在社区子城社区的群众基础较好。由于不少被征收户尤其是老人从公寓建成至今,二十余年未搬迁,在长期的居住和交流沟通下,对子城社区工作人员较为信任,彼此间建立起较好的关系,这部分被征收户相较于其他被征收户更容易接受社区工作人员的劝说。因此,专项组在这部分被征收户身上寻找突破口,优先对其进行劝说,促使其尽快签订协议。

最后,设置签约榜,形成压力,带动其他被征收户签约。在说动部分被征收户签订协议的基础上,专项组在小区公告栏醒目位置张贴签约榜,将已经签订协议的情况进行动态公示,实时更新。由于之前不少被征收户抱有随大流的心态拒绝签约,因此不少被征收户看见与自己相熟悉的被征收户已经签订了协议后,也放弃坚持,主动上门要求签订征收协议。

(4)梳理利益关系,解开群众心结。

在征收过程中,针对家中的确有困难的老人、子女入学困难的被征收户,专项组通过动用组内各类资源,协调相关部门,对他们的困难进行精细化、人性化的应对,帮助他们解决困难,使他们接受征收。

一是动用征收公司资源,解决房源问题。前文提到,有不少老人在寻找租房房源时,因为年龄的原因,很少有房东愿意租,二手房房源也紧俏。在这部分被征收的老人中,有一部分老人是有子女或亲戚在嘉兴,或是有其他住处的,针对这部分老人,征收组积极做老人及其子女工作,能不租房尽量不租房。针对余下的子女不在嘉兴、家庭有困难的老人,专项组利用征收公司长期以来的房产市场资源优势,承诺为其寻找合适的二手房或租房房源。老人可以先签订协议,房源未找到可以不搬走。同时组织红色志愿服务活动为其搬房,将服务做到细处。

二是利用街道部门间协商便利的优势,解决学区问题。针对前文中提到因被征收而影响子女入学的情况,专项组动用组内街道资源,积极与教育局进行沟通,保证银建公寓被征收户家中子女未来两年内仍可凭征收协议保留入学资格不受征收影响,为此类家庭提供坚实保障。

2020年11月5日晚,在专项组的不懈努力下,在各相关单位的配合下,在人民群众的支持下,银建公寓地块项目顺利正式生效,签约率达到97%,银建公寓被征收户自发聚集在银建公寓小区门口合影留念。

4. 历史重现,独具匠心

(1) 多方合作,深度挖掘。

城市就像一本书,嘉兴这本书的首页精华,非子城莫属。在启动子城遗址考古发掘清理工作后,子城的神秘被一页页翻开,但要想更好地展现子城独有的魅力,让市民、游客更好地走近子城、读懂子城,还需要各相关单位紧密合作。

嘉兴子城考古遗址公园改造工程范围东至建南公寓,南至府前街,西至紫阳街,北至中山东路,总占地面积56 910平方米,投资约2亿元。建设内容主要包括遗址保护与展示、文物建筑修缮、保留建筑改造、景观设计、紫阳街和府南街道路改造。遗址公园划分为城墙和中轴线遗址展示区、游客服务区、公众考古区、公共活动区、历史体验与文创产业区、子城展览区6大主要区域。

工程严格贯彻执行"保护为主、抢救第一、合理利用、加强管理"的文物工作方针,对发掘出土文物登记造册,对大部分遗迹进行回填保护,对展示遗迹覆盖保护,以上工作随着子城遗址公园改造施工不断推进。接下来,项目将陆续进行展陈装修和遗址展示方面的建设,省考古所、市文广旅局、市文保所、文史专家、施工方等也多次召开专题会议,对子城的文化和历史进行进一步深度挖掘,不断深化子城遗址公园的内涵。

(2) 资金机构,双重保障。

嘉兴子城考古遗址公园改造项目总投资19 728.53万元(不含土地款),其中建安工程费用 16 424 万元,工程建设其他费用 1 968.67 万元,预备费 551.78 万元,建设期利息 784.08 万元。资金由嘉兴城市建设投资有限公司自筹,为改造项目提供了坚实的资金保障。

此外,目前子城改造项目由嘉兴子城考古遗址公园建设项目部管理,具体管理主体是嘉业卓众建设有限公司(联合体主办方)和江苏省古典建筑园林建设有限公司(联合体成员方)。建成后的嘉兴子城考古遗址公园将成为嘉兴中心城区的城市客厅及市民休憩游览的场所,公园由嘉城集团负责管理,市文物部门负责行业管理,并按照文物保护法律法规相关规定,积极做好子城考古遗址公园开放和运行工作。

(3) 文化景观,还原融合。

子城遗址公园改造始终遵循着综合平衡、整体协调以及动态变化的原则,以遗址保护为前提,以文化传承为基础,以公众参与为目标,以生态融合为保障,打造民众共享的城市客厅,将子城千年的历史文化和建筑、景观充分融合,呈现出最佳面貌。

(五) 项目完工:千呼万唤子城现

1. 子城的现在

2021 年 2 月 5 日,嘉兴子城遗址公园(一期)基本完成建设,对外试开园,一跃成为春节期间最受嘉兴市民欢迎的网红打卡地之一。子城遗址公园试开园后,历经了 4 个多月的完善施工和展陈布展。2021 年 6 月 25 日,在迎接建党百年献礼之际,市委书记张兵宣布嘉兴子城遗址公园正式开园。

在嘉兴老城区历史文化中轴线上,由谯楼向南,设置了 18 条篆刻年份和大事记的铜带,代表嘉兴自公元 231 年建成至今 1 700 多年的历史,铜带结合银杏树池,加以灯光配合,形成一条真正的跨越时光的千年大道,游客可以漫步在这条千年大道上,找寻历史记忆,触摸时光遗韵。

从子城遗址公园南门进入,谯楼威严耸立,东西两侧有长达 300 米、高 9.7 米的南城墙,气势磅礴。而谯楼前,依旧是那对深情凝望的石狮。高高的谯楼与连绵的城墙相结合,让人恍若"穿越"回了古代。穿过谯楼,走进子城,沿着百米甬道向北,两侧古树站立。仪门、戒石坊、遗址保护展示厅、营房、游客服务中心、子城遗址博物馆依次排开,古色古香。现在的子城,既有千年古韵,也有现代活力,充满了生机。

千年的子城,贴近市民游客,建筑景观融合,不断呈现出最佳面貌,让子城的肌理更加清晰。缓步其中,每隔一段距离,都有建筑名称介绍的标识和二维码,扫码进入,可以让公众了解到更多子城的故事。谯楼上,有一个大型沙盘模型,以光影互动的形式,介绍子城的历史变迁,还有主要景点和考古发掘的介绍。大堂里,配置了"文物碎片复原""衙署大堂重现""官服换装"等互动设备,游客可以进行考古发掘的互动体验,看到三维场景的大堂复原展示,并通过一面"魔镜"进行"换装"体验,了解明清府衙文化等。无数游客在观赏景观中学习了历史,在畅游历史中沉醉于文化。

2. 人民的子城

子城试开园之后,游客络绎不绝,文化底蕴也在不断积淀。子城正以其独特的历史文化风貌,散发着迷人魅力。而持续深化的文化底蕴,形式多样的文化活动,也在不断反哺着禾城("禾城"和"子城"都是嘉兴别称)百姓,丰富人民群众休闲、文化生活,使子城真正意义上成为人民的子城。

5月29日,"百年好禾·一眼千年"嘉兴市百对青年集体婚礼在子城遗址公园举行。百对新人在子城狮侣一眼千年的目光注视下,许下相濡以沫、白头到老的爱情誓言。庆典现场,子城遗址公园省级"亲青恋"基地也正式揭牌,通过深入挖掘地方底蕴,精准匹配青春需求,子城将逐渐打造更多的90后、00后喜闻乐见的"亲青恋"地点。

6月2日,位于嘉兴子城遗址公园内2号营房的嘉兴起义史料陈列馆作为浙江省首个"民革党史教育基地"举办试开放仪式,起义人员亲属、中国美术家协会会员、浙江传媒学院教授刘文清向陈列馆捐赠了其精心创作的中国画作品《嘉兴起义组画》。

6月23日,建党百年廉政历程漫画展暨中国·嘉兴桐乡廉政漫画特展启动仪式在嘉兴子城遗址公园举行。该展览用漫画这一群众喜闻乐见的方式生动讲述党史上的纪律故事,针砭时弊,抑恶扬善,有效拓展了党史学习教育,"四史"宣传教育的途径,有力丰富了清廉建设的形式,为纵深推进清廉浙江建设注入了新的活力。

3. 子城的未来

如何处理好城市建设与遗产保护的关系,切实加强区域内文化遗产的保护,以文化为城市灵魂、实现永续发展是子城未来发展思考的重点。

一是树立文化遗产保护优先的原则。文化遗产的稀缺性、脆弱性及不可再生性这一特征，使得子城发展需要树立起保护优先的理念。要坚持"保护为主，抢救第一"的文物工作方针，处理好古与新、高与低、大与小等关系，突出嘉兴历史文脉，彰显城市特色风貌，实现历史文化与现代文明的交相辉映。

二是进一步开展子城遗址考古发掘。通过对建国路商城北侧停车场位置的勘探，厘清子城东城墙具体位置，继续开展子城重点区域的考古发掘，探明衙署总体布局。最终目的是使子城遗址考古有一个全面和系统的成果。

三是实现保护与利用相结合。子城考古遗址公园要在改善遗址周边环境的同时，为广大市民提供高雅的文化休闲场所。已修复完善后的谯楼和城墙待遗址公园开放后可成为登高观景之地。修缮后的营房旧址可作为文化交流、展示、研讨的优雅场所。

（六）结束语

嘉兴市子城遗址公园项目从规划设计、土地征收到服务升级，前世与今生，背后多方利益主体相互纠葛。政府与其他多元主体共同发力，有效破解项目纠纷，确保项目推进，促使项目升级，实现了各方利益最大化。在征收过程中，实施征收的主体看似是建设街道和征收中心，但上至市品质办，下至公安、行政执法、税务、建设、工商、人社、教育、区县政府、街道、国企等数十个公共部门凝心聚力，共谋合作。在建设过程中，省考古所、市文广旅局、文史专家、施工、监理等各主体各展所长、各尽所能。在这样的过程中，有哪些"优"与"劣"？又有哪些"得"与"失"？这些思考又能为当前推进政府治理体系和治理能力现代化提供哪些有益借鉴？以上问题值得我们进一步探索。

思考题

1. 子城改造项目为什么能取得成功？对你有哪些启发？

2. 通过该案例你对"人民"的复杂性有哪些理解？城市公共价值人民性的定位应如何体现？

3. 城市公共价值的多样性内涵是如何影响政府决策与政府行政的？

4. 如何理解群众获得感的复杂性？

5. 以人民为中心的工作方式对政府和公务员有哪些挑战？如何应对这些挑战？

6. 城市公共价值如何持续体现人民的需要？行政工作如何持续满足人民的需要？

二、案例使用说明书

（一）课前准备

在上课前，若条件允许，可印发纸质版案例（或分享电子版案例资料）。在多媒体教室，最好是桌椅可以移动的教室授课，方便学生分组讨论。针对 MPA 学生上课时间集中但学生精力难以集中的特点，在发放纸质版案例的同时展示配套 PPT 图片或播放相关视频（网上有视频片段），以更直观、更有冲击力的方式在课堂上充分展示案例。因此应在课前将相关图片制作成 PPT 并筛选与该案例相关的代表性视频，按照教学计划提示本案例的具体使用时间，以引起学生关注。

（二）适用对象

本案例适用于公共管理、政治学专业的本科生、学术型硕士生和专业硕士 MPA 学生，另外在干部进修或培训的教学中同样可以使用。

该案例适用于《公共管理学》《城市治理》《政治学》及《中国政府与政治》等课程的教学。

三、案例目标定位

（一）本案例的核心教学目标

（1）深刻认识基层社会治理的复杂性；

(2) 深刻认识人民需求的复杂性；

(3) 深刻理解践行人民路径的行政需求；

(4) 深刻理解新时代行政生态的变化；

(5) 正确理解新时代公共行政的新挑战。

（二）掌握的知识点

(1) 文物保护的人民性；

(2) 民主行政的学理框架；

(3) 我国公共行政人民路径的特点；

(4) 我国公共行政全过程民主的发展。

（三）思维养成和观念转变

(1) 新时代公共行政有新的定位；

(2) 新阶段人民有新的需求；

(3) 新时期行政方式需要创新；

(4) 新的行政方式要符合人民的新诉求。

（四）能力提升

(1) 提升政府拓宽创造城市公共价值人民路径的能力；

(2) 提升政府整合实现城市公共价值所需的人民资源的能力；

(3) 提升政府运用维护社会公共价值的行政技能的能力。

四、教学内容及要点分析

（一）案例导入性问题

(1) 如果你是子城周边的居民，你如何考量征收中自己的权益？

(2) 如果你是子城征收项目的实施者，你如何推进工作？

(3) 如果你是本市的居民，你对地方政府有何期望？

（二）案例讨论要点

党的十八大以来，习近平总书记强调"以人民为中心"的发展思想，它是习近平新时代中国特色社会主义思想的主要价值取向,体现了中国特色社会主义制度鲜明的人民立场①。2019 年 11 月,习近平总书记在考察上海杨浦滨江时,首次提出"人民城市人民建,人民城市为人民"的重要论断和城市治理理念,深刻回答了城市建设发展依靠谁、为了谁的根本问题,深刻诠释了建设什么样的城市、怎样建设城市的重大命题②,为推动新时代中国城市的建设发展治理、提高社会主义现代化国际大都市的治理能力提供了需要遵循的根本原则。

"人民城市人民建,人民城市为人民"的城市治理理念是习近平总书记"以人民为中心"发展思想的具体体现和发展延伸,其根本目标是"不断实现人民对美好生活的向往",这与实现和创造公共价值(所谓公共价值,是公民对政府期望的集合)不谋而合。子城遗址改造项目生动形象地为读者展现了嘉兴市政府坚持"以人民为中心",践行"人民城市人民建、人民城市为人民"这一治理理念,带领人民共享人民城市建设成果,从而实现公共价值的过程。

本案例尝试对子城遗址公园改造过程进行分析,揭示进入新时代后,城市建设发展中所蕴含的"以人为本"的深刻内涵。进一步地,深入探究嘉兴市政府在人民城市建设的过程中,是如何在人民本位框架下将"属民""为民""靠民"的人民城市重要理念真正落到实处,从而全心全意为人民群众创造更加幸福的美好生活、实现公共价值的,以期对优化地方政府行为,不断推进地方治理体系和治理能力现代化提供有效建议。

1. 属于人民：确立子城遗址公园的人民性

党的十八大以来,以习近平同志为核心的党中央把实现人民幸福作为一切工作的出发点和归宿,不断增强人民群众的获得感、幸福感、安全感,形成坚持以人民为中心的城市工作宗旨和方针③。"人民城市人民建,人民城市为人民"内在地涵盖了人民城市与人民之间的密切关系。城市归根结底是人民的城市,人民对美好生活的向往,就是城市建设与治理的方向。

在价值内核上,确定城市更新的基本价值立场和根本属性是人民性。"人

---

① 陈海燕."人民城市人民建、人民城市为人民"的基层民主政治价值[J].中共成都市委党校学报,2021,(3)：5-9.

② 余池明.推进城市治理现代化要坚持人民城市人民建[N].中国建设报,2021-4-5.

③ 谢坚钢,李琪.以人民城市重要理念为指导推进新时代城市建设和治理现代化——学习贯彻习近平总书记考察上海杨浦滨江讲话精神[J].党政论坛,2020(7)：4-6.

民城市为人民"从价值追求维度回答了城市更新为了谁的根本问题,遵循了人民的逻辑而非市场或资本逻辑,体现了人民城市的人本价值。阿玛蒂亚·森认为,"物质和技术"主导的城市化固然能够满足人们对物质的追求,但那只属于工具性自由的范畴,只有以人为中心的城市化发展才能实现人的实质自由。因此,人民城市建设要区别于从前以满足政府绩效为主、将人民需求与人民参与作为客体的做法,一切都以"人"为出发点和落脚点。习近平总书记指出:"无论是新城区建设还是老城区改造,都要坚持以人民为中心,聚焦人民群众的需求,让人民有更多获得感,为人民创造更加幸福的美好生活。"在本案例中,嘉兴市摒弃了其他城市曾经存在的"GDP 崇拜""物化城市"等错误观念,将人民视作城市建设的主人,主动邀请市民参与更新方案的讨论、征询,充分回应人民需求,遵循了人民的逻辑而非市场或资本逻辑,体现了人民城市的人本价值。

在改造成效上,嘉兴着力于实现人民性与城市有机融合。传统的城市更新往往着眼于城市"功能"的提升,而人民城市的建设更注重将人民性与城市的功能属性有机融合。嘉兴市子城遗址公园改造项目的缘起就在于子城遗址的历史文化价值以及人民群众对中心城市品质提升的双重需要,是基于公共利益而开展的一项老旧城区改造活动。容志等认为,城市更新至少包括物理和社会两个层面。物理层面更新有利于改善社区"硬件"、提升社区居民生活质量,而社会层面更新有利于延续城市的文化记忆与文化脉络、保存社区社会网络以及培育社会资本,推动城市更新的深化与社区治理的创新①。从物理层面看,子城遗址公园改造从交通出行、设施完善、生态维育等多方面提升了嘉兴市中心城区居民的生活质量。从社会层面看,子城遗址公园改造有利于嘉兴市历史文化的延续和推广,展示嘉兴子城的悠久历史与文化价值。在子城改造过程中,嘉兴市运用精细化治理和民主行政的方式提升治理效能。子城通过物理和社会两个层面的结合,达成了"进一步完善城市功能,加快推进中心城市品质提升,提高广大人民群众生活质量,促进经济、社会和环境的协调发展"的目标,充分体现出了嘉兴市政府将城市与人民有机融合的人民城市理念。

2. 依靠人民:充分发挥人民的主体作用

人民是城市的主人,更是推动城市向前发展和不断进步的主体力量。

---

① 容志,王轩,罗超,等.以治理创新驱动城市更新——以上海市乐山新村为例[J].党政论坛,2021 (5):15-19.

2020年11月12日，习近平总书记在浦东开发开放30周年庆祝大会上的讲话中指出，"要坚持广大人民群众在城市建设和发展中的主体地位"。所谓发挥主体地位，就是要充分发挥人民群众在城市建设中作为参与者、建设者、推动者的作用[1]。城市作为人与自然结合的产物，其建设始于人也终于人。在子城遗址公园改造项目中，子城要不要改造、怎么改造，都是嘉兴市人民说了算。项目的启动离不开子城人民群众的呼声、项目改造方案脱胎于人民、在项目进行的过程中也离不开子城人民的配合与支持，充分发挥人民群众在人民城市建设中的主体作用。

（1）子城遗址公园改造的内生动力在于人民。

"人民城市人民建"体现了新时代中国特色社会主义城市建设要以人民为导向，彰显人民城市的根本属性，把人民性落实到城市建设的总体过程中。在本案例中，子城遗址公园的改造离不开人民群众的呼声和推动力。2016—2018年，嘉兴市建委即办理人大代表和政协委员提案共223件，其中直接涉及中心城市品质提升的占58.3%，并且，此类提案所占比重呈现出逐年上升态势（2016年占48.4%，2017年占60.2%，2018年占64.5%）。可见，嘉兴中心城市改造和品质提升近年来越来越受到人民群众和人大代表、政协委员的密切关注，这成为子城遗址公园改造项目启动的重要内生动力。

（2）子城遗址公园改造方案脱胎于人民。

"人民城市人民建"明确回答了新时代城市工作依靠谁的问题，深刻揭示了新时代城市建设发展的力量之源[2]。在政社共同生产的视角下，成功的、满意度高的共同生产均有赖于居民和政府提供持续性动力，以此持续促进城市更新和社会治理成果的巩固和扩展[3]。因此，深入开展新时代的城市工作，必须坚持以人民为中心，发扬群众首创精神，尊重人民主体地位，紧紧依靠人民。习近平总书记指出，只有让全体市民共同参与，把市民和政府的关系从"你和我"变成"我们"，从"要我做"变为"一起做"，才能真正实现城市共治共管，共建共享。在子城遗址公园改造的项目方案确定过程中，嘉兴市政府充分发挥人民群众在城市工作中的主体作用，尊重市民对城市发展决策的知情权、参与

① 陈海燕."人民城市人民建、人民城市为人民"的基层民主政治价值[J].中共成都市委党校学报，2021，(3)：5-9.
② 谢坚钢，李琪.以人民城市重要理念为指导推进新时代城市建设和治理现代化——学习贯彻习近平总书记考察上海杨浦滨江讲话精神[J].党政论坛，2020(7)：4-6.
③ 容志，王轩，罗超，等.以治理创新驱动城市更新——以上海市乐山新村为例[J].党政论坛，2021(5)：15-19.

权、监督权,多次通过意见征询的方式鼓励市民参与规划,做到问需于民、问计于民。城市中每一个个体的参与不仅仅是为了满足自身的需要,更是促进了最大公约数的人民需求的汇集,覆盖了最广大人民的根本利益,最终实现城市发展成果的共享①。在经过多次意见征询后,子城改造方案才最终被确定,也更契合人民群众的实际需求。

征询问题

1、为加强东西两个地块的联系,方便行人,规划提出紫阳街中段与青年广场一起做地面铺砌,并全路段限时限行,可能会增加周边道路的交通压力,您是否认可这一规划理念( )
(A) 认可; (B) 不认可,应①该段紫阳街完全限行; ② 该段紫阳街不应进行交通限行; ③ (其它建议)

2、规划在原荣军医院地块中央西侧 (原民国绥靖司令部营房之间) 设置一处广场,暂命名为青年广场,您认为这一命名: ( )
(A) 合适; (B) 不合适,您建议命名为_____
注:命名为青年广场主要有两方面的考虑:一是广场南北两侧的保留建筑 (原民国绥靖司令部营房,市级文保单位) 曾经作为蒋经国青年中学校舍,命名青年广场有一定的历史渊源。同时青年代表活力,有朝气蓬勃之意,寓意嘉兴勇立潮头、勇当标尖的城市精神。

3、规划提出原荣军医院门诊楼进行改建,通过降层减量架空 (由6层降低为局部4层,部分建筑挖空,建筑密度减少10%,底层全部架空) 的方式,将其改造为嘉兴智慧旅游服务中心。您是否认可这种更新方式 ( )
(A) 认可; (B) 不认可,应①全部拆除; ② (其它建议)

4、为凸显嘉兴江南水乡城市特色,规划在青年广场、嘉兴大草坪等处设置了喷泉、水池等水景,您认为在这一片区是否应该设置部分水景 ( )
(A) 需要; (B) 不需要;
如您认为需要设置水景,您认为目前方案设置的水景是否合适? ( )①合适;②不合适,应_____

5、规划沿禾兴南路和中山东路预留了地铁站出入口,您认为预留位置是否合理? ( )
(A) 合理; (B) 不合理,应设置于_____

6、规划在谯楼入口广场与紫阳街设置2处临时大巴停车场 (共60个大巴停车位),您认为设置是否合理? ( )
(A) 合理; (B) 不合理,应设置于_____

7、您对于规划方案完善的其它建议_____

图2 子城规划意见征求问卷

3. 为了人民:回应人民复杂的利益诉求

习近平总书记指出:"党的工作最坚实的力量支撑在基层,经济社会发展

---

① 吴新叶,付凯丰."人民城市人民建、人民城市为人民"的时代意涵[J].党政论坛,2020(10):4-7.

和民生最突出的矛盾和问题也在基层。"基层是国家治理体系的"神经末梢",与人民群众接触最广泛,基层治理能力直接影响人民群众的切身利益。近年来,我国社会利益结构不断演进,社会利益格局深入调整,利益诉求越来越多样化,不同利益主体日益呈现出多元化趋势,这在嘉兴市子城遗址公园改造项目中得到了充分的体现。在对银建公寓的征收过程中,被征收户为了维护自身的利益诉求,形成了利益共同体和攻守同盟。如何提升治理能力,提高治理效能,使人民能够共享人民城市的建设成果,提升人民群众的获得感、幸福感,是摆在嘉兴市基层政府面前的严峻挑战。

"以人民为中心"的人民城市建设就是要聚焦人民群众最关心、最迫切的问题,以更加科学化、精细化、人性化的建设理念与建设方式满足人民日益多样化、品质化、个性化的物质需求与精神需求①。案例中,嘉兴市政府在面临复杂的、多样化的利益诉求时,在征收过程中充分践行"以人为本"的宗旨,运用民主行政,扩大人民民主参与;运用精细化治理的手段,切实满足被征收户的合理诉求,最终用"巧劲"瓦解了被征收户组成的利益集团,使项目得以顺利推进下去,体现了人民城市"为民"的理念。

（1）民主施政,扩大人民民主参与。

在新公共行政学派看来,公共行政不能埋头追求技术理性和所谓的行政效率,而需要更深度地融入现实世界,尽可能地为公民提供参与和表达的机会,并对公民的利益诉求作出积极、有效的回应。因此,需要基层民主发挥利益协调的作用,建构多样的民主形式,拓宽利益协调的渠道,健全利益诉求表达机制,搭建城市建设共商平台,切实满足人民群众越来越多元化的需求。在本案例中,面对银建公寓被征收户的各类诉求,项目组通过拓宽参与渠道、主动公示公开、依法投票决策的方式实现了征收过程中的人民民主参与,保障了被征收户的利益表达权、监督权和决策权等合法权益。

一是保障被征收户的利益表达权。推进国家治理体系现代化,必须要拓宽人民参与基层民主的路径,切实保障人民各项民主权利。因为当公民有了畅通的参政渠道,可以自由发表自己的意见的时候,利益相关的公民会主动表达自己的意愿,维护自身利益。本案例中,面对目标群体的集体诉求,嘉兴市政府为银建公寓被征收户提供了多种参与和利益表达的渠道,如召开听证会、上门走访征求意见、多次就改建意愿、补偿方案进行意见征询等,有效保障了

---

① 李渊,张明.以人民为中心：人民城市建设的底色思维[J].上海城市管理,2020,29(5)：18-23.

被征收人的合法权益。利益的充分表达一方面使征收工作更快得到了被征收户的认可,另一方面也使征收组能够摸清被征收户反对征收的根本原因——如对政府依法征收的不信任和质疑、业缘关系导致的"随大流"心理等。

二是保障被征收户的监督权。本案例中,为了打消被征收户的疑虑,保障被征收户对征收过程的监督权。嘉定市政府从机制上建立了"阳光征收"模式,确立了"九公开"的工作要求。主动对补偿政策、调查结果、征收补偿方案、安置房源、评估机构选举过程和结果、评估结果、签约进度、补偿结果、监督举报电话这九项与被征收户利益切身相关的关键征收信息进行公开,被征收户通过官方网站即可查询到相关公开信息,同时随时接受群众监督。从流程上说,嘉兴市政府对征收流程进一步完善,将公告、公示融入项目推进的各个环节中,保证各个环节公开透明,便于群众开展监督。通过保障被征收户的监督权,征收专项组顺利取得被征收户的信任,被征收户拖延时间来争利的心态也逐步被打消。

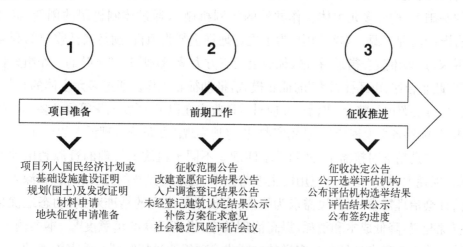

图3 征收流程

三是保障被征收户的决策权。本案例中,部分被征收户存有"评估公司都是听政府"的偏见,不利于征收工作的进展。因此,嘉兴市征收组在充分尊重被征收户自身意愿的前提下,根据征收的法定流程,帮助被征收户集体投票选出其认可的评估公司——杭州厦信房地产咨询评估有限公司,在公开透明的环境下对被征收房屋进行评估。由于该公司之前从未在嘉兴市区进行过相关工作,因此评估工作既保证了评估的客观、公正,又得到了被征收户的信任。

（2）治理精细化，提升治理效能。

《中国的民主》白皮书中指出，人民利益要求既能畅通表达，也能有效实现。民主，起始于人民意愿充分表达，落实于人民意愿有效实现[①]。习近平总书记指出，城市的核心是人，以人民为中心的社区治理需要强化"绣花"般的精细化治理，"通过绣花般的细心、耐心、巧心提高精细化水平，绣出城市的品质品牌。"在日益复杂的国家治理形势下，治理现代化是推动治理转型和实现治理优化的必然要求。精细化治理既是实现治理现代化的重要抓手和必经之路，也是国家治理实践发展的重要目标和方向[②]。在本案例中，征收专项组面临的是被征收户租房、子女就学等复杂且多样化的利益诉求，征收专项组运用精细化社会治理的方式尽可能地满足了被征收户的合理诉求，有效实现了"人民城市为人民"的目标。

一是寻求多元主体合作，盘活治理资源。精细化治理需要打破"碎片化"的治理状态，在发挥政府组织、社会组织、市场主体、社会公众等多元主体作用的基础上，构建多元主体合作共治的体制机制[③]，通过体制机制的创新，盘活有限的治理资源。本案例中，为了更好地推进征收项目，满足被征收户的利益诉求，嘉兴市整合街道、社区、征收公司三方力量，形成"1＋3＋6"的工作组架构和"政企合作、市区社联手"的征收模式，推动征收工作。通过多元主体的合作，将各方资源进行整合、盘活。在应对被征收户在租房、子女入学等复杂多样的诉求时，能够各自发挥特长，动用资源，更好地实现满足群众合理诉求的目标。

二是精准对接需求，做到供求匹配。不同于粗放式管理的资源利用效率低、损耗大，精细化治理应用民主参与技术，通过对民意的显示和吸纳，深入摸清社会治理需求，以公民需求为导向，实现供需之间的精准对接，动态地优化资源配置，降低成本和消耗，提高治理效率，提高民众的满意度[④]。本案例中，被征收户的需求是复杂且多样的。征收专项组通过拓宽利益诉求渠道的方式摸清被征收户的具体诉求，从而逐一为其对接资源、解决问题，形成精准且高效的需求处理对接模式。该模式不仅满足了被征收户的各类要求，更是加快了征收的推进速度。

① 中华人民共和国国务院新闻办公室. 中国的民主[Z]. 2021 - 12.
② 韩志明. 从粗放式管理到精细化治理——迈向复杂社会的治理转型[J]. 云南大学学报（社会科学版），2019,18(1)：107 - 114.
③ 唐皇凤. 我国城市治理精细化的困境与迷思[J]. 探索与争鸣，2017(9)：92 - 99.
④ 韩志明. 从粗放式管理到精细化治理——迈向复杂社会的治理转型[J]. 云南大学学报（社会科学版），2019,18(1)：107 - 114.

4. 人民路径持续发展的优化策略

老城区改造是每个城市都在发生的事情,关系到城市的形象和人民群众的生活品质提升,其背后的利益诉求真实而又强烈。同时,老城区改造势必涉及部分居民的征收安置问题,或多或少地会造成他们在工作和生活上的不便。因此,老城区改造往往牵动十分复杂的利益诉求,而如何在尊重和保障私人利益的基础上,有效地推动公共利益的实现,是摆在地方政府面前、考验其治理智慧和水平的一道难题。

回顾子城遗址公园改造案例,嘉兴市政府通过将"以人民为中心"的价值取向始终贯穿于城市改造更新和社会治理的全过程,在项目启动、推进和完工的各个阶段,都充分尊重人民在城市改造更新中的主体地位。子城项目缘起于城市更新以及人民群众的呼声,其目的就是更好地提升人民群众的生活质量,增强民众的幸福感和满足感;在子城项目的方案设计阶段,嘉兴市政府又通过意见征询的方式鼓励人民群众参与城市更新的方案制定,将城市更新的决定权交给人民;在面对被征收户的复杂、多样的利益诉求时,引入民主行政的方式保障人民的利益表达权、通过精细化治理的手段尽量回应人民群众在城市改造更新中的需求。通过深入反思这一案例,为进一步提升地方治理能力,我们主要有如下的建议。

(1) 拓宽利益表达的渠道。

现代社会中,人们的利益诉求日趋多元,公民的权利意识和参与意识也在不断地增强。换言之,即便大多数人都会认可公共利益的存在,但在个人真切的利益诉求面前,没有人会轻易地被"公共利益"的理由说服。这就要求现代公共管理必须顺应这一趋势,主动拓宽利益表达的渠道,切实保障各类群体都能够拥有充分发声的机会。

随着"互联网+政务"时代的来临,政府门户网站建设、各类政务 App、政务微博的不断开通……理应为人们的利益表达提供更畅通的渠道。当然,在探索这些新式的表达方式之外,我们也不应该忘记继续发挥传统的表达途径的功能和作用。换句话说,现代公共行政完全有能力做到为群众提供更多利益表达的渠道,关键在于地方政府是否具有足够的行动意愿。因此,接下来的关键将在于提升地方政府,尤其是行政领导们对这一观念的自觉接受和积极践行。

(2) 落实全过程民主行政。

在本案例中,民主行政为化解各类利益冲突提供了可行的思路,最终促成了旧城改造中公共利益的实现。显然，现代社会对民主的诉求、对公民权利的彰显意味着民主行政将是未来的大势所趋。然而反思案例，本案例小组成员不得不承认的一点是，民主行政更多只被用于作为化解矛盾的一种策略或手段，嘉兴市政府部门主要是在征收面临阻碍时，转而采用民主行政的模式听取民众意见、化解各种各样的利益纠纷。换言之，只是在政府的方案遇到阻碍之后，民主才被引入并充当其中的重要角色。

但是，民主在现代公共行政中的作用不止于此。著名民主理论家罗伯特·达尔曾经这样总结民主在国家管理中的作用，他认为民主相对于其他任何一个可行的方案，至少具有十大优点：避免暴政、基本权利、普遍自由、独立自主、道德自主、人类发展、保护基本人权、政治平等、谋求和平及繁荣①。在现代公共行政活动中，应当致力于实现一种全过程的民主行政模式，即在公共项目的启动、实施和评估等各个阶段，全面融入民主的元素。例如，嘉兴市政府部门本应在出台相关征收政策之前采取更为有效的途径，以集思广益，充分听取和采纳相关群体的不同利益诉求，从而尽可能地减轻政策可能遭遇的阻力，而不是在相关政策出台并"激起千层浪"之后，再来匆匆忙忙以民主方式予以弥补。实现全过程的民主行政既是对当代民主诉求的回应，也是民众对建设一个更负责任、更具有服务意识的政府的期待。

（3）提升社会治理中的合作空间。

围绕公共利益的行政行为必然涉及各方深度而有效的合作，才能最大限度地提升行政效率，这也是社会治理能力现代化的必由之路。近年来，互联网、通信技术的发展为公众参与民主行政过程中的沟通与对话提供了技术支持。维基等新一代信息技术工具在大众协作中的广泛应用及其引发的 Living Lab、创客、开源、众包等创新 2.0 模式的兴起，引发了人们对开拓社会治理中更广阔的合作空间的新思考。

社会治理的创新 2.0 应以建设人人有责、人人尽责、人人享有的社会治理共同体为目标，强调各方参与，互动协商，形塑公共利益共识，促进协同一致集体行动。通过切合实际、富有成效的民主合作机制，能够让各种主体有序参与到社会治理中，使其各尽所能、各展所长，形成社会治理整体合力②。这种合力在社会治理实践探索中已得到生动演绎，比如，部门联席会议、村（居）民议

---

① 罗伯特·达尔. 论民主[M]. 李风华译，北京：中国人民大学出版社，2013：40.
② 宋刚，张楠. 创新 2.0：知识社会环境下的创新民主化[J]. 中国软科学，2009(10)：7.

事会、小区业主协商会、民主评议会、网络意见征集团等多种合作形式不断发展,在解决修桥铺路、公共卫生、社区环境、邻里纠纷等关系群众切身利益的问题方面发挥了重要作用。因此在类似子城遗址公园改造项目等工作推进中,若能进一步以开放设计、可视化等现代化技术革新为引领,通过技术手段对公民参与进行鼓励、协调以及构建,着力拓展各方深度合作空间,让政府内部以及政府、企业和公民的合作更方便、更直接,不仅会实现更高质量的治理产出,而且可以使政府在解决当今复杂的社会和经济问题方面变得既公开又高效,让政府在民众心目中的印象从"掌控社会"向"民主高效"转变,有效激发公民自豪感和社会责任感,从而推动一系列公共管理活动高效运转。

五、理论依据资料

(一) 人民城市决定人民路径

"人民城市"是在我国城市发展进入到新的历史时期、成为中国开启现代化进程重要引擎的背景下提出的新概念。党的十八大以来,以习近平同志为核心的党中央顺应人民对美好生活的向往,把实现人民幸福作为一切工作的出发点和归宿,不断增强人民群众的获得感、幸福感、安全感,形成坚持以人民为中心的城市工作宗旨和方针。2015 年 12 月,中央城市工作会议首次明确指出:城市是我国经济、政治、文化、社会等方面活动的中心,在党和国家工作全局中具有举足轻重的地位。2019 年 11 月,习近平总书记在考察上海杨浦滨江时,提出"人民城市人民建,人民城市为人民"的重要论断和城市治理理念,深刻阐明中国特色社会主义城市治理的价值取向、治理主体、目标导向、战略格局和方法路径,为推动新时代中国城市的建设发展治理、提高社会主义现代化国际大都市的治理能力提供了需要遵循的根本原则。"两城论"内在地涵盖了人民城市与人民之间的密切关系,强调人民不是仅仅作为构成城市的独立个体而存在,同时还像构成城市的细胞一样,其一举一动关乎城市发展的成效,对城市的影响贯穿于城市发展的全过程。

人民城市的理念深刻揭示了"以人民为中心"建设理念指导下的属民、靠民、为民的人民性,决定了在新时代城市治理中必须坚持"以人民为中心"的工作路径——把人民作为人民城市建设的主体,把民心作为最大的政治,把人民实践作为检验社会发展成果的重要标尺。

首先，城市属于人民。人民是国家的主人，也是城市的主人。城市治理要将人民性作为基本价值立场和根本属性，体现人民城市的人本价值。

其次，城市治理依靠人民。城市是人民的城市，人民是城市的主人，城市治理自然依靠人民。中国共产党在解放战争后期接管城市之际便明确指出："一切应该以城市由人民自己负责管理的精神为出发点。"这是城市治理依靠人民的最早表述。在城市化迅速发展的当下，城市治理需要充分发挥人民的主体性，调动人民的积极性，鼓励人民参与城市治理的各个环节，实现城市共治。

最后，城市发展为了人民。人民城市与其他性质城市的本质区别是：城市发展成果最终由人民共享。城市是人民的城市，城市治理依靠人民，这决定了城市发展的最终目的是为了人民，城市发展成果由人民共享。

（二）民主行政理论

在古典公共行政理论，尤其是崇尚实证主义的行政科学研究范式中，民主多少显得有点与公共行政格格不入。效率、专业技术和科学方法等为高效的公共行政提供了保障，而民主似乎只能对效率形成牵绊。但随着以沃尔多、弗雷德里克森等人作为代表的新公共行政学派的兴起，民主开始成为公共行政学界关注的重要议题。根据马林尼主编的《迈向新公共行政：明诺布鲁克观点》一书，新公共行政理论的主要观点可以具体归纳为如下几点：① 入世的公共行政；② 后逻辑实证论；③ 适应动荡不安的环境；④ 建构新的组织形态；⑤ 发展以服务对象为重心的组织，等等。与传统公共行政理论相比，新公共行政理论更突出公共利益的表达，强调代表性、开放性，并重视公民参与[①]。由此可见，在新公共行政学派看来，公共行政不能埋头追求技术理性和所谓的行政效率，而需要更深度地融入现实世界，尽可能地为公民提供参与和表达的机会，并对公民的利益诉求作出积极、有效的回应。一言以蔽之，更具人文和现实关怀的公共行政必须回应民主诉求，一种民主行政模式呼之欲出，近来尤其以协商民主和合作民主为甚。协商民主主张全体公民可以平等地参与协商讨论，表达自己或倾听他人的不同观点，在反映多元价值和偏好之间，鼓励大

---

① 何艳玲. 公共行政学史［M］. 北京：中国人民大学出版社，2018.

众参与和对话并促进整体偏好转化,从而在政治互动中达成共识①。合作民主是指通过信息技术的应用以及创新的制度设计来引导民众的全程深度参与协作,有效吸纳集体智慧,形成群体智能,实现政府、公众、社会组织等多元主体合作共治②。

在嘉兴市子城遗址公园改造项目中,我们看到,更具民主精神的公共行政模式和治理策略实际上是帮助项目从启动初期的矛盾频发到最终顺利落地的关键所在,民主行政为深入剖析本案例提供了另一个有益的视角。而随着公民权利意识的觉醒、公民参与意识的不断增强,可以预见的是,民主行政亦将成为未来公共行政的一大趋势。

六、主要参考文献

［1］贝丝·诺维克.维基政府:运用互联网技术提高政府管理能力[M].李忠军,丁卉芹译,北京:新华出版社,2010:209.

［2］罗伯特·达尔.论民主[M].北京:中国人民大学出版社,2012.

［3］陈海燕."人民城市人民建、人民城市为人民"的基层民主政治价值[J].中共成都市委党校学报,2021(3):5-9.

［4］管蓓蓓.嘉兴市子城广场主题规划与实践[J].城乡建设,2017(15):41-43.

［5］韩志明.从粗放式管理到精细化治理——迈向复杂社会的治理转型[J].云南大学学报(社会科学版),2019,18(1):107-114.

［6］李渊,张明.以人民为中心:人民城市建设的底色思维[J].上海城市管理,2020,29(5):18-23.

［7］马骏.西方公共行政学理论前沿[M].北京:中国社会科学出版社,2004.

［8］邱家军.选举民主与协商民主:技术路线的沿革及协同——"中国民主政治的发展路径:选举与协商"学术研讨会综述[J].人大研究,2008(3):34-38.

---

① 邱家军.选举民主与协商民主:技术路线的沿革及协同[J].人大研究,2008(3).

② 贝丝·诺维克.维基政府:运用互联网技术提高政府管理能力[M].李忠军,丁卉芹译,北京:新华出版社,2010:209.

［9］余池明.推进城市治理现代化要坚持人民城市人民建［N］.中国建设报，2021-4-5.

［10］容志，王轩，罗超，等.以治理创新驱动城市更新——以上海市乐山新村为例［J］.党政论坛，2021(5)：15-19.

［11］宋刚，孟庆国.政府2.0：创新2.0视野下的政府创新［J］.电子政务，2012(2)：9.

［12］宋刚，张楠.创新2.0：知识社会环境下的创新民主化［J］.中国软科学，2009(10)：7.

［13］唐皇凤.我国城市治理精细化的困境与迷思［J］.探索与争鸣，2017(9)：92-99.

［14］吴新叶，付凯丰."人民城市人民建、人民城市为人民"的时代意涵［J］.党政论坛，2020(10)：4-7.

［15］谢坚钢，李琪.以人民城市重要理念为指导推进新时代城市建设和治理现代化——学习贯彻习近平总书记考察上海杨浦滨江讲话精神［J］.党政论坛，2020(7)：4-6.

［16］中华人民共和国国务院新闻办公室.中国的民主［Z］.2021-12.

后　记

　　《中国公共治理实践案例：实现公共价值》是继《中国公共治理实践案例：政府、市场与社会》《中国公共治理实践案例：城市秩序塑造》的第三本案例教材。和前两册一样，本书也选取了8个典型案例，案例体例同样运用了中国专业学位案例中心公共管理案例库教学案例的体例格式。但与前两册不同的是，本书旨在回应公共管理理论课程，通过8个案例集中揭示我国公共管理实践中公共价值实现的多个侧面，对公共价值进行较为深刻的本土化解读。本书选取的案例来自我的教学和科研实践积累，多个案例素材来自MPA同学的分享，这些分享是我们进一步调研的入口。在完善案例故事的基础上，我与方知慧同学从公共价值的视角对每个案例进行了重新分析，并在编辑殷航的建议下对部分案例进行了多轮调研、修改，最终完成了这本教材的编写工作。

　　有了案例素材，我们才有了进一步调研的方向和学理分析的靶子，进而在此基础上完成本书。在此，我们要向贡献案例素材和协助案例调研的同学们表达衷心的感谢。其中，章华群、赵豪杰、张茜、朱凯锦、杨旸5位同学是案例《回归公共价值——万体馆卸下"重包袱"》的原作者，他们参加了第三届中国公共管理案例大赛并进入前16强，我指导和参与了他们的参赛活动。

　　徐臻、夏琴、王俊彦、吴尚、左梦莹同学的《赋权实现社区公共价值——古北市民中心发展之路》与朱志兴、冉才、余成龙、牛晶晶、路培同学的《实现公共价值的合作路径创新——"海上游天涯"由乱到治》案例参加了第四届中国公共管理案例大赛，前者进入16强，后者获"百强案例"奖项，我指导了这两个案例的写作和参赛活动。

　　《实现公共价值中的决策者——浙江省英语高考"加权赋分"风波》《创新公共服务平台实现公共价值——"邻里汇"汇邻里》都入选了中国专业学位案例库。其中，陈婷完成了《实现公共价值中的决策者——浙江省英语高考"加权赋分"风波》的故事，刘天颖、张子霖、李佳欣、Swee Keong Yong、Nazerke Saduova 5 位当时本科二年级的同学参与了邻里汇项目的调研活动。

《城市公共价值谁埋单？——C街坊"留改"纪实》由杨天辰、顾昕妮、陈雨雁、高文杰、金韬同学在长达两年的追踪调研的基础上完成。《公益组织助推公共价值实现——S村土地污染事件》由王存乡、姜宏晨同学完成。《实现公共价值的人民路径——子城遗址公园改造项目》则是我们在潘振康、薛莉莉、王东亮、董人帅同学的案例素材的基础上重新梳理、补充调研后完成的。

文稿成书之际，带领同学们实地走访、现场座谈等的调查场景历历在目，一个个情节核实互动、一个个案例讨论、一遍遍修改校对，这构成了全书的内容，也充实了我的工作时光。

感谢方知慧同学为完成本书付出的努力。感谢编辑殷航全程认真高效的工作。感谢每一个分享案例素材、提供修改建议和参与案例编写的同学。感谢上海交通大学国际与公共事务学院对案例开发和案例教学的重视。感谢上海交通大学研究生院对该教材的培育支持。多方面的支持使本书得以如期出版。

2022 年夏